존 비비어의

그날

Rescued

by John Bevere & Mark Andrew Olsen

Copyright © 2006 John Bevere

Rescued by Bethany House Publishers
11400 Hampshire Avenue South
Bloomington, Minnesota 55438

Korean translation Copyright © 2013 by Light of the world

존 비비어의

그날

추천의 글

책에서 눈을 떼지 못하게 만드는 메시지가 담겨있다. 죽음의 끝에서 구조되는 것을 넘어 끔찍한 종말에서 구원을 얻는 긴장감 넘치는 이야기를 통해 존 비비어는 위선적인 그리스도인의 모습을 다루고 있으며 값싼 은혜를 전하는 교회에 경고의 메세지를 전하는 책이다.

린 톰슨 Christian Retailing, Altamonte Springs, FL

이 책을 통해 그리스도인으로 살아가는 당신의 삶을 뒤돌아 보고 고찰하게 될 것이다. 당신이 믿고 있던 하나님과 영원의 세계에 대해 다시 한 번 생각하게 될 것이고 하나님을 예배하는 것이 어떤 의미인지도 다시금 깨닫게 될 것이다. 당신이 이 책을 읽게 되기를 바란다. 왜냐하면 당신이 올해 하게 될 가장 중요한 일들 중의 하나가 될 것이기 때문이다.

디나 피터슨 Deena Peterson

이 책 속에 담겨있는 메시지를 통해 영원의 세계에 대한 진실이 밝히 드러나게 될 것이다. 당신이 이 책을 읽기를 적극 권한다.

팀 다운스 Tim Downs

<그 날>은 서스펜스 스릴러 장르의 크리스천 소설이지만 전달하는 메시지의 영적 깊이가 깊고 매우 강하다. 당신이 선택하고 결정한 삶이 어떤 결과를 가지고 올지 이 책을 통해 알게 될 것이다.

W. 테리 와일린 W.Terry Whalin

하나님의 진리와 은혜를 잘 조합해 놓은 책이다. <그 날>은 단순히 당신에게 긴장감과 흥미를 주는 책이 아니라 진정한 구원의 대한 이야기를 들려줄 것이다.

잭키 바움가르튼 Jackie Baumgarten

서문

내가 크리스천 소설을 쓰는 것에 대해 심사숙고 하고 기도하기 시작 했을 때, 소설을 써 본 경험이 없는 나로서는 많은 도움이 필요하다는 것을 알게 되었다. 그리고 크리스천 소설에 쓰는 것과 관련하여 책속에 담긴 내용이 독자들에게 어떠한 영향을 미칠지에 대한 명확한 비전도 있었다. 소설을 쓰는데 도움을 준 마크와 많은 시간을 기도로 준비하면서 등장인물의 특징과 내용 전개를 구성했다. 또한 그리스도인 뿐만 아니라 믿지 않는 사람들을 위해서 죄에 대한 결과, 구원의 능력, 내세에 대한 확실성과 관련된 성경 구절을 소설의 내용에 반영하여 한 줄 한 줄 다듬고 검토했다.

이 책이 처음 발간된 2006년 가을 이후로 이 책을 읽은 많은 독자들이 책에 대한 반응과 평을 보내왔는데 내가 책을 쓰기 전에 기도하면서 품었었던 것들이었다.

조지아주에서 목회를 하는 한 목사님은 이 소설을 읽고 크게 감동되어서 모든 성도들이 반드시 구입해서 읽어야 할 필독서로 정하고 4,000권의 책을 주문했다. 또한 <그날_Rescued>이 그 교회의 성도들에게 교육용 교재로 사용되고 있다면서 추가로 오디오 CD와 이 소설을 영화화한 동영상 CD 1,000개를 구입했다. 그는 이 책이 많은 사람들에게 알려지길 바라는 마음에서 추가로 CD를 구입했고 성도들에게 책을 다른 사람에게 선물할 것을 권면했다면서 사람이 죽은 후에 어떤 일이 일어나는지에 대해 일깨워 줄 필요가 있음을 강조했다.

예수 그리스도의 십자가 앞에 선 나의 삶이 어디서 영원의 시간을 보낼 것인가를 결정하게 되며, 믿는 자로서의 나의 삶의 자세와 방식이 어떻게 영원의 삶을 살 것인가를 결정하게 된다. 만약 당신이 사랑하는 가족이나 친구가 겪는 영적인 어려움 때문에 그들을 위해 기도하고 있다면 이 책을 통해 성령님께서 그들에게 말씀하시고 그들의 삶을 인도하시게 하라. 그들이 십자가 앞에 나오도록 문을 열어 줄 것이다.

나는 당신이 이 책을 읽고 난 후 주님께서 주신 마음과 변화된 삶에 대해 나누길 간절히 바란다.

이메일이나 홈페이지를 통해 당신의 간증을 나누어주면 좋겠다.

Web site: www.messengerintl.org

우리 주 예수 그리스도의 종
존 비비어 목사.

그날 *Chapter 1*

새 예루살렘

한 젊은 여자가 물끄러미 연기가 피어 오르는 것을 바라보고 있다. 관심 없다는 듯한 얼굴로 단지 희미한 광경을 바라볼 뿐이다. 매캐한 냄새와 함께 비명 소리가 들려온다. 그녀의 얼굴은 순례길에서 얻은 기쁨으로 광채를 발하고 있었고 함께 동행한 다른 수백 명의 사람들처럼 영원한 도성의 광대함과 도시 구석구석의 아름다운 모습에 넋을 빼앗긴 채 황금빛을 향해 손을 내밀거나 찬송을 흥얼거리면서 몇 시간 동안 영광의 빛을 바라보고 있었다.

잠시 후 그녀는 템플 마운트(Temple Mount 역자주: 아브라함이 아들 이삭을 번제물로 바치려 했던 산으로 유대교, 기독교, 이슬람교의 성지인 예루살렘에 위치하고 있다)의 테라스를 가로질러 건너편을 바라보았다. 그 순간, 이곳에 도착한 이후 늘 머금고 있던 그녀의 미소가 일순간에 사라져 버렸다. 그녀가 바라보고 있는 연기 기둥은 이곳에 어울리지 않는 이질적인 것이었다. 코발트색 푸른 하늘에 밧줄처럼 그려져 있었고, 검붉은 황토색 연기 기둥은 도성의 따뜻한 환영과는 극적인 대조를 이루고 있었다.

그녀는 매캐한 냄새를 맡자 어린 시절 고아원에서 지냈던 어느 여름날의 기억이 떠올랐다. 고아원 관리인이 기형으로 태어난 송아지를 숲 속에서 도살하고 불에 태웠을 때 났던 냄새 때문에 구역질이 날 것 같았던 기억이 되살아났다. 그녀는 얼굴을 찡그린 채, 좀 더 가까이에서 보기 위해 앞으로 걸어갔다. 주위에 있던 다른 순례자들은 그녀가 난간 끝을 향해 걸어가는 모습을 엄숙한 시선으로 바라보고 있었다. 그것은 바로 게헤나 골짜기(역자 주: 힌놈의 계곡이라고 하는 예루살렘 남서쪽에 위치한 지역. 우상에게 아이들을 바친 인신 제사가 행해졌던 곳으로 지옥의 의미로 쓰이기도 한다.)였다.

그녀가 조금만 더 주의를 기울여 주변을 살폈더라면 아니, 영광스러운 감동으로 가득했던 지난 몇 시간의 흥분에 조금만 덜 휩싸였더라면 다른 순례자들처럼 이곳을 순식간에 지나면서 뒤돌아 보지 않았을 수도 있었을 텐데. 혹은 고국 이스라엘의 역사를 조금만 더 사려 깊게 생각할 여유가 있었더라면 고대전승에 내려오는 작은 협곡에 대한 이야기를 기억할 수 있었을 텐데. 그것은 바로 게헤나 골짜기, 저주 받은 곳, 끔찍한 유아 인신제사와 타는 시체에 관한 무서운 전설이 있는 곳이다.

호기심에 이끌려 벼랑 끝으로 걸어가 아래를 내려다 본 바로 그 순간 고통으로 몸부림치는 울부짖음과 통곡이 들려왔다. 그녀는 이렇게 고통스럽고 피가 거꾸로 솟구치는 것 같은 두려움을 느끼게 하는 소리를 들어본 적이 없었다.

잠시 동안 그녀는 미동도 하지 않았다. 그리고 왼손으로 입을 막은 채 넘어질 듯 비틀거렸다. 하얗게 질린 그녀의 얼굴은 공포로 떨고 있었다. 지나가던 순례자의 행렬이 멈춰 서서 동정 어린 눈길로 그녀를 바라보았다. 그 젊은 여자는 자기를 바라보는 동정의 눈길들을 향해 무언의 호소를 하고 있었다. 그것은 마치 어떻게 이처럼 비참한 광경을 그냥 잠잠히 지나칠 수 있는지 설명해 달라고 간청하는 듯 했다. 그녀는 자신이 목격한 것을 확인이라도 하려는 듯 다시 앞으로 가서 아래를 내려다 보았다.

"오 주님"

그녀는 시선을 거두지 않은 채 속삭이듯 호소했다.

"이것은 사실이 아닐 거예요. 어떻게 이런 일이…"

그녀는 더 이상 몸을 지탱할 수 없을 것 같다. 돌 난간에 기대어 섰다. 한편으로는 이 공포스러운 장소에서 될 수 있는 한 멀리 도망치고 싶은 간절한 소망이 있었고, 또 다른 한편으로는 다시 돌아가 한 번 더 아래를 내려다 보고 싶은 충동을 느꼈다. 한 번 힐긋 보기라도 하면 역시 환상이었다는 확신이 들 것만 같았다.

그녀는 다른 사람들에게 관심의 대상이 되고 싶은 생각은 추호도 없었고, 오히려 자신의 행동이 다른 순례자들의 기쁨을 조금이라도 빼앗아 버릴 것 같은 생각에 당황스러워졌다. 왜 지금 이곳에서 이런 일이 벌어지고 있단 말인가? 그녀는 도무지 이해할 수 없었다. 그녀의 환희와 기쁨은 피어오르는 연기와 더불어 사라져 버렸고 순례가 가져다 준 열광적인 기쁨은 그녀의 눈에 어른거리는 이미지들로 인해 퇴색해져 버리고 말았다.

바로 그 때 강한 손이 그녀의 팔을 붙잡고 조심스럽게 그녀의 몸을 일으켜 세웠다. 그녀는 비틀거리며 일어나 젊은 남자의 따뜻한 시선을 마주보았다.

"제가 도움이 되어드릴 수 있을까요?"

부드러운 어조로 남자가 물었다.

"저는 그저… 혹시 저 밑의 광경을 보셨나요? 얼마나 끔찍한지 아세요?"

"네. 그 광경은 보는 사람에게 늘 처참하지요."

남자가 대답했다.

"특히 이곳에 순례를 와서 그 광경을 처음 보는 사람들에게는 더욱 그렇습니다. 그렇지만 지금 보신 광경이 순례를 통해서 얻고 경험한 것들을 훼손시키려는 의도는 없다는 사실을 말씀드리고 싶군요. 오히려 당신이 얻은 것들을 더 견고하게 하려는 것이랍니다. 저는 당신을 찾아 이 일을 이해하는데 도움을 주라는 임무를 받고 왔습니다. 저와 함께 잠시 산책을 하면서 제 이야기를 들어보시죠. 좀 긴 이야기지만 들으시면 당신이 본 광경을 이해하는데 도움이 될 것입니다."

S.S 아쿠아 리브레호(S. S. AQUA LIBRE) – 카리브해, 세인트 루시아섬 동편 170킬로미터 지점

마샬 로드는 지상에서의 마지막 몇 시간 동안 마치 천국에 있는 것 같은 느낌이었다. 웃옷을 벗은 서른 살 남자의 얼굴은 햇살을 받아 환하게 빛나고, 머리카락은 바닷바람에 날리고 있었다. 그의 발 아래에서는 최신형 호화 요트의 경쾌한 엔진소리가 들리고, 눈이 시릴 정도로 푸른 카리브의 바다가 수백 킬로미터나 펼쳐져 있었다. 거기에 그가 마신 세 병 아니네, 다섯 병의 럼주가 마치 그의 뇌를 알코올로 절여놓은 듯한 상태였다.

'아! 정말, 이보다 더 좋을 수는 없지'라는 생각에 입가에는 참을 수 없는 웃음이 번지기 시작했고 급기야 머리를 흔들어대며 혼자 킬킬거리기 시작했다. 럼주 병을 치켜 세우고 마지막 한 방울까지 들이킨 후 그는 만족스러운 듯한 표정을 지었다. 이번 일로 보수를 두둑이 받게 될 것이기 때문이다.

마샬은 요트의 자동항해 시스템을 가동시킨 후 조리실로 가서 럼주를 한 병 더 꺼내왔다. 마치 자신이 얼마나 운이 좋았는지 곱씹어 보려는 듯했다. 그는 로드 아일랜드의 뉴포트로부터 스페인의 트리니다드 항구까지 1,200만 달러도 넘는 초호화 요트를 안전하게 운송하는 임무를 수행하는 중이다. 요트는 세계에서 가장 부유한 운동선수 중의 한 명인 어떤 남자에게 소유권이 넘어갔다. 벌써 2년 째 기다려온 이 고객은 해양 기술의 경이적인 산물인 요트의 배달이 더 이상 지체되는 것을 용납하지 않을 것이다. 만약 약속된 시간에 요트를 배달하지 못하는 사태가 발생한다면 마샬의 인생은 악몽 그 자체가 될 것이다. 마샬은 새 럼주 병을 따서 입에 대고 한 모금 마시며 생각했다.

'남자가 하루종일 사장 앞에서 알랑거리면서 시간을 보내면 안되지. 나는 얼마나 운이 좋은 남자인가?'

지금 마샬에게 한 가지 빠진 것이 있다면 그것은 여자였다. 티크나무 재질로 마무리 된 데크는 비키니 차림의 여자가 찾아와 주기를 바라는 듯이 보였다. 마샬은 자신이 호감을 주는 인상은 아니라는 것을 알고 있었다. 그러나 이런 정도의 호화 요트라면 여자를 유혹하기에 충분했다. 문제는 시간일 뿐이었다. 안타깝게도 이번 항로에는 들릴 수 있는 항구가 없었다. 지난 3일 동안 세계에서 가장 아름다운 해안들이 마샬을 스쳐 지나갔다. 마치 야자수와 하얗게 밀려드는 파도가 그를 손짓하며 부르는 것 같았다.

"어쩌겠나. 다 가질 수는 없잖아."

그는 긴 한숨을 내쉬며 이제 몇 시간 후면 이 여행도 끝이라고 스스로를 위로했다. 그러나 씁쓸한 현실을 인식하는 순간, 그에게 남아 있던 마지막 경계심은 바닷바람에 날아가 버리고 말았다.

요트의 혁신적인 자동 항해 시스템은 뉴포트를 출항한 이래 완벽하게 정상 가동되고 있었다. 완전함 그 이상이었다. 선상 기억 장치가 있는 한 몇 시간쯤 술 파티로 시간을 보낸다 해도 문제 없이 항로를 이어갈 수 있었다. 첫 항해에 요구되는 모든 사전 테스트는 성공적으로 완료한 상태였고, 12

페이지가 넘는 주의사항도 충분히 숙지했다. 모든 것을 완벽하게 점검했다. 공해상에서 항로를 한 번만 변경 해주면 되는데 활 모양을 한 윈월드 군도의 측면에서 남서쪽에 위치한 트리니다드를 향하여 날 선 각도로 방향을 한 번 수정해주기만 하면 항로는 다시 정상으로 복귀하게 된다. 항로 변경은 한 두 시간 여유를 가지고 난 후에 해도 늦지 않을 것이다.

그는 럼주를 한참 동안 들이키고 난 후 잠이 오기라도 하는 듯 게슴츠레한 눈으로 알 수 없는 미소를 지었다. 럼주 병을 다 비우기까지는 시간이 그다지 오래 걸리지 않았다.

그때 갑자기 얼음같이 차가운 마샬의 손이 가슴 한복판을 틀어쥐었다. 그의 눈이 번쩍 뜨였다. 마치 강한 손이 그의 심장을 억세게 움켜잡는 것 같았다. 마샬은 질식할 것처럼 숨을 헐떡였지만 듣는 사람은 아무도 없었다.

그는 가슴을 꼭 쥔 채로 비명을 지르려 입을 열었지만 소리는 입안에서 맴돌 뿐이었다. 결국 가슴을 관통하는 격렬한 고통에 얼굴이 일그러지며 균형을 잃고 그 자리에 쓰러지고 말았다. 그의 뒷머리가 딱딱한 테크에 부딪쳐 박살이 날 때까지 마샬은 자신이 쓰러지고 있다는 사실조차 의식하지 못했다. 형언할 수 없는 정적이 흐르기 시작했다. 침묵, 어두움 혹은 달콤한 잠 보다도 더 큰 평화로움이 그를 감쌌다. 그것은 그의 존재가 이미 끝났음을 알리는 즉각적이고도 강력한 고요함이었다. 이제 그는 앞 가슴을 풀어헤친 채 요트의 테크에 누워있는 한 남자를 내려다 보고 있다. 높은 곳에서 내려다보는 남자의 모습이 점점 작아진다. 아쿠아 리브레호가 바다의 영원한 푸르름 속에 삼켜지는 것처럼.

그는 두려움이나 후회 같은 것은 느껴지지 않았다. 그저 방금 있었던 일에 대한 희미한, 혹은 장난기 서린 호기심만 있었다. 무엇보다 그는 지금 하늘을 날고 있었다.

"이거 굉장한데!"

그는 항상 날아보고 싶다는 생각을 하곤 했었다. 그런데 그런 생각이 들자마자 갑자기 추락하는 자신을 발견했다. 공허함, 무, 흑암.

사악함과 적의감 같은 숨막힐 듯한 느낌들이 그의 모든 존재 구석구석을 가득 채웠다.

26,000킬로그램에 달하는 아쿠아 리브레호는 이제 세계에서 가장 우수한 자동 항해 시스템의 궤도를 따라 움직이는 20미터 어뢰가 되어 항해 중이다. 항로를 변경해 줄 수 있는 항해사도 없는 신형 요트는 서인도 제도의 동쪽 끝을 향해 거침없이 파도를 가르며 질주하고 있었다. 그곳은 예전에 영국의 보호령이었던 곳으로 마샬이 마셨던 럼주가 탄생했던 숲이 울창한 섬, 바베이도스였다.

바베이도스 해안 – 2시간 후

바베이도스의 해안선에서 불과 370미터 떨어진 곳, 그리고 아쿠아 리브레호의 잘못된 항로로부터 고작 99킬로미터 해상 전방에 10만톤급 진주호가 떠 있다. 바베이도스의 수도인 브릿지 타운 바로 옆, 딥워터 부두(Deep Water Harbour)에 정박한 유람선에서는 1,400여 명의 승객을 부두로 내려 보내는 작업이 한창 진행중이었다. 승객의 대부분은 단순히 기항지 관광을 하려는 의도였지만, 어떤 사람들은 다양한 해상 레저를 즐기기 위해 작은 배로 갈아타고 있었다. 웅장한 모습을 하고 있는 유람선 선체를 향해 마지막 승객 운반선의 선장이 소리를 높여서 외쳤다.

"마지막 기회입니다!"

앨런 라커웨이 목사는 갑판에 서서 진주호의 검정색 수선을 향해 밀려오는 파도를 걱정스러운 듯 바라보고 있었다. 47세, 그의 얼굴은 영화배우처럼 잘 생기고 약간 여읜 듯했으며 옅은 갈색 머리카락은 미풍에 한들거렸다. 맑고 푸른 그의 눈에서는 무언가 사람을 끄는 듯한 매력이 풍겨져 나오고 있었다. 지금 앨런의 평소 성품에서 한 가지 빠져 있는 것이 있었는데 그것은 바로 마음의 평정이었다.

"제발 부탁입니다."

앨런은 난간을 향해 몸을 기울이며 선장에게 사정했다.

"제 아들이 지금 내려오는 중입니다. 꼭 같이 가야 할 중요한 일이 있어서요. 아주 중요한 일이랍니다."

선장은 손목시계를 힐끗 쳐다보았다.

"아드님한테 15초 정도의 시간 밖에는 줄 수가 없습니다. 잠수함 관광 스케줄이 빡빡해서요. 탑승 부두까지 3킬로미터 정도 가야하고, 잠수함 탑승 시간에 맞춰 가려면 3분 정도의 여유 밖에 없습니다."

라커웨이는 아내 제니에게로 얼굴을 돌리고 깊은 한숨을 내 쉬었다. 이전에는 습관처럼 늦는 아들을 향해 소리를 지르곤 했었지만 이번 여행은 여러 가지 면에서 특별했다. 이번에는 소리를 지른다든지 하는 식으로 아들을 무안하게 하고 싶지 않았다. 그는 입을 꼭 다문 채 다급한 기도를 했다. 그 때 갑판 위에서 날카로운 젊은 목소리가 들려왔다.

"지금 내려가요. 기다려 주세요. 곧 갈게요."

마르긴 했지만 잘생긴 17세 소년 제프 라커웨이는 계단을 달려 내려온 후 부두에 걸쳐 놓은 선교를 단숨에 건너왔다. 한 손에는 검정색 가방을 들고, 다른 한 손에는 비디오 카메라를 들고 있었다. 어깨에 둘러 맨 줄이 출렁거리며 카메라가 제프의 무릎을 때렸다.

"여러분, 모두 서둘러요! 배가 곧 떠납니다!"

앨런은 그의 주변에 모여 웅성거리고 있는 30여 명의 어른들을 향해 몸을 돌리고 입가에 씁쓸한 미소를 지었다. 사람들은 킬킬거리며 제프를 따라서 배로 연결된 선교를 건넜다. 사람들이 배에 승선하기 시작할 무렵 제프가 갑판을 가로 질러 아버지가 있는 곳으로 걸어가더니 안도의 한숨을 내쉬었다.

"제프, 이제 좀 괜찮아?"

앨런이 감탄과 실망감이 뒤섞인 어조로 아들에게 물었다.

"사실 제 잘못만은 아니에요 아버지. 조타실에서 배의 위성 포털에 접속하려고 시도하던 중이었는데 문제가 있었어요. 접속이 안 되는 거예요. 해류 때문이었나봐요."

"아침부터 사람들이 위성에 접속하는데 어려움을 겪는 것 같더군요."

제니는 남편에게 시선을 고정시킨 채 말했다.

"제프, 나는 너의 말을 믿는다. 단지 좀 마음이 졸였을 뿐이야. 잠수함 탑승 시간에도 맞춰야 하고, 또 교회에서 기다리는 1,500명의 성도들에게 방송이 차질 없이 연결되어야 하지 않겠니?"

앨런은 아들의 어깨에 부드럽게 손을 올려 놓으며 미소를 지었다.

"문제없어요. 절대 실망시키지 않을 거예요. 제가 전부 준비해 놨거든요."

제프가 대답했다.

"그게 장비 전부야?"

"그게 진짜 필요한 장비 전부란 말이야?"

앨런은 서류가방을 가리키며 놀랍다는 듯이 다시 물었다.

"그게 전부라니요?"

제프가 불끈하면서 대답했다.

"이 안에는 노트북 컴퓨터와 필요한 모든 부대 장비가 다 들어 있어요. 한 번 들어 보세요. 아마 5킬로그램은 족히 나갈 거예요."

앨런은 그의 가장 가까운 조력자이자 친구인 핼 뉴먼에게로 몸을 돌렸다. 핼은 앨런이 담임목사로 재직하고 있고 6,000여명의 성도가 다니는 덴버 서밋교회의 중직자이기도 했다. 그는 눈썹을 치켜 세우고는 악의 없이 어깨를 으쓱했다.

"와우, 5킬로그램? 그게 대륙간의 생방송을 연결하는데 필요한 전부란 말이지? 5년 전까지만 해도 적어도 3,000킬로그램 정도의 짐과 3백만 달러 정도의 비용은 족히 들었을 텐데 말이야."

"기술혁신 시대에 5년 이라는 시간은 영원과도 같아요, 아빠."

"제프, 나도 그렇게 들었어. 이 일을 맡기면서 내가 너를 신뢰한다고 말 했지. 지금도 그렇단다. 그리고 더 이상 질문하지 않겠다. 마지막으로 한 번 만 더 나에게 확신을 줄 수 있나? 네가 들고 있는 것은 너무 작은데, 정말 그것으로 우리를 덴버의 서밋교회 예배당까지 아무 문제없이 생방송으로 연결할 수 있다는 게 사실인지."

제프는 웃음을 터뜨리고 말했다. 햇살에 그을린 거무스름한 얼굴에 천진 난만한 웃음이 퍼져 나갔다.

"저를 믿으세요, 아빠. 세상이 바뀌었어요. 이것이 바로 최신식 초경량 인터넷 연결장비예요."

기술적인 논쟁에서 압도된 앨런은 어리벙벙한 채로 어깨를 으쓱하고는 입가에 미소를 지어 보였다.

"이제 너의 말에 신뢰가 가는구나."

승객 운반선의 엔진에 시동이 걸리고, 배가 하얀 물보라를 일으키며 모 선으로부터 분리되는 것을 바라보며 두 사람은 승객 벤치에 앉았다. 앨런은 아들을 물끄러미 바라보았다. 이제 바다로 나간다는 생각에 가벼운 흥분이 일어났고, 마침 바람이 그의 얼굴을 가볍게 스치고 지나갔다.

"세상이 많이 바뀌었군."

앨런은 고개를 끄덕이며 핼과 그 옆에 앉은 제프에게 말했다.

"네가 아주 어렸을 때 아빠가 교회를 처음 개척했던 일을 기억하니?"

"잘 모르겠어요."

"나는 기억하지."

핼 뉴먼이 웃음을 머금고 끼어들었다.

"물론 자네는 기억하겠지!"

"우리가 첫 리트릿을 부에나 비스타 근처에 있는 자네 별장으로 갔었잖아. 급류타기와 파히타 먹던 일이 생각나네."

"맞아. 하마터면 한 사람이 익사할 뻔 했지. 검게 타버린 스테이크도 생각나고."

"어떻게 잊겠어."

앨런이 웃음으로 맞장구 쳤다.

"주일 예배 중에 교회에 남은 성도들에게 전화 연결하려고 했던 일은 어떻고? 우리가 멀리서도 그들을 생각하고 있다는 것을 알리고 싶었지. 비록 15명 정도만 남아 있었지만 그래도 난 꼭 연락을 취해야만 안심할 수 있을 것 같았어. 그래서 공중전화가 있는 작은 가게로 차를 몰고 가서 동전을 수북이 쌓아 놓고 전화했던 것 기억나? 마치 내가 전화기를 발명한 알렉산더

그레이험 벨이라도 된 것처럼 흥분해서 전화했었지."

"그 일을 생각하니 내가 너무 늙어버린 것 같은 느낌이군."

헬 뉴먼이 너털웃음을 지었다.

"아하, 그 일을 듣고 보니 제가 젊어지는 느낌이네요."

제프가 익살스럽게 맞장구를 치자 모두 웃음을 터뜨렸다.

"그 때 느꼈었던 짜릿한 기쁨을 오랫동안 잊고 지낸 것 같아."

앨런은 쉴 틈 없이 지나가는 바닷물을 물끄러미 바라보았다.

"모든 것이 말이야. 믿음, 교회, 목회."

"황혼 무렵 파도가 높았던 씰(Seal) 해변에서 히피(Hippie-서구 기성 사회생활 양식을 거부하는 사람)계 목사님에게 옛날 방식으로 세례를 받은 것이 바로 지난주 일 같아. 아직도 우드스탁(Woodstock)에서 드렸던 예배가 가장 위대한 예배였다고 믿는 목사님이셨지."

"그렇군요. 제프가 이전에 들어보지 못한 이야기인 것 같은데요."

제니가 끼어들었다. 그녀의 웃음 섞인 목소리에 묘한 아이러니가 느껴졌다.

"그래요. 아마도 천 번쯤은 얘기했을 거요. 그 시절에는 예배에 필요한 부수적 장치들이 별로 없었지. 그래서 모든 일이 더 생생하고 열정적이었어. 그때는 기타의 조율이 잘 되어 있지 않거나 찬양 인도자의 목소리가 잘 들리지 않아도 상관없었거든. 사람들은 그런 것에 전혀 신경 쓰지 않았어. 완벽한 반주와 찬양 인도가 중요한 것이 아니었으니까. 우리는 다만 힘을 다해 예배하려고 모였던 거야. 마이크가 있는 것 만으로도 다행인 시절이었으니 대륙간의 생방송 전송은 생각하지도 못했던 일이지. 부부 리트릿이 필요하면 누군가의 별장을 빌리면 그만이었고, 수 천 킬로미터를 날아 카리브의 크루즈까지 오지 않아도 됐었지."

앨런의 목소리는 점점 잦아들어서 그의 마지막 말은 주변 사람들에게 거의 들리지 않을 정도였다.

"세상이 많이 변한 것 아닐까요?"

제프가 명쾌한 목소리로 말했다.

"불평하는 것은 아니야. 다만 그때는 더 깊은 경외감과 그분의 임재를 기대하는 마음으로 예배했던 것을 기억할 뿐이야. 그리고 당시에는 6,000명이 아닌 50여 명 이었으니까 모든 것이 더 실제적이었고 어떤 의미에서는 모험적이기까지 했던 것 같아. 우리는 하나님을 찾고 싶은 열망으로 가득했었지. 비록 그 '열심'이 우리를 소멸시킨다 할지라도 말이야."

"아빠, 이 위성 연결이 잘 안될 가능성은 여전히 남아 있어요."

제프가 말했다.

"우리는 바깥 공해상에 떠 있고, 진짜 잠수함이 이제 곧 우리를 데리러 올 거잖아요. 이 모든 것이 끝나기 전에 깜짝 놀랄 일을 만나게 될 것만 같은 느낌이 들어요."

그날 Chapter *2*

바베이도스 – 브릿지 타운에서 19킬로미터 떨어진 해상

바베이도스 해안선에서 15킬로미터 정도 떨어진 곳, 잔잔한 바다 위에 해저관광 잠수함의 출항지로 연결되는 탑승 부두가 자리 잡고 있다. 이곳에서 수 킬로미터 떨어진 공해상에서는 이미 마지막 퍼즐 조각을 끼워 맞추는 재난의 전조가 선상 컴퓨터에 미세한 움직임으로 포착되고 있었다.

아쿠아 리브레호는 지구상에 현존하는 가장 진보된 내비게이션 시스템으로 항해중이고 모든 항해는 사전에 입력된 대로 한 치의 오차도 없이 정확하게 진행되고 있었다. 물론 여기에는 마샬 로드가 잊어버렸던 변경 사항도 포함되어 있었다. 요트의 레이다로 작동되는 충돌 방지 시스템은 자동 항해 도중 장애물 주위를 피해서 갈 수 있도록 설계된 것인데 이것 역시 사용자 지정 이라는 상당히 복잡한 운영 절차에 의존하고 있었다. 그

중 하나가 매우 치밀한 속도감지 장치이다. 충돌 방지 시스템은 선장이 지정해 놓은 속도나 그 이상에서는 가동하지 않도록 미리 프로그램 하는 것이 가능했다. 그 배경은 공해상에서 배가 최고 속도로 항해 중일 때 갑자기 기계에 의해 방지 시스템이 가동되면 오히려 안전을 저해할 수 있다는 이유 때문이었다.

요트 제작 공장에서 지정한 세팅은 10노트 아래에서만 충돌 방지 시스템이 작동하게 되어 있는데 이 속도는 다수의 배가 정박한 복잡한 항구에서 저속으로 이리저리 빠져나갈 수 있는 정도이며 마샬 로드는 이 세팅에 대해 까맣게 잊고 있었던 것이다. 지금 아쿠아 리브레호는 최고 속도인 시속 115킬로미터로 돌진하고 있으며, 이미 바베이도스의 해안경비대 레이더 시스템에 요주의 관찰 대상이 되었을 것이다.

바베이도스 – 해저탐사 잠수함 탑승부두

부두의 햇빛 바랜 널판지에 발이 닿자마자 제프는 위성 연결을 위한 행동을 개시했다. 지체 없이 무릎을 꿇고 케이스를 열어젖힌 후 자랑이라도 하듯이 내용물들을 조심스럽게 꺼내 진열해 놓았다. 네 번 정도의 재빠른 손놀림 뒤에 두꺼운 망원경용 안테나가 90센티미터가 넘는 높이로 하늘을 찔렀고, 노트북은 전원이 켜져서 가동을 알리는 신호음이 들려왔다.

앨런은 동행한 세미나 참가자들에게 집중하기로 한 원래의 약속에도 불구하고 아들 옆에서 마치 최면에라도 걸린 듯한 모습으로 서 있었다.

"이 모든 것을 정말 너 혼자 생각해냈단 말이지?"

"대부분요."

올려다 보지 않은 채 제프가 대답했다.

"먼저 크루즈 회사에 전화를 걸어 조타실에서도 위성 송신이 가능한지 확인했죠. 그리고 배에 탑승한 후에는 조타실 선원들 중에서 친구를 만드는 작업이 필요했구요. 그 다음부터는 쉬웠어요. 이 휴대용 송신기는 방송국에서 일하는 친구한테 빌렸구요. 아, 그리고 카메라도요. 또 한 가지는 이 부두가 배에서부터 가시거리에 있는지 확인할 필요가 있었죠. 그 후에 남은 일은 위성 시간을 확보하는 것이었어요. 구글에 가서 검색한 다음, 온라인 상에서 거래를 매듭지을 수 있었어요. 물론 결제는 교회 신용카드를 사용했구요. 그게 전부예요."

앨런이 경탄스러운 나머지 고개를 설레설레 흔들었을 때 갑자기 노트북의 화면에 빨간 색 불이 점멸하더니 수차례 삑하는 신호음이 들려왔다.

"연결됐어요."

제프가 소리쳤다.

"모든 게 준비되었다는 말이니?"

앨런이 믿을 수 없다는 듯이 물었다.

"네, 교회 방송실에 직접 연결되었을 뿐 아니라 고화질 영상도 가동 중이예요!"

앨런은 몸을 숙여서 아들의 어깨를 감쌌다.

"미안하구나. 제프야. 너를 의심했다니… 모든 일을 완벽하게 해 냈구나. 난 네가 자랑스럽다."

제프는 갑작스러운 아버지의 사랑 표현에 당황했지만 아빠의 얼굴을 올려다보면서 고맙다고 대답했다. 잠시 후 제프가 비디오 프로젝트에 다시 눈을 돌렸을 때 그의 전문성이 발휘되기 시작했다. 비디오 카메라를 낚아채서 컴퓨터의 와이어 포트에 꽂은 후 어깨에 둘러매면서 몸을 일으켰다.

"카메라 대기완료! 액션!"

덴버, 콜로라도주— 서밋교회 예배당

딱! 딱!

어슴푸레한 조명 아래서 위로 치켜 올려진 드럼 스틱이 부딪치며 내는 경쾌한 소리는 강당을 가득 메운 1,500명의 예배자들에게 이제 곧 멜로디의 파도가 밀어닥칠 것을 예고하고 있었다. 음률의 쓰나미는 단조 화음으로부터 시작되었다. 레스 폴 일렉트릭 기타의 절묘하게 뒤틀린 연주를 시작으로 클래식 록 시대의 스타로 불리우는 해먼드 B-3 전자 오르겐의 독특한 트레몰로가 이어졌다. 서밋교회에서는 음악에 관해서만은 합성된 기계음 같은 것을 허용하지 않았다. 여기에 스테인웨이 그랜드 피아노가 같은 코드를 연주하고 들어온다. 이어 귀가 멍멍할 정도로 큰 심벌즈 소리, 세 번의 날카로운 북소리와 두 개의 베이스 기타가 퉁기는 묵직한 소리, 그리고 6명으로 구성된 찬양팀의 화음이 이어졌다. 남성과 여성, 그리고 적어도 세 인종으로 구성된 찬양팀 멤버들은 세련되게 차려입고 얼굴에는 웃음을 가득 머금은 채 각자의 앞에 있는 마이크 스탠드에 마치 자신들의 인생이 달려있기라도 한 듯 열정적인 찬양을 부르고 있다. 이 모든 것이 합쳐져서 만들어 내는 소리야말로 청각을 통해 만끽할 수 있는 진정한 음악이었다.

"예수 그리스도를 높여드립시다!"

찬양팀 리더인 마이클 이스트가 외쳤다. 짙은 곱슬머리와 단정하게 다듬은 턱수염, 바깥으로 내어 입은 셔츠와 색 바랜 청바지 차림의 모습은 중년들의 지지를 받기에도 충분했다. 회중은 마치 콘서트에 온 삼사십대들처럼 발을 구르며 뛰어올랐다.

선임 목사인 래리 콜린스는 맨 뒷줄 고정 자리에 앉아 청중을 바라보며 얼굴에 가득한 웃음을 띤 채 크게 박수치고 있었다. 특히 그는 서밋교회의 교인들이 다양한 인종으로 구성되어 있다는 점이 흡족했다. 흑인들이 모든 연령대의 앵글로와 히스패닉 옆에 서 있고, 스케이트 보드를 타는 청소년들과 대학생, 나이든 세대, 양복 입은 사람들과 캐쥬얼 차림의 사람들, 비지니스와 커뮤니티 리더들 옆에 실직자와 가난한 사람들, 그리고 최근에 가석방된 사람들이 함께 서 있는 것이다. 그들 모두 서로를 전혀 의식하지 않은 채 옆으로 몸을 흔들며 대부분은 손을 높이 들고 85데시벨에 달하는 정교하게 연주되는 FM 라디오 수준의 경배 음악이 주는 감동에 젖어들었다.

래리 콜린스는 때때로 눈을 감고 음악이 자신을 휘감아 도는 것을 느꼈다. 그리고는 예배 중에 예수님의 형상을 떠올려 보려고 시도했다. '예수님도 이런 음악을 즐거워하실까? 그렇겠지? 왜 아니겠어?' 라고 래리는 생각했다. '예수님은 정말 멋있는 분이야.'

예배 중 어떤 때는 성령님의 강한 임재에 압도 되어서 울기도 하고 본당을 뛰쳐 나가고 싶은 충동과 싸울 때도 있었다. 찬양곡 "당신의 사랑을 영원히 노래하리라(I Could Sing of Your Love Forever)"가 최고조에 달할 때나 아그네스 데이(Agnus Dei' s)의 느린 알렐루야가 점점 고음으로 올라갈 때가 그랬다.

하나님께서는 그분이 만드신 아름다운 산물로 인해 인간의 심장이 고동치게 하려고 하셨던 것이다. 3절은 기타의 지연음과 산발적이고도 열광적인 박수갈채로 끝을 맺었다. 이제 천정의 숨겨진 공간으로부터 폭이 9미터 정도 되는 프로젝션 스크린이 윙윙 소리를 내면서 내려왔고 대부분의 예배자들이 아직 마지막 찬양의 여운에 사로잡혀 의식하지 못하는 사이 스크린은 절반 이상 내려와 무대 위의 아치와 그것을 덮고 있는 천으로 장식된 부분을 가렸다.

빨리 좀… 래리 콜린스는 조급함에 숨이 가쁠 정도로 스크린을 재촉했다. 다 내려오기까지 정지된 상태가 너무 오래 지속되었던 것이다. TV를 보고 자란 현시대의 교인들은 방송 중단을 극히 싫어하며 방송 끊김 현상이 오래 지속되는 것을 참아낼 수 없다는 사실을 그는 잘 알고 있었다. 마침내 스크린이 다 내려오고 화면 전체에 거대하고도 생생한 이미지가 가득 채워졌다.

"여러분, 안녕하세요! 바베이도스에서 아침 인사드립니다!"

친숙한 목소리가 스피커를 통해 흘러 나왔다. 스크린 속 남자의 그을린 얼굴은 어떤 영화 배우보다도 멋있게 보였고 늘 그렇듯이 호소력이 있어 보였다.

"굿모닝!"

스크린을 보고 있던 청중이 일제히 한 목소리로 대답했다.

"미안합니다. 너무 멀리 떨어져 있어서 그런지 잘 안들리는군요! 여러분들 혹시 모닝 커피를 못 마셔서 느려지신 것 아닌가요? 제가 모닝이라고 말했지요?"

"모닝!"

청중은 이번에는 더 큰 소리로 합창했다.

"훨씬 잘 들리네요."

"혹시 여러분들 가운데 오늘 처음 나오신 분이 계실 수도 있어서 먼저 제 소개를 하겠습니다. 저는 담임 목사 앨런 라커웨이입니다. 지금 서밋교회 부부 세미나 크루즈에 와 있고, 지금 생방송으로 여러분에게 말하고 있습니다. 세미나는 지금까지 은혜 가운데 진행되고 있습니다. 단지 호화로운 크루즈나 아름다운 카리브 연안의 경치만을 말하는게 아닙니다. 이곳에서 참가자들이 함께 풀어나가는 경이로운 세미나에 대해 말씀드리는 겁니다. 결혼 생활을 깊이 있는 애정으로 견고하게 이루어가는 것은 물론 우리의 분주한 일상이 빼앗아 간 삶의 우선적인 가치들을 되찾는 일을 하고 있습니다."

이제 래리가 조명을 받을 차례다. 그는 휴대용 마이크를 켠 채로 중앙 복도를 따라서 최대한 자연스러운 모습으로 서두르지 않으면서 걸어 내려 갔다. '자연스럽게 해야돼. 절제된 모습을 잊어서는 안돼'라고 생각하면서.

"그런데요, 앨런."

래리는 마이크에 대고 준비된 원고대로 말하기 시작했다.

"정말인가요? 카리브해의 크루즈를 즐기고 있다더니 고작 방 안에서 누가 강의하는 것을 듣고 있단 말인가요?"

앨런의 활짝 웃는 모습이 화면 가득히 비춰졌다.

"맞아요, 래리! 말이 안되는 것 같긴해요. 그렇지만 하나님의 말씀으로 부터 길어올리는 지혜와 인생을 변화시키는 상담을 들어 본다면 이해가 될 것입니다. 노스 센트럴 신학교의 멜츠 박사는 우리나라에서 손 꼽히는 결혼 상담 전문가입니다. 지금까지 그간 진행한 결혼상담 세미나 '불을 지펴라(Stoke the Fire)'는 전 세계적으로 25만여 쌍의 결혼 생활을 재충전 시키는 데 기여해왔어요. 이제 거기에 75쌍을 더하려는 순간입니다."

"세미나 후에는 크루즈 여행이 주는 즐거움도 만끽하셔야지요."

"물론이지요, 래리. 하지만 한 커플은 너무 열정적으로 재충전된 나머지 자신들의 선실로 돌아가서 이제껏 나타나지 않고 있답니다. 누구라고 실명을 거론할 순 없을 것 같네요."

한바탕 웃음이 청중을 휩쓸고 지나갔다.

"그랬군요, 앨런."

"그 이야기는 다른 예배 시간을 위해 남겨 놓는 게 좋겠습니다."

"그러지요!"

앨런이 맞장구쳤다.

"그러고 보니까 이건 세계 최초의 성인 전용 예배가 되겠네요!"

"그럼 이제 다른 이야기로 넘어가도록 하지요."

래리는 조금 전 대화가 너무 선정적이었나 하는 우려심에 주변의 얼굴을 살피면서 말했다.

"배에 타고 있는 것 같아 보이지는 않는데 어떤 순서가 진행되고 있나요?"

"이제부터 크루즈 여행 중 가장 흥미로운 옵션 관광을 떠나려고 하는 참이었습니다. 관광객을 위해 특수 제작된 잠수함에 탑승하여 90분 동안 바베이도스의 해저 관광을 즐기는 잠수 여행이지요. 사실은 바로 이 앞에 우리가 탑승할 잠수함이 정박중이랍니다. 제프, 카메라 좀 비춰주겠니?"

그 순간 스크린의 영상이 앨런의 얼굴로부터 청록색의 열대 바다로 옮겨졌다. 잠수함 전망대가 푸르른 해수면 위로 물거품을 일으키며 모습을 드러냈다. 바닷물 아래에는 12미터 길이의 멋있는 선체를 자랑하는 잠수함이 헤엄을 치고 있었다.

그날
Chapter 3

서밋 교회─덴버

"자, 이제 갑니다! 바다 밑으로 내려 갔다가 다시 올라오겠습니다!"

정박해 있는 잠수함의 형상이 화면을 가득히 메웠고 앨런 라커웨이 목사의 목소리는 교회 스피커를 통해 울려퍼졌다. 그의 뒤에는 이제 막 잠수에서 귀환한 승객들이 조심스럽게 부두를 지나 대기 중인 승객 운송선에 오르고 있었다.

"물론 이 잠수가 진짜 세례를 뜻하는 것은 아니지만 상징적인 의미를 가진다고 말할 수 있습니다. 우리가 정해진 시간에 물 위로 떠오르면 돌아가서 자세한 보고를 해 드리겠습니다. 은혜가 풍성한 예배 되시길 바랍니다. 여러분 모두를 사랑합니다!"

해저탐사 탑승 부두─바베이도스

카메라가 앨런을 향하기 시작했을 때 그는 손을 한 번 흔들어 보이고는 등을 돌려 제프를 바라보았다. 해저 여행을 떠나기 전 탑승 부두에 홀로 남겨진 아들에게 한 번 더 격려의 응원을 해주고 싶었다. 그는 오른 손 엄지 손가락을 치켜세운 뒤 위로 높이 휘두르고는 앞으로 두 번 내밀었다. 이런 제스처를 하는 것이 마치 오랫동안 잊고 지내온 아들에 대한 사랑을 일부러 과시하는 것 같아 낯설게 느껴졌다.

'자랑스럽다. 아들.'

제프는 아빠가 엄지 손가락을 치켜 세우는 것으로 자기를 인정해주는 것에 너무나 목말라 있었다. 그래서 축구경기 중에 공을 잡으면 아빠가 해주는 제스처를 보기 위해 경기장 옆 관중석을 열심히 훑어보느라 경기를 중단하곤 했었다. 아빠의 미소와 치켜 올려진 엄지 손가락을 보는 그 순간 소년은 세계 챔피언이라도 된 것 처럼 기뻐했다.

앨런은 갑자기 밀려오는 후회감으로 입술을 깨물었다. 아들에게 최고임을 인정하는 제스처를 마지막으로 해 준 것이 10년도 훨씬 넘었다는 사실을 새삼 깨달았기 때문이었다. 그리고 이전의 생긋하던 귀여운 얼굴이 이제는 잘생긴 청년의 얼굴로 바뀌어 있는 것을 보면서 '때가 왔다는 신호야' 라고 앨런은 스스로에게 말했다. 그리고 다시 제스처를 했지만 그것이 아들에게 의미가 있었는지는 알 수 없었다.

앨런은 아들에 대한 생각을 내려놓고 잠수함 전망대로 들어가는 일에 집중하기로 했다. 잠수함 안으로 들어 가면서 아들이 시야에서 사라지려고 하는 순간 앨런은 하늘을 향해 뻗은 아들의 손에서 엄지 손가락이 치켜 올려지는 것을 볼 수 있었다.

"아빠, 이제 곧 다시 만나요."

제프의 뒤로 승객 운반선이 선수를 돌려서 모선인 진주(Pearl of the Seas)호를 향해 하얀 물보라를 일으키며 돌아가는 것이 보였다. 앨런은 다시 부두에 아들을 홀로 남겨두고 떠나는 것에 대한 죄책감과 싸우고 있는 자신을 발견했다. 부두에는 잠수함 운항을 책임질 담당자가 일광욕을 즐기고 있는 것이 보였다. '할 수 없지, 제프가 원한 일이니까.' 그는 스스로를 위로했다.

서밋교회

제프의 카메라는 이제 아빠의 새로운 아내인 제니와 그 옆에서 열정적으로 손을 흔들어대는 노부부를 담고 있었다.

"흥미롭군요, 앨런."

래리 콜린스는 마이크에 대고 말했다.

"즐거운 잠수 여행이 되시기 바랍니다. 아! 그리고 핼과 오드리도 안녕하세요?"

카메라는 래리와 마지막으로 인사한 노부부가 전망대 안으로 내려가기 위해 끙끙거리는 모습을 계속 비추고 있었다. 두 사람의 얼굴에는 해저관광에 대한 기대감과 함께 수 천 미터 떨어진 교회의 성도들이 지켜보는 가운데 뒤뚱거리며 들어가는 어색함을 희석시키기 위한 부자연스러운 미소가 뒤섞여 있었다. 이내 그들의 모습이 사라지고 긴 침묵이 흐른 후, 잠수함이 부두에서 서서히 떨어져 나가더니 수면 아래로 천천히 가라앉기 시작했다.

"여러분의 대부분은 헬과 오드리 뉴먼 부부를 기억하실 겁니다. 아마도 우리 교회에서 가장 연세가 많고 신실한 성도라고 생각됩니다."

어색한 순간을 재치있게 넘어가려는 래리의 말이 끝나자 순간 여기저기서 웃음을 참는 소리가 들렸고, 그제서야 래리는 자신의 발언이 실수였음을 깨달았다.

"제가 드린 말씀은 신체 연령을 의미한 것이 아닙니다. 그분들이 우리 교회 창립 교인으로서 처음부터 함께 한 성도라는 의미였습니다. 좀 더 정확히 표현하자면 헬과 오드리가 없는 서밋교회는 생각하기 어렵다는 뜻입니다. 물론 새로운 성도 여러분도 헬 뉴먼 대출 광고를 통해 그와 친숙하실 거라고 생각됩니다. 자, 이제 잠수가 시작되는군요."

래리가 말을 끝맺기도 전에 날카로운 고음의 고함치는 소리 같은 것이 본당 안에 흘러 나왔다. 마치 강한 기계음과 같이 우르르 하는 소리가 스피커에서 울려 퍼졌다. 카메라가 뒤로 뒤틀려 돌아가고, 희미한 물보라, 푸른 하늘 그리고 멀리서 복귀하는 운반선의 뱃머리가 순식간에 스쳐 지나갔다. 이어 난데없이 미지의 하얀 물체가 갑자기 렌즈를 향해 순식간에 돌진해 오는 광경이 잡혔다. 마지막 이미지에는 하얀색의 거대한 물체 위에 검정색 글자가 새겨져 있었다.

'아쿠아 리브레' *(S. S. Aqua Libre)*

귀가 먹어버릴 것 같은 굉음이 조금 전 충격적인 영상으로 인한 침묵을 갈갈이 찢어버리는 것 같았다. 스크린 속의 이미지가 완전히 사라졌다. 본당에 있던 1,500명의 성도들의 목소리가 마치 귀를 찢는 듯한 하나의 비명 소리로 합쳐진 것 같았다. 고뇌에 가득 찬 울부짖음이 본당의 구석구석을 휩쓸고 지나간 듯 하더니 결국은 흐느낌과 간헐적인 고함으로 번져갔다. 그리고 소름 끼치는 침묵이 성도들 사이로 퍼져 나갔다. 더 이상 볼 것도 없고, 들을 것도 없었다. 상황을 설명해줄 해설자도 없었다. 많은 여자 성도들이 손으로 입을 가린 채 구토를 참으려고 앉은 자리에서 전후로 몸을 흔들었고, 남자 성도들은 의자의 팔걸이를 꽉 쥐고 있다가 일어나 무엇인가를 하려고 주변을 두리번거렸다. '누군가를 구조해라. 행동을 취하라. 무엇이든 해라. 이제 어떻게 하지?' 래리는 침착하려고 애를 썼지만 그가 할수 있는 일이라고는 그저 입을 벌린 채 텅 빈 화면을 응시하고 있는 것 뿐이었다. '래리!' 준엄한 목소리가 그를 흔들어 깨웠다. '이제 너한테 달렸어. 일어나서 상황을 통제하라.'

그는 마이크를 들어 올리고 말하기 시작했다. 차분한 목소리는 상상할 수 없다. 가까스로 말을 이어갈 수 있는 것만도 다행이었다.

"여러분…"

래리가 엄숙한 어조로 말하고는 다시 침묵했다.

"우리 모두 진정하고… 그리고 함께 기도합시다. 그래요… 우리 머리 숙이고 형제와 자매들을 위해, 그들이 지금 어떤 일을 겪고 있는지 알 수 없지만 기도합시다."

래리 콜린스 목사는 그의 생애에서 가장 긴 30초의 기도를 위해 머리를 숙였다. 지금 막 목격한 일에 대해 하나님께 잠잠히 기도한 후 마이크를 입에 대고 말하기 시작했다.

"형제들이여, 우리가 목격한 이해할 수 없는 광경에 대해 저도 여러분과 마찬가지로 상세한 답변을 가지고 있지 않습니다. 이것은 생방송 전송이었고, 우리가 본 것이 심각한 사건인지, 아니면 고약한 장난인지 혹 요행스럽게도 세미나 참가단을 동행하며 비디오 촬영을 하고 있는 제프가 단순히 미끄러졌거나 아니면 무엇인가에 걸려 넘어졌는지… 우리는 알 수 없습니다. 지금 우리가 할 수 있는 일은 오직 기도하는 것입니다. 장로님들! 여기에 계시는 장로님들은 모두 앞으로 나오셔서 도와주시기 바랍니다."

이때 방송실에서 누군가가 손을 흔들고 있는 것이 래리의 눈에 들어왔다. 그는 눈을 가늘게 뜨고 손으로 조명을 가리면서 바라보았지만 그가 무슨 말을 하고 있는지 알아들을 수가 없었다. 결국 그는 마이크에 대고 말했다.

"미안하지만, 방송실, 할 말이 있나요?"

이 때 스피커에서 요란하게 탁탁거리는 소리가 난 후 젊은 남자가 숨을 헐떡거리는 공포에 사로잡힌 목소리가 흘러나왔다.

"안돼! 안돼!"

제프가 반복해서 호소했다.

"어떤 배가 갑자기 나타나서 잠수함으로 돌진했어요! 그게… 잠수함과 충돌했어요! 이제 아무것도 보이지 않아요!"

새 예루살렘 – 몇 년 후

미쳐버릴 것 같은 당혹감에 사로 잡혀 있는 젊은 순례자와 정체를 알 수 없는 그녀의 새로운 친구는 공포의 구덩이로부터 상당한 거리를 걸어 나왔다. 검붉은 연기는 계속 피어오르고 있었지만 두 사람은 그 광경으로부터 등을 돌리고 서 있었다.

"하지만 저는 아직도 납득이 되지 않아요."

눈물 너머로 그녀가 말했다.

"무시무시하고 참담한 일이 바로 저 끝에서 벌어지고 있는데… 무슨 이야기를 들어보라는 거죠? 지어낸 이야기인가요?"

"상상 속 이야기냐구요?"

그는 힐끗 리디아의 얼굴을 쳐다보았다. 그녀의 눈과 창백한 피부에서는 특별한 광채와도 같은 빛이 발산되고 있었고, 그녀의 갈색 머리카락은 아주 가늘어서 거의 하얀색에 가까울 정도였다. 긴 머리카락은 아담한 그녀의 체구를 감싸고 있는 듯 보였고 그녀가 풍기는 유약한 모습이 오히려 방금 전 목격한 무서운 광경의 잔영을 더 도드라지게 하는 것 같았다.

"저… 생각해 봤는데요… 그렇게 지어낸 이야기가 조금 전의 무서운 광경을 납득하는데 어떻게 도움을 줄 수 있다는 거죠?"

"다시 말씀드리지만, 이 이야기는 꾸며낸 것이 아닙니다. 실제로 있었던 일이예요. 당신은 곧 놀라운 일을 알게 될 거예요. 아주 놀라운 일을… 저를 믿고 이야기를 들어주셨으면 합니다. 이제 시작해도 괜찮겠지요?"

"좋아요. 당신을 믿어볼게요."

"자… 이제 당신의 이해를 돕기 위해 배경이 되는 이야기를 좀 해드리는 게 좋겠군요. 크루즈가 시작되는 시점부터 사고가 발생한 시점까지 들려드리도록 하지요."

그날 Chapter 4

제프에게 있어서 이번 여행의 첫 구간은 이른 새벽 출발 시간과 함께 덴버국제 공항에서 시작되었다. 늘 그랬듯이 공항 보안 검색대를 통과하여 탑승구에서 다른 일행과 합류하기까지는 시간이 촉박했다. 제프는 엄마에게 작별 키스를 하려고 몸을 앞으로 숙였다.

"무슨 일이예요, 엄마?"

볼에 흐르는 눈물을 보고 제프는 뒤로 물러서며 물었다.

"제 걱정하지 마세요. 좋은 시간 보내고 올거예요."

"오, 그런게 아니란다, 얘야."

그녀는 태연한 척 미소를 지으며 말했다.

"그냥… 좀 아쉬움이 있구나. 생각해 보니까 내가 사람들을 피하고 있었어. 예전에는 가장 가까운 친구들이었는데 이제는 만나고 싶어하지 않는 나를 보니까 그 사람들도 나를 보는 것이 편하지는 않을거라는 생각이드는구나."

그녀는 차창 밖을 내다보다가 한숨을 내쉬었다.

"그 사람들도 엄마 만나는 걸 좋아할거에요."

"아니야, 그렇지 않아. 세상 일이 다 그렇단다."

그녀는 잠시 생각에 잠긴 듯 하더니 갑자기 현실로 돌아왔다.

"얘야, 내 걱정은 하지마라, 난 괜찮아. 난 이제 다 잊었어… 너도 알잖아. 가서 좋은 시간을 보내고 오렴. 아들아 사랑한다."

"저도 사랑해요, 엄마."

"나중에 전화할게요. 그리고 여행지에서 어떤 시간을 보내고 있는지 알려드릴게요."

제프는 문을 닫는 것도 잊은 채 쏜살같이 공항으로 달려갔다. 테리 라커웨이는 자동 변속기어를 P로 옮긴 후 운전석 문을 열고 나와제프가 열어놓고 사라진 차문을 닫았다. 아들은 이미 다른 참가자들이 갤버스턴(Galveston)발 비행기 탑승을 위해 집결하기로 되어있는 공항 터미널 안으로 사라진 뒤였다.

테리는 터미널 쪽은 쳐다보지도 않은 채 손을 흔들고 이내 차 안으로 서둘러 돌아왔다.

갤버스턴, 텍사스 (Galveston, Texas)

덴버의 저명한 사업가이자 서밋교회의 창립 멤버인 핼 뉴먼은 난생 처음 하와이풍의 꽃무늬가 그려진 셔츠와 예사롭지 않은 바지를 입고 나타났는데 이 모든 것들이 서로 조화되지 않아서 우스꽝스럽게 보였다. 앨런은 좁은 복도를 따라 걸으면서 헬의 검정색 양말과 무두질된 가죽 신발 그리고 전혀 어울리지 않는 카키색 바지 등의 부조화가 자아내는 코믹한 분위기를 은근히 즐겼다. 헬의 아내인 오드리 조차 웃음이 나오는 것을 참을 수 없었다. 오드리는 남편이 도움을 청했을 때도 '이번에는 당신이 알아서 해보세요.' 라고 말하며 헬이 검정색 양말을 챙겨 넣는 것을 보면서도 관여하지 않았었다. 마치 파티장에서 들려오는 것 같은 유쾌한 웃음 소리가 부두에서부터 다리를 지나 배의 갑판까지 연속적으로 들려왔다.

"마치 가족모임 같은 느낌이 드는데."

앨런은 참가자들이 배에 오르는 것을 바라보며 아내에게 말했다. 그리고 몸을 앞으로 숙여 사랑스러운 아내의 입술에 키스했다. 뒤에서 두 사람을 따르는 그룹 중 한 명은 캐리 놀스였다. 그녀의 나이 45세, 엄마이자 교회의 상징과도 같은 존재인 캐리는 라커웨이 목사가 헬을 놀리는 소리를 듣고 걱정스러운 듯한 미소를 지었다. 그녀가 회계사 남편 롬과 함께 배로 연결된 널판지에 들어서자 롬은 아내의 머리핀을 잡아당겼다. 그 순간 이제까지 서밋교회에서 한번도 본 적이 없었던 캐리의 금발 머리가 물결치듯 흘러내렸다.

"롬!"

그녀가 날카로운 소리로 남편을 부르며 뒤로 돌아섰다. 하지만 장난기 어린 미소를 억제할 수는 없었다.

"머리를 내리게 될 거라고 내가 말했잖아."

그가 농담조로 말했다.

"장난으로 한 말이 아니었거든."

"당신이 말할 때 알아차렸어야 하는 건데."

씩씩거리며 캐리가 말했다.

거대한 배가 아무 힘도 들이지 않고 부두를 밀고 나가듯이 미끄러져 갔다. 대지는 늦은 오후의 햇살을 받아 반짝이는 바다에 그 자리를 조금씩 내어주고 있는 듯 했다. 사람들은 갑판의 스피커에서 흘러 나오는 경쾌한 레게 음악의 선율에 흥겨워했고 수많은 색종이 조각이 육지의 미풍에 날려 난간 위로 떨어져 내리고 있었다. 눈 앞에 펼쳐지는 광경이 너무나 매혹적이고 황홀하여 라커웨이 목사 부부와 함께 한 모든 성도들은 각자의 선실로 돌아간다는 것이 아쉽게만 느껴졌다.

제프는 이 즐거운 무리 가운데 유일하게 웃지도, 즐거워하지도 않는 참가자였다. 한 쪽에 물러서서 절제된 감정과 표현을 잃어버린 행동으로 그저 바라만 보고 있었다.

제프는 지금 아빠와 떨어져 엄마와 살고 있다. 아빠와 그의 새로운 아내인 제니가 보내는 로맨틱한 크루즈 여행에 동행하는 것은 제프에게는 고통스러움 그 자체이다. 하지만 한달 전 동네 커피숍에서 아빠를 만났을 때 제프로서는 거절하기 어려운 제안을 받았다.

"아빠와 함께 캐리비안 크루즈에 가지 않겠니? 비용은 물론 무료이고, 자유시간도 많이 있을거야. 그리고 내가 짬을 낼 수 있는 대로 우리 둘이 시간을 함께 보내자꾸나. 너와 내가 같이 보내지 못했던 남자들만의 시간들을 이번 크루즈 여행에서 보충하고 싶은 마음이다. 그리고 너한테 주는 또 한 가지 보너스가 있단다. 비디오 촬영 장비를 가지고 와서 이번 크루즈 여행과 부부 세미나의 다큐멘터리 영상물을 제작해주지 않겠니? 여행 후에 참가자들이 구입하고 싶을 정도의 전문성이 담긴 영상물로 말이야. 잘 만들어서 너의 대표적인 포트폴리오가 되게하면 좋을 것 같구나."

제프는 무슨 일을 해서라도 비디오 프로덕션 분야에 입문하고 싶어했다. 그래서 모든 일정을 촬영해 달라는 아빠의 제안은 매우 매력적으로 들릴 수 밖에 없었다. 거기에다 크루즈라는 작업 환경도 훌륭하다고 할 수 있다. 제프가 걱정했던 부분은 실내에서 진행될 세미나였는데 나중에 그 우려는 현실이 되었다.

서밋교회 부부 세미나 참가자들이 선상에서 가진 첫 모임은 환영하는 분위기와 함께 조심스럽게 연출된 긴장감이 감돌았다.

첫 번째 세미나를 촬영하면서 제프는 스스로 움츠러드는 것을 느꼈다. 이런 자신의 모습을 카메라 뒤에 숨길 수 있다는 것이 다행스러웠다.

"세미나에 참가한 스토커 여러분을 환영합니다!"

강사는 열정적인 목소리로 말했다.

"환영합니다!"

참가자들의 인사가 큰 소리로 메아리쳤다. 서밋교회에서 여러 해 동안 훈련된 참가자들은 강단에서 전해오는 열정적인 인사에 큰 소리로 화답해야 한다는 무언의 약속에 익숙해져 있었다. 강사는 마이크를 손에 쥐고 청중을 향해 질문을 던졌다.

"여러분, 스토커(Stoker)가 무엇을 의미하는지 아십니까? 그는 조명에서 나오는 빛을 손으로 가리고 몸을 조금 앞으로 숙이면서 손을 든 사람이 있는지 청중을 살펴보았다.

"아, 거기요."

머리를 짧고 각지게 깎은 근육질의 중년 남성을 가리키며 멜츠박사가 말했다. 제프가 보기에는 경찰이거나 소방관일 것 같은 분위기를 풍기는 남자였다.

"스토커 당하는 사람이지요! 저처럼 말입니다!"

그는 가벼운 게임이라도 하듯이 말했다.

"아니요, 그건 스토키(Stokee) 라고 하지요!"

웃음을 터뜨리면서 멜츠가 말했다.

"자, 그럼 이제 그것이 무슨 의미인지 여러분께 말씀드리도록 하겠습니다."

제프는 다시 움츠러드는 자신을 발견했다. 목사 아들로서의 경험으로 추측해보면 멜츠는 처음 만나는 사람에게도 자연스럽게 다가가 목에 걸린 이름표를 한 번 힐끗 본 후 친근한 목소리로 이름을 불러주며 어깨에 손을 없을 것 같은, 다소 염려스러운 그리스도인의 부류에 속하는 사람이라는 평가를 주저없이 내릴 수 있었다.

"여러분!"

멜츠는 과장되고 허풍스러운 몸짓을 해가며 말을 이어갔다.

"지난 세기 초에 현대식 선박 엔진이 발명되기 전에는 이 크루즈와 같은 큰 배라 할찌라도 석탄을 연료로 사용했습니다. 석탄을 사용하여 엔진을 움직이기 위해서는 매우 전문적이면서도 위험한 일을 해야하는 사람들을 고용할 필요가 있었습니다. 하루에 14시간 이상 엔진 화로 앞에 서서 사람이 할 수 있는 한 가장 뜨겁게 불이 타오를 수 있도록 하는 것이 바로 그들의 임무였습니다. 대체적으로 500도 이상에 달하는 온도를 유지하는 것이지요. 바로 이 사람들을 일컬어 스토커스(Stokers)라고 불렀습니다. "그들은 하루종일 높은 온도를 유지하는 일을 했습니다."

그는 갑자기 말을 멈추고는 허공을 향하여 두 팔을 활짝 폈다.

"저는 바로 여러분 한 분 한 분에게 그 일을 하려고 여기에 온 것입니다! 여러분에게 부탁드리고 싶은 것이 있습니다. 자신과 배우자 사이에 타오르고 있는, 아니 어쩌면 꺼질 듯 말 듯 간신히 유지되고 있는 그 불의 상태에 대해 아주 주의 깊게 살펴보시기 바랍니다. 그런 후, 여러분이 할 수 있는 한 최대한 뜨겁고 밝게 타오를 수 있도록 헌신적인 노력을 기울여 주십시오. 제 부탁대로 해주신다면 여러분의 상상을 초월하는 환상적인 여행을 하고 있는 자신을 발견하게 될 것입니다!"

세미나의 진행 순서는 제프가 예측한 대로 진행되어 갔다. 소그룹으로 나뉘어져서 두꺼운 세미나 교재의 목차부터 훑어본 다음 개개인의 목표와 소원하는 바를 작은 종이에 적은 후에 잘 접어서 지갑 속에 안전하게 보관하는 등의 순서가 이어졌다.

제프는 자신의 삶 속에서 그가 지금까지 항해 해온 양식 있는 그리스 도인이라는 이름의 항로 가운데로 다시 잠수해 들어가는 듯한 느낌이 들었다. 그곳에서는 매 순간마다 활짝 미소짓게 되고, 모든 농담은 너무나 유머러스하며, 모든 문자어는 인생을 변화시킬 통찰력을 가지게 된다. 제프는 사실 그런 성품을 가진 자를 경멸하지도 무시하지도 않았다. 그러나 솔직히 평생을 교회의 장의자에 앉아서 보낸 제프로서는 이런 유형에 식상해 있었다. 이런 종류의 컨벤션은 어떤 개인적인 투자를 긁어 모으는데 목적이 있다는 사실에 너무나 익숙해져 있기 때문이다. 바로 그때 난데없이 매우 진지해 보이는 다소 뚱뚱한 40대 남자가 일어서더니 장내의 소란스러움을 일시에 잠재워버린 질문을 던졌다.

"죄송하지만, 저는 이 세미나에서 다루어지고 있는 주제에 대해서 본격적으로 생각하기 전에 지난 수년간 저를 따라다니며 힘들게 했던 문제를 해결해야만 합니다. 그동안 제 결혼은 축복받을 수 없다는 말을 계속 들어왔습니다. 그 이유는 과거에 제가 실수를 저질렀고 그 후 지금의 결혼에 이르렀기 때문입니다."

멜츠의 매력적이고 적극적인 진행이 마치 끼익-하는 소리를 내면서 일

순간에 정지되어 버린 것 같은 상황이었다. 그는 머리를 긁적이며 당혹한 기색을 덮어버리려고 노력하는 것 같았다. 동시에 그의 머릿속 기억 저장고를 잽싸게 더듬어 보느라 눈썹이 치켜 올라가고 안면근육이 경직되어갔다.

"저… 지금 그 질문은 매우 복잡한 것이라서 지금 이 자리에서 다루어야 할 지 망설여지는군요."

멜츠가 천천히 말했지만 그의 마음은 벌써 뒤죽박죽이 되었다.

"세미나 후에 따로 저를 찾아오시는게…"

"만약 멜츠 박사께서 괜찮으시다면 제가 이 질문에 답변해 드리고 싶습니다."

앨런이 일어서면서 말했다.

멜츠는 그를 바라보고 아무 말 없이 고개를 끄덕였다. 아버지가 앞으로 걸어나가기 시작했을 때 제프는 어느 때보다 잔뜩 긴장 되어서 몸이 움츠러들었다. 앨런은 멜츠로부터 마이크를 전해 받고 환한 모습으로 돌아섰다.

"저와 제 아내가 방금 질문하신 내용에 대해 남 다른 이해가 있다고 생각합니다."

질문했던 사람은 명쾌한 답변을 기대하는 듯한 얼굴로 아직 서서 기다리고 있었다.

"그러니까 오래 전에 아마도 하나님을 알기 전에 당신과 맞지 않는 배우자를 만나게 되었고, 그래서 그 결혼을 정리하고 새로운 사람과 다시 결혼했다는 말씀이지요? 그런데 그 새로운 만남이 하나님의 뜻이 아니기 때문에 당신의 인생은 축복받지 못할 거라는 말을 들어왔다는 것이지요?"

"네, 대체적으로 그런 내용입니다."

의자에 앉으면서 남자가 답변했다.

"그래요, 하지만 그건 정말 이치에 맞지 않는 얘기입니다!"

앨런이 강한 어조로 말했다.

"제가 당신의 마음을 편하게 해드리고 싶군요. 이혼이라는 절차를 겪으면서 당신이 통과했을 그 골짜기, 저 역시 동일한 곳을 지나갔는데 저에게 주어진 가장 큰 교훈은 어떻게 하나님으로부터 허락을 얻어낼까 하는 것이 아니었습니다. 당신이 정말 놓치지 말아야 할 것은 나를 어떻게 용서할 것인가 하는 문제입니다. 이것이 가장 기본적인 과제라고 말씀드릴 수 있습니다."

"사실은 저도 시도해 보았습니다. 그런데 잘 모르겠어요."

"제 말을 잘 들어보세요."

앨런은 몸을 앞으로 숙이며 가장 따뜻한 미소로 그 남자를 바라보면서 말을 건넸다.

"하나님은 실패한 자에게 두 번째 기회를 주시는 분이십니다. 바로 그것이 십자가의 본질인 것입니다. 하나님의 은혜는 강력하고 적극적이어서 인간이 자신의 진정한 가능성에 도달할 수 있는 새로운 기회를 주시기 위해 이 세상을 휩쓸고 들어온 것입니다. 하나님이 원하시는 인생은 우울하고 음침한 삶이 아닙니다. 하나님께서는 우리가 과거의 잘못에 주저 앉아 뒹굴고 있는 것을 원치 않으십니다. 그리스도의 십자가는 일어설 수 있는 힘과 방향을 제시하고 하나님의 권능은 우리의 잘못된 과거를 돌이킬 수 있는 능력이 있습니다. 저도 경험을 통해 알고 있지만 과거와의 단절은 매우 고통스러운 일입니다. 우리는 오래된 인습에 덮여서 살기도 합니다. 하지만 우리의 삶은 과거의 실수와 잘못을 극복하고 새롭게 성장하기도 합니다. 이것은 마치 새 피부가 상처난 부위의 흉터를 덮어버리는 것과 같습니다. 그런데 이 방식을 통해 일어나는 가장 진실되고 심오한 치유는 갑절의 고통을 주기도 합니다. 왜냐하면 상처 위에 자라난 모든 것들이 다 부숴지고 깨져야 하기 때문입니다. 하지만 이 고통의 결과는 정말 가치 있는 것이라고 자신있게 말씀드릴 수 있습니다."

앨런은 잠시 이야기를 멈추고 질문자를 향해 시선을 고정시켰다. 그리고는 계속 말을 이어갔다.

"여러분 모두 저를 따라서 기도합시다. 예수님, 당신께서 저희를 용서하셨듯이 저희도 이제 스스로를 용서하겠습니다."

"예수님, 당신께서 저희를 용서하셨듯이 저희도 이제 스스로를 용서하겠습니다."

기도가 메아리치 듯 이어졌다.

"당신께서 베풀어 주신 은혜로 말미암아, 저의 인생이 새로운 기회를 얻게 되었음을 믿습니다."

"바로 그것입니다. 제 인생도 그렇고 제 가족도 그렇습니다."

앨런은 카메라 뒤에서 아직도 움츠리고 있는 제프를 힐끗 쳐다보면서 말했다. 다행스럽게도 카메라가 제프의 얼굴에 흘러내린 눈물 자국을 감추어 주고 있었다.

그날
Chapter 5

그날 이후 며칠 동안 크루즈 여행은 마치 깨어나고 싶지 않은 꿈처럼 흘러갔다. 하늘은 연일 짙은 청색으로 칠해지고 낮에는 산들바람이 선선한 초가을 기운을 갑판 위로 불어 보냈다. 수백만 개의 이름모를 별들과 선상을 밝히는 수많은 전구들이 추운 밤을 압도하고 있었다. 산후안, 아루바, 세인트 토마스, 도미니카 같은 기항지에서는 이국적이고 가슴을 설레이게 하는 놀라운 볼거리들이 세미나 참가자들을 즐겁게 해 주었다. 무엇보다 그들의 사기가 충천하여 마치 여름 방학 직전 마지막 등교일을 맞이한 학생들처럼 들떠 있었다. 서밋교회 세미나 참가자들은 완전히 열광적이 되었고, 단연코 크루즈에서 가장 떠들썩한 승객들이었다.

비록 매끄럽지 못한 오프닝이었지만 프로그램이 진행되면서 선상 리트릿의 강의가 매우 유익하다는 것이 증명되었다. 서로를 충분히 이해하지 못한 채 배에 오른 부부들이 울고 웃고 미움을 씻어버리고 오랫동안 가슴 속에 가두어 놓았던 것들을 나누는 시간이었다. 멜츠박사의 표현대로라면 그들 속에 타오르던 불길이 바람 속에 던저져 마치 꺼져가는 장작처럼 소멸되어 가는 시간이었다.

강의가 끝날 때마다 앨런은 '하나님이 일하고 계십니다!' 라고 강단에서 소리쳤다. "만약 이 세미나를 통해 당신의 결혼 생활에 아무런 개선이 없다면 우리가 새로운 짝을 찾아드려야만 할 것입니다!"

첫 날 앨런이 자신의 결혼 이야기를 공개한 이후 모든 참가자들이 실컷 웃고 또 웃었다. 이 모든 웃음과 재미에 동참하지 않는 유일한 사람은 제프 라커웨이였다. 제프는 하루하루 시간이 흐를수록 자신의 불편한 얼굴을 잘 가려주는 카메라가 있어서 얼마나 다행인지 모른다고 생각했다. 앨런조차도 여행이 주는 흥분의 소용돌이에 사로잡혀서 여덟째 밤을 맞이하기 전까지 아들에게 어떤 일이 일어나고 있는지 짐작조차 하지 못했다. 이제 내일이면 바베이도스 해저 관광을 떠나게 된다.

제니가 선실로 낮잠을 자러 간 사이 처음 혼자가 되어 갑판의 난간에 기대 서 있던 앨런은 구석에 숨어서 자기를 몰래 촬영하고 있는 아들을 발견했다. 이상하게도 슬프고 뭔가가 잘못되었다는 생각이 순간 그를 엄습해왔다.

"제프."

"카메라 그만 끄고 이리로 와서 나랑 얘기 좀 하자."

깜박거리던 빨간 불이 꺼지고 카메라 렌즈가 아래 쪽으로 향했다.

"제프, 어서 이리로 와."

앨런이 재촉했다.

카메라는 젊은 주인 옆으로 늘어뜨려 졌고. 제프는 천천히 아버지에게로 다가갔다.

"내가 아는 한 제니는 가장 직감이 뛰어난 사람이야. 진짜 여성다운 사람이지."

의도한 바는 아니었지만 앨런은 전 부인, 즉 제프 엄마와의 명백한 비교를 아들이 눈치채지 못한 채 넘어가기를 바라며 숨을 내쉬었다.

"그런데 제니가 보기에 네가 다른 사람들만큼 즐거운 시간을 보내고 있지 않는 것 같다는구나."

"전 괜찮아요."

제프가 대답했다.

"아니, 괜찮은 게 아닌데. 이 여행에 너를 불러들인 게 나고, 우리 모두에게 좋은 시간이 되었으면 했다. 공연히 너한테 힘든 시간이 되었다면 미안하구나."

제프는 한번 더 어깨를 으쓱해 보였다.

"좀 더 심사숙고를 해야 했어요. 아빠, 제가 제니한테 나쁜 감정이 있는 것은 아니구요. 그냥… 제가 여기에 있는 것이 좀 어색하고, 아빠가 새엄마와 좋은 시간을 보내고 있는 모습을 촬영하고 있는 게 제가 할 일은 아닌 것 같아서요. 엄마한테는 한 번도 이런 적이 없었잖아요."

"너희 엄마말이냐? 아들아, 내가 얼마나 긴 시간 동안 많은 노력을 기울여 왔는지 너는 상상할 수 없을 거다. 아무튼 너에게 어색한 상황이 되었다니 미안하구나. 하지만 엄마와의 결혼이 행복한 여정이 되길 기도했던 지난 20여 년의 정성을 아무것도 아닌 것처럼 취급하지는 말아다오."

"엄마를 크루즈에 데리고 오신 적은 없었던 것 같은데요."

"왠지 아니? 너희 엄마는 결코 이런 여행에 따라나서지 않았을테니까. 내 면전에서 콧방귀를 뀌었을걸."

"알았어요. 하지만 전 여전히 불편하네요."

"그래 알았다."

앨런은 한숨을 내쉬고는 난간 건너 먼 곳을 바라보았다.

"그래서, 그만두고 싶은거니?"

"아니요."

제프의 목소리는 아직 화가 나 있다는 것을 명확히 증명하는 듯 했다.

"저는 중간에 포기하는 사람이 아니에요. 내일이면 마지막 기항지에 도착하고 일도 거의 끝나가고 있는걸요. 비디오 편집은 다른 사람한테 맡기게 될지도 모르겠지만 이번 여행은 끝까지 함께 할거예요."

"그래 좋아, 바베이도스는 정말 재미있을거다."

앨런은 최선을 다해서 아들의 기분을 돋구어 주었다.

"해저탐사 여행에 우리와 함께 가지 않을래?"

"네에."

제프가 비아냥거리며 말했다.

"마치 지금까지 다른 사람들과 전혀 어울리지 못했던 것처럼 말씀하시네요!"

앨런은 깊고 고통스러운 숨을 내쉬었다.

"같이 가기 싫으면 부두에 남아서 우리가 잠수하고 또 올라오는 것을 촬영해라. 그게 제일 좋을 것 같구나. 나도 비디오 카메라를 가지고 가니까 네가 운이 좋으면 잠수함에서 찍은 것들을 쓸 수 있을거야."

"네, 그러지요. 제가 정말로 운이 좋다면요."

제프가 코웃음을 쳤다.

그는 바다를 바라보며 시큰둥하게 말했다.

"아들아. 그저 농담 좀 한거야. 그 버릇 없는 태도는 너답지 않구나."

앨런은 말을 마친 후에 사람들이 붐비는 갑판을 가로질러 걸어갔다. 지금쯤 선실에서 자신을 기다리고 있을 제니에게로.

제프는 난간에 기대어 서면서 생각했다. '그 잠수함이 긴 시간 물 밑에서 그냥 있었으면 좋겠군.'

그날 밤 – 배의 가장 높은 곳

"여보세요?"

"엄마, 저 제프예요."

"제프구나. 잘 지내고 있니?"

"네, 잘 있어요. 제가 지금 뭘 보고 있는지 믿지 않으실걸요. 전 지금 해수면 100미터 상공에서 평온하고 검푸른 수평선을 바라보고 있는 중이예요. 정말 높은 곳에 있거든요. 이 배의 조타실도 22미터 아래에 있을 정도예요. 32킬로미터 정도 바깥에는 바베이도스의 동쪽 해안이 보여요."

"무슨 말이냐? 네가 선장의 조타실보다 높은 곳에 있단 말이냐?"

"네, 엄마. 전 지금 라디오 안테나 탑의 최정상에 올라와 있어요."

"너 혼자 거기까지 몰래 올라갔단 말이야? 오! 제프, 너 약속했잖아."

"걱정마세요. 제가 위성송신을 위한 준비때문에 배의 통신 담당 승무원과 가까운 사이가 됐거든. 다큐멘터리 촬영을 위해 근사한 바탕화면이 필요하다고 하니까 여기까지 저를 올려 보내준거예요. 그 친구는 영화광인데 제가 말하는 게 무슨 뜻인지 눈치챈 거죠."

아들이 너털웃음을 지으며 말했다.

"그럼 허락받고 올라간거냐?"

"그런 셈이죠."

"제발 내려와라. 네 얘기를 듣기만 해도 현기증이 생기는 것 같구나. 너와 네 동생이 나에게 전부라는 것 알지? 요즘 며칠 동안 네가 정말 보고 싶었단다. 엄마한테는 너와 그렉이 전부란다. 너희 둘에게 무슨 일이라도 생긴다면 내가 살아갈 수 있을지 모르겠구나."

"안심하세요. 엄마. 놀라게 해드리려고 전화한 건 아니예요. 사실은 여기 온 후로 심각하게 고민하고 있는 게 있어서요."

"그게 뭐지? 좋은 시간 보내기로 한 거 다 잊은 건 아니겠지?"

"그건 아니예요, 사실은 이 쓰레기 같은 비디오 프로젝트는 집어치우고 새로운 걸 할까 생각 중이예요. 아빠 교회 신자들이 어떻게 결혼생활에 불을 붙이는지 따위의, 덜 떨어지고 잘난 척하는 다큐멘터리 제작보다는 그리스도인 세계의 위선이라는 주제의 아주 자극적인 MTV 스타일의 다큐멘터리를 만들어서 던져줄까 생각중이예요. 어떨 것 같으세요?"

긴 침묵이 흘렀다.

"내가 내레이션을 해줄 수도 있겠지. 그런데 아들아, 네 생각이 갑자기 바뀐 게 무엇 때문인지 말해줄 수 있니? 네 마음이 갑자기 돌변한 이유가 무엇인지 궁금하구나."

목소리가 돌아왔을 때 제프는 엄마의 밝은 목소리가 왠지 아이러니와 유머 감각으로 장식된 것 같다는 인상을 받았다.

"엄마."

제프가 한숨을 내쉬며 말했다.

"제가 이 크루즈에 따라온 것은 정말 엄청난 착각이었어요. 내가 무슨 생각으로 따라오겠다고 했는지 모르겠어요. 여기에 누가 있는지 아세요? 아빠가 집을 나갔을 때 우리를 찾아와서 말 걸어 주었던 사람들 기억하시죠? 제니뿐 아니라 뉴먼과 캐리 놀스도 있어요."

"무슨 말인지 알겠다. 하지만 그 사람들은 다 좋은 사람들이야. 어쩌면 가장 용기 있는 사람이거나 또 가장 사랑스러운 사람들은 아닐지 모르지만 너희 아빠와 나 사이가 멀어졌을 때 그 사람들 역시 혼란스러웠던 게 틀림 없단다. 무슨 말을 해야할지 어떻게 처신해야 할지 몰랐던 거야. 그래서 내가 결심한 건 그 사람들이 어느 한 쪽을 선택해야 되는 상황을 없애주기로 한 거지. 내가 의도적으로 그들 편에서 일이 쉽도록 해준거란다."

제프의 목소리가 가볍게 떨렸다.

"그럭한테 그 시간들이 얼마나 잔인한 순간들이었는지 아세요? 그 날이 오기까지 저희 둘은 학생 그룹에서 가장 인기 있는 아이들이었죠. 목사의 아들, 그게 어떤건지 아시잖아요. 모든 아이들이 우리와 친구가 되기를 원했었고 여자 아이들도 우리를 좋아했어요. 모든 파티와 친구들 집과 야외 행사에도 초대받았었죠. 정말 환상적이었어요. 그런데 어느날 저희는 아빠를 잃어버린 것 뿐 아니라 우리들의 모든 삶을 잃게 되었어요. 아무도 우리와 눈을 마주치려고 하지 않았고 이전처럼 말을 걸어주는 사람도 없었어요. 전 제가 무엇인가 잘못한 줄 알았어요. 뭔가 잘못되어 가고 있다고 생각될 때쯤 우리는 다른 교회에 나가게 되었지요. 그리고 좋은 기억은 그것으로 다 끝났어요."

"무슨 말인지 알아, 제프."

"제프야, 넌 강한 아이야. 너 스스로 깨닫지 못할지 모르지만 내가 아는 한 너는 가장 강한 사람이야. 난 네가 이 모든 것들을 감당해낼 수 있을 뿐 아니라 아빠와 약속한 다큐멘터리 촬영을 끝낼 수 있을거라고 믿는다."

"왜죠? 왜 이 사람들에게 이 일을 해줘야 하는 건가요?"

"거기에 함께 한 모든 사람들의 경우를 말할 수는 없지만 네 아빠가 자격 있는 사람이라는 한 가지 좋은 이유를 말해줄 수 있단다. 아빠가 항상… 그러니까, 너도 알겠지만 지금 같지는 않았단다. 너희 아빠는 내가 아는 한 가장 헌신되고 영적인 그리스도인 청년으로 삶을 시작했었지. 그래서 난 그 사람과 결혼했던거야. 아빠가 너한테는 한 번도 하지 않았을 이야기를 해주고 싶구나."

그날 Chapter 6

텍사스주, 캐롤톤-18년 전

라커웨이 목사 가족이 이주한 캐롤톤은 달라스 교외의 조용한 동네로 앨런에게는 첫 목회지이기도 했다. 평화로운 어느 화요일 아침, 테리는 임신으로 볼록 튀어나온 몸을 이끌고 현관문 앞에 서 있는 흐트러진 듯한 모습의 한 남자를 바라보고 있었다. 열린 현관문 사이로 신선한 아침 공기가 집 안으로 들어왔다.

작은 방 건너에 있는 주방 식탁에서는 앨런이 첫 설교의 초안을 만들며 컴퓨터의 키보드를 열심히 두드리고 있었다.

테리는 방문객의 위협적인 모습에 움찔할 수 밖에 없었다. 그녀는 남편에게 도움을 청하여 현관문에 나가보도록 부탁하기에는 이미 늦었다는 것을 느꼈다. 그 이상한 방문객은 차가운 눈빛으로 테리를 응시하고 있었고 그녀는 희미한 미소를 띠고 현관문으로 다가갔다.

"누구를 찾으시죠?"

"부인께는 용무가 없습니다."

강한 남부 억양을 가진 남자가 말했다.

"목사님을 만나러 왔습니다."

긴장감 때문에 테리의 몸이 뻣뻣해지기 시작했다. 충혈된 눈과 휘청거리는 모습에서 뿜어져 나오는 알콜 냄새는 그가 이미 만취상태라는 것을 말해주고 있었다.

"여보, 누가 당신을 찾아왔는데요."

그녀는 어깨너머로 남편을 불렀다. 앨런은 지체없이 현관으로 다가왔다.

"안녕하세요, 카일!"

약간의 주저함이 실린 목소리로 앨런이 인사를 건넸다.

"목사님, 잠깐 저하고 밖에서 애기 좀 할 수 있을까요?"

그의 요청은 술꾼들의 결투 도전같이 들렸고 테리는 남편이 고개를 끄덕이며 그와 함께 밖으로 나가는 것을 지켜봤다. 두 사람이 앞 뜰에 서자마자 남자는 말을 내뱉기 시작했다.

"목사님께 궁금한 게 있는데요. 저와 아내의 결혼서약서를 찢어버리고 목사님이 제 아내와 결혼할 계획이라는 게 사실인가요?"

"카일, 저는 수잔과 결혼할 생각이 없습니다. 저는 단지 수잔의 결혼예식을 주관할 뿐입니다."

"저를 속일 생각은 그만두시는 게 좋을거예요. 보시는대로 저는 기분이 좋은 상태가 아닙니다."

"그렇게 보이는군요."

앨런이 대답했다.

"사실은 당신의 행동이 이미 수잔의 남편이 아니라는 것을 말해주고 있는 것 같군요. 우리 두 사람 모두 알고 있듯이 당신은 이미 여러 번 수잔을 때렸고, 생명을 위협하기까지 했어요. 수잔의 결혼식 주례를 맡은 건 가볍게 생각하고 결정한 일이 아닙니다. 당신 아내의 이혼 요청이 정당할 뿐 아니라 꼭 필요한 상황이었으니까요. 당신에게 무례하게 할 의도는 없었고 이런 표현을 부드럽게 할 수 있는 방법이 있었으면 좋았겠지만, 그녀는 생명을 보호하기 위해서라도 당신과 반드시 이혼해야만 했어요."

"당신, 그 말을 하지 말았어야 했어!"

말이 끝나자마자 남자의 팔이 채찍처럼 번쩍 들리더니 앨런의 얼굴을 날카롭게 강타하는 소리가 뜰 안에 울려퍼졌다. 앨런의 안경이 산산 조각난 채로 아내의 페츄니아 화단 위로 날아가버렸다. 앨런은 뒤로 넘어질 듯 휘청거렸고, 발을 딛고 서 있는 자리에서 균형을 잃을 뻔 했다.

"카일, 그렇게 했다고 해서 내 관점을 바꿀 수는 없어요."

앨런이 낮게 중얼거렸다. 그는 아내가 열린 입을 다물지 못한 채 현관에 붙박힌 듯 꼼짝 못하고 서 있는 모습을 보았다. 그리고 아내를 향해 이 일에 관여하지 말라는 고개짓을 했다. 앨런의 코에서는 피가 뚝뚝 떨어지기 시작했고, 주먹으로 맞은 광대뼈 부위에서 빛이 나기 시작했다.

"목사 양반, 나는 당신의 충고 따위에는 신경 쓰고 싶지 않소!"

남자가 소리를 지르고는 다시 앨런을 향해 주먹을 날렸다. 이번에는 앨런이 바닥에 나가 떨어지고 말았다. 테리는 더 이상 잠자코 있을 수가 없었다. 그녀는 그만해 라고 외치며 잔디밭으로 성큼성큼 걸어나갔다. 앨런은 바닥에 드러누운 채 그녀를 올려다 보면서 말했다.

"아니야 테리, 그만둬. 예수님은 이 사람을 사랑하셔…"

실망과 놀라움에 사로잡힌 채 그녀는 남편을 바라보았다. 남편이 자신에게 하려고 하는 일이 무엇인지 알 것 같았다.

"카일, 예수님은 당신을 사랑하십니다."

앨런은 말을 마치고는 방금 그를 공격한 남자를 올려다 보았다. 남자는 주먹을 꽉 쥔 채 앨런을 내려다본 후 테리를 보더니 뒤로 물러섰다. 그는 눈살을 찌푸리고 비틀거리 듯 서성이더니 무엇을 해야할지 모르는 사람처럼 주변을 살폈다. 앨런은 서서히 일어나면서 화단에 떨어져 있던 찌그러진 안경을 주워들었다. 두 사람은 잠시 침묵 가운데 서 있었다. 앨런은 안경의 렌즈를 살펴보고 코에서 흐르는 피를 닦아냈다. 술취한 방문자는 아직도 주변을 여기저기 바라보고만 있었다.

"내가 무슨 일을 하려는지 알고있소? 목사양반?"

남자가 물었다.

남자를 쳐다보지 않은 채 처량한 렌즈를 향해 앨런이 소리 없이 웃었다.

"아니요, 카일. 무슨 일을 할건데요?"

"난 당신 교회를 떠나겠소!"

"카일, 나도 교회의 집사들도 반대하지는 않을 것 같은데요."

앨런은 큰 소리로 웃음을 터뜨렸다.

"엄마, 그 얘기라면 수없이 들어왔잖아요."

"물론 그렇지, 제프. 그렇지만 그 다음 얘기는 알고 있니? 나와 네 아빠가 얘기해 준 적이 없는 그 다음 이야기를 말이야."

카일이 떠난지 3시간 정도 지난 뒤에 앨런이 아내의 간호를 받으며 오후 시간을 보내고 있을 때 경찰차가 집 앞에 멈추어 섰다. 해질녘이 되어 마치 불타는 것 같은 아름다운 일몰 광경이 지평선을 따라 끝없이 펼쳐져 있었다.

카일은 불운한 목사를 흠씬 때려주는 일만 가지고는 울분을 삭일 수 없었던 것이 확실했다. 그는 지체 없이 전처가 살고 있는 곳을 찾아 자동 소총으로 무장한 채 그가 세상에서 가장 사랑했던 사람들을 인질로 잡았다. 그리고 라커웨이 목사를 불러 달라고 요청했다.

"안돼요!"

"당신이 할 수 있는 일은 다 했어요, 여보. 당신 얼굴을 한 번 보세요."

이어 앨런은 아내를 향하여 전광석화 같은 미소를 지어 보였다. 아내는 그 웃음에 담겨 있는 이상적이라고 할만큼 무모한 모습에 경탄하기는 했지만 그 미소에 동의해줄 수 없었다.

"난 아직 그에게 말하지 못한 게 있어."

"뭔데요? '예수님이 당신을 사랑하신다'는 말이요?"

"아니, 내가 그를 사랑한다고."

"가지마요. 제발, 부탁이에요."

그는 미소 지으며 아내에게 키스한 다음 자리에서 일어났다.

"우리 아이가 이제 곧 태어난다구요!

잠시 후 경찰과 함께 차에 오르고 있는 앨런을 향해 그녀가 소리쳤다.

"우리 애를 아빠 없는 고아로 만들지 말아요!"

그가 열린 창 밖으로 손을 내밀어 흔들어 보이자 차는 곧 출발했다. 5분 뒤 영화 속 세트를 꾸며놓은 것 같은 현장에 십 여대의 경찰차가 초라한 판자집을 둘러싸고 있었고, 앨런은 그 중 한 대의 차 뒤에 쭈그리고 앉아 있었다. 신출내기 젊은 목사 앨런이 좌우를 살펴보니 무장한 기동 경찰들이 무릎을 꿇은 자세로 현관문을 향해 총을 겨냥하고 있는 것이 보였다. 앨런이 손에 든 확성기를 입으로 가져가며 버튼을 눌렀을 때 마음 속에 한 생명이 자신에게 달려있다는 생각이 마음을 짓눌렀다.

"카일, 라커웨이 목사입니다. 저와 대화하고 싶다고 하셨지요?"

침묵이 흘렀다.

"저도 할 말이 있어서 왔습니다. 당신이 혹시 이것을 놓쳤을까봐요. 아까는 내 안경 걱정을 너무 많이 하고 있었답니다. 작고 보잘 것 없는 것을 말이에요. 예수님은 당신을 사랑합니다. 카일, 당신이 오늘 한 모든 일에도 불구하고 여전히 당신을 사랑하십니다. 또 한 가지가 있어요. 나도 당신을 사랑합니다. 깨진 안경과 내 얼굴의 상처에도 불구하고, 나는 당신을 형제처럼 사랑합니다. 바로 지금 당신이 처한 상황에서 도울 수 있는 모든 일을 하려고 왔습니다."

다시 침묵이 흘렀다. 앨런이 일어서더니 아무 것도 들고 있지 않은 것을 증명이라도 하듯 팔을 흔들어 보였다.

"카일, 들어봐요. 우선 아내와 여자 아이를 보내주세요. 그들이 집을 떠남과 동시에 내가 들어가서 그들을 대신하겠습니다. 아무에게도 총을 겨누지 마시구요, 아시겠죠?"

"안돼!"

옆에 있던 S.W.A.T. 기동대원이 쇳소리를 내듯 내뱉었다.

"당신, 죽을 수도 있습니다."

앨런은 경찰을 향해 평화롭지만 단호한 어조로 말했다.

"이건 내 선택이 아니랍니다."

앨런은 계속 말했다.

"하나님의 선택입니다. 그분이 내게 이렇게 하라고 말씀하고 계세요. 그리고 그분이 이 모든 상황 가운데 나를 보고 계실 겁니다."

10초 정도 흐른 뒤에 두려움에 사로잡혀 있는 10살 짜리 여자 아이가 현관에 나타났다. 이어 눈물 범벅이 된 아이 엄마의 얼굴이 보였다. 둘 다 단거리 육상선수처럼 현관을 뛰쳐나와 앞에 대치하고 있는 경찰차를 향해 달려왔다. 경찰차 뒤에서 나온 앨런이 두 팔을 활짝 펼쳐 보이고는 확성기

없이 크게 소리를 질렀다.

"카일, 내가 지금 들어가겠습니다!

"멈추시오!"

S.W.A.T팀 대장이 소리쳤다.

"당신이 들어가지 않아도 돼. 다른 인질을 확보하지 않은 채 여자와 아이를 내보냈어. 범인이 실수한거야. 이제 우리가 그를 처리하겠소."

"지금 저 안에 있는 사람은 그저 상처입고 당황한 한 아버지랍니다. 아직 인생을 통해 무언가 할 수 있는 사람이지요. 그럼 전 들어갑니다."

앨런은 앞으로 걸어가기 시작했다.

"거기 서시오!"

대장이 명령했다.

"더 이상 움직이지 말란 말이요."

앨런은 기동대 대장을 향해 얼굴을 돌렸다. 그의 두 팔은 여전히 머리위로 들려진 상태였다.

"말했잖아요. 내가 들어가겠다고. 이제 약속을 지킬 때 입니다. 이 남자는 우리 교회 교인이에요. 적어도 아직은요. 그가 나에게 도움을 청하고 있는 것입니다."

잠시 후 세 번째 발을 떼었다. 그의 뒤로 모든 총구가 현관 앞을 향하고 있는 것이 느껴졌다.

"그럼 앞으로 일어나는 일은 모두 당신 책임이요."

대장이 경고했다.

"보호받을 수 있는 권리를 당신 스스로 포기한 셈이요. 10분 여유를 주겠소. 그 후에는 우리가 작전에 들어갈 것이요."

앨런은 대장을 향해 미소를 보내고 아무말도 하지 않은 채 앞으로 걸어갔다. 현관 앞 계단에 도착하기까지 마치 시간이 멈추어 버린 듯 모든 것이 정지된 것처럼 느껴졌다. 그가 계단을 올라서 현관에 다다랐을 때 문이 살짝 열리고 어둠 속에서 창백한 팔이 안으로 들어 오라고 손짓하는 것이 보였다. 아침에 공격적으로 고함치던 카일은 찾아볼 수 없었다. 이전에는 느낄 수 없었던 공포감이 그의 두 눈에 가득한 것을 볼 수 있었다. 몸은 심하게 떨고 있었고, 오만하게 대들던 태도는 의기소침한 모습으로 바뀌어 있었다.

"당신이 두려워하는 것을 충분히 이해할 수 있습니다."

쓰레기더미처럼 보이는 부엌을 바라 보면서 앨런이 말했다.

"저들은 지금이라도 쳐들어 올 수 있소. 이제 당신이 그만둘 차례입니다."

"너무 늦었어요. 지금은 너무 늦었다구요. 모든 게 끝장났어요."

카일이 중얼거렸다.

"아니, 그렇지 않아요."

앨런이 즉시 받아넘겼다.

"당신 딸을 생각해봐요. 옳은 선택을 하셔야 합니다. 살아남는 것이 그 아이를 위한 길이예요."

"감옥에서 말인가요? 그게 무슨 아빠라고 할 수 있겠어?"

"그래도 찾아갈 수 있는 아빠가 있잖아요. 편지를 쓰거나 전화를 걸 수도 있구요. 그리고 출소하면 서로를 더 알아갈 수 있는 그런 아빠 말이요. 1년에 한 번 무덤으로 찾아가는 것과는 비교도 할 수 없는 거잖아요."

카일이 한숨을 몰아쉬더니 슬픈 듯이 머리를 흔들어댔다.

"우리 함께 나가는 거예요. 내가 앞장서고 당신을 막아주리다."

앨런이 차분하게 말했다.

"저들이 소리지르는 것을 다 들었단 말이요."

카일이 끼어들었다.

"당신한테 화내는 것을 들었어, 나의 형편을 봐 줄리가 없다구!"

"그래요, 사실입니다. 하지만 그들이 총을 쏘지는 않을 겁니다. 총을 먼저 내려놓고 바로 내 뒤를 따라 오세요. 계단을 다 내려서면 손을 위로 향한 다음 무릎을 꿇는거요. 날 믿어요. 괜찮을 겁니다."

"괜찮을리가 없어! 틀림없이 나를 쏠거라고요."

앨런은 최대한 차분하고 부드러운 목소리를 내려고 애썼다.

"아니요, 카일. 저들은 당신이 더 이상 위협적이지 않다는 것을 본 순간 총을 거둘겁니다."

카일은 잠시 동안 미동도 하지 않았다.

"왜 그래요?"

앨런이 물었다.

"우리… 우리 먼저 기도하면 안될까요?"

"물론 되지요."

앨런은 목사인 자신이 먼저 기도할 생각을 떠올리지 못했다는 것이 부끄럽기도 했고 한편 지금은 타이밍이 적절하지 못하다는 생각에 다소 안절부절하는 자신의 모습을 보았다. 그는 손을 내밀어 떨고 있는 카일의 어깨를 잡았다. 그리고 눈을 감았다.

"사랑의 주님, 오늘 카일 형제가 매우 잘못된 선택을 했음을 고백합니다. 사실 우리 모두는 잘못된 선택을 한다는 것을 주님께서는 아십니다. 그리고 이 선택들로 인해 때때로 막대한 결과를 초래하기도 한다는 것을 저희들이 알고 있음을 고백합니다. 하지만 카일은 여전히 주님을 사랑하고 주님을 따르기를 원하고 있습니다. 그렇지요?"

"네, 그렇습니다."

카일이 대답했다.

"예수 그리스도의 보혈로 이 형제의 죄를 용서해 주시기를 원합니다."

앨런이 기도를 이어 나갔다.

"이제까지 하나님과 저희들 사이에 있던 모든 죄가 깨끗하게 씻김 받기를 또한 원합니다. 저희는 하나님의 보호하심을 간구합니다. 저희가 저 문을 나설 때 천사들을 보내시어 보호의 울타리가 되게 하여 주시옵소서. 하나님께서 그렇게 해주실 것을 믿습니다. 예수님의 이름으로 기도했습니다. 아멘."

앨런이 기도한 후에 두 사람 사이에 무거운 침묵이 뒤따랐다.

"그리고 한 가지 더 있습니다."

앨런이 덧붙였다.

"내 생각이 바뀌었는데 당신도 생각을 바꾸었으면 좋겠소. 교회를 다른 곳으로 옮기지 말아요. 이 모든 일을 회개한 후 인생을 돌이키고 여전히 그리스도를 따르는 삶을 원한다면 우리 교회는 당신을 위한 자리를 마련할 것입니다."

카일은 대답하지 않았지만 그의 볼에는 뜨거운 눈물이 흘러 내리고 있었다. 그는 말 없이 고개를 끄덕였다. 앨런은 바깥의 상황을 살피기 시작했다. 늦은 오후의 햇살이 집 안으로 흘러들어 왔다. 집 주위를 에워싸고 있는 경찰차들이 햇살을 받아 눈부시게 빛나고 있었다. 이유를 알 수 없는 위대한 안도감이 그를 감싸는 것을 느낄 수 있었다. 그것은 앨런이 이전에 결코 경험해보지 못했던 느낌이었다. 마치 이제 비로서 한 사람의 목사가 되었다는 느낌이 들었다. 그는 인도자로서, 양의 목자로서 자신의 존재를 새롭게 인식하고 있는 것 같았다. 몇 분 전에 현장에 도착한 테리는 S.W.A.T 대원들이 현관문 열리기 조금 전 그녀 앞에서 총격 자세를 취하는 것을 보고 긴박감을 느꼈다. 남편의 목소리가 들려왔고 그것은 지금까지 그녀가 들어온 어떤 목소리보다 강력한 권위가 있다는 것을 느낄 수 있었다.

"쏘지 마세요!"

앨런이 외쳤다.

"제가 나갈겁니다. 그리고 카일도 함께요. 우린 무장하지 않았습니다."

S.W.A.T. 대원들은 긴장된 얼굴로 대장의 명령을 기다렸다. 남편의 운명은 대원들이 어떻게 대장의 지시를 읽어내느냐 하는 예리한 감정 교환에 따라 결정된다. 볼을 실룩거려 보인다든지, 눈썹을 가늘게 뜬다든지 하는 섬세한 머리 동작 하나까지도 숨죽여 지켜보고 있었다. 그녀는 다시 앨런을 향해 돌아섰다. 앨런은 모든 상황을 파악하려고 바짝 긴장해 있었다. 앨런과 카일은 마지막 계단을 내려와서 무릎을 꿇었다. 두 사람은 경찰특공대 대장의 지시에 따른다기 보다는 기도하고 있는 것 처럼 보였다. 대장은 그들에게 다가가 무엇인가 소리치고 있었고, 그의 자동 소총이 의도적으로 카일을 향하고 있는 것이 눈에 들어왔다. 남편의 정확한 모습을 포착할 수 없는 그녀는 눈쌀을 찌푸렸다. 그의 주변에 광채와도 같은 것이 있는 듯 했고 그의 얼굴은 어딘가 환한 빛을 발하고 있었다.

테리는 사건 현장의 가장 끝자락까지 돌아갔다. 그곳에는 카일의 전처가 발꿈치를 들고 상황이 어떻게 돌아가는지 확인하려는 모습이 보였다. 어린 아이는 엄마의 다리를 꼭 잡고 있었다. 그때 경찰특공대 대장의 명령이 떨어졌고 다른 대원들이 즉시 일어서면서 그들의 총구를 무릎 꿇은 사람에게로 조준하는 것이 테리의 눈에 들어왔다. 큰 덩치의 대원 두 명이 그의 등에 올라타고 등 뒤로 꺾인 팔목에 수갑을 채웠을 때 카일이 신음하는 소리가 들려왔다. 카일의 존재는 특공대원의 진압에 묻혀버리는 듯 했고 그런 카일의 모습을 보면서 그를 향해 품고 있었던 테리의 적대감이 눈 녹듯이 사라져 버렸다. 그녀는 배우자를 학대하는 공격적인 카일의 모습 대신 잃어버린 성도의 모습을 보았다. 그 불쌍한 성도가 이 세상에 아직 존재할 수 있도록 남편은 시간을 벌어야 했던 것이다.

그녀는 집 마당을 가로질러서 남편에게로 뛰어갔다. 그녀가 앨런에게 이르렀을 때 남편은 나머지 한쪽 무릎을 일으켜 세우고 있었다.

"라커웨이 목사님, 교회 성도를 지키기 위해 정말 열심히 일하시는군요."

그녀는 양손을 뒤로 하고 심술궂은 미소를 지어보였다. 그리고는 두 팔을 벌려 남편을 끌어 안았다.

"이봐요, 모든 사람은 소중한거야."

앨런은 방금 경험한 일을 떠올리는 듯 머리를 설레설레 흔들며 조용히 말했다.

진주호(Pearl of the Seas) – 라디오 수신탑의 꼭대기

"그래서요 엄마, 무슨 말이 하고 싶으신 거죠? 아빠는 슈퍼맨?"

"얘야. 이 이야기가 꽤나 인상적이라는 걸 너도 인정하지? 아빠에 대해 많은 것을 말해주고 있어."

"네, 엄마 말이 맞는 것 같아요. 아빠가 할 수 있는 일이라고는 상상하기 어려운 이야기네요. 저는 단지 이야기의 교훈이 뭐였는지 궁금해요. 제 말은 이 일로 인해 두 분 사이에 다른 어떤 일이 생겼는지 알고 싶을 뿐이예요."

"이야기는 아직 끝나지 않았단다, 제프."

"네? 거기에 또 무엇을 더할 수 있다는 말이죠?"

"이야기의 주인공 카일 말이야. 그가 바로 카일 제프리란다."

전화기에서 침묵이 흘렀다.

"제프리씨 라구요? 티아의 아빠 말이에요? 내가 좋아하는?"

"그래 맞아, 네가 좋아하는 축구 코치 말이야. 아빠는 그가 복역하는 기간 동안 계속 연락을 취했단다. 사실은, 카일이 교적에서 제명된 적은 한 번도 없었단다. 우리 교회가 덴버로 이주한 다음에도 아빠는 카일을 서밋 교회의 일원으로 여겼단다. 매주 그에게 편지를 썼고, 그를 위해서 기도하며 상담해 주었어. 심지어는 수잔의 약혼이 깨졌다는 사실도 귀뜸해 주었 거든. 몇 년 뒤 그의 복역 기간이 절반 정도 남았을 때 카일은 수잔과 재 결합 했단다. 카일은 9년을 복역하고 출소했고 아빠가 그를 덴버로 데려가 일자리를 구해줬지.

"그럼 그때 그 여자 아이가 티아란 말이에요?"

"그 아이는 하나도 기억하지 못하고 있단다. 물론 부모들이 그 이야기를 하지도 않았지만 말이야. 네가 이야기의 후반부를 이제까지 듣지 못했던 이유가 바로 그거야."

"믿을 수가 없네요, 엄마. 카일은 우리와 함께 해준 제가 아는 한 가장 멋있고, 훌륭한 그리스도인 아빠거든요."

"네 아빠 다음으로는 그렇지."

"아빠 과거 모습 다음으로 라고 하는 것이 더 정확하겠죠."

"우리 중 누구라도 잘못으로부터 돌이키기에 늦은 사람은 아무도 없다는 것을 기억하렴. 하나님은 우리가 침을 뱉어주고 싶을 정도로 증오하는 사람의 내면에서도 변화를 일으키실 수 있는 분이야."

"알았어요, 엄마."

제프의 한숨 소리가 너무 커서 전화선을 타고 테리의 귀까지 전해질 정도였다.

"이번 비디오 프로젝트는 중간에 포기하지 않을 거예요. 꼭 참아 내고 일을 마칠게요."

"좋아. 그렇게 말해주니 정말 다행이구나, 아들아."

"하지만 그렇게 하는 데는 이유가 있어요."

"그게 뭔데?"

"편집에서 누락된 촬영분을 다 보셔야해요. 안어울리는 하와이풍 셔츠, 엉덩이 끝이 보이도록 허리춤에 걸쳐 입은 바지, 신발에 어울리지 않는 검정색 양말. 엄마는 모든 설정을 다 보셔야해요."

"제프야, 네가 찍은 거라면 난 모든 장면을 기쁘게 볼거야."

그리고 그녀의 목소리는 희미해져 갔다.

그날
Chapter 7

진주호(S.S Pearl of the Seas) —바베이도스

그날 아침은 평소처럼 온화하고 조용한 8시 이전의 모습 그대로였다. 부부 크루즈 세미나 참가자들은 마치 동굴 속처럼 꾸불꾸불한 선상 부페 레스토랑에서 랍스타 프리타타와 블루베리로 속을 채운 바닷게 엔칠라다 요로 풍성한 아침식사를 함께 했다. 식사를 마친 후 참가자들은 공연장으로 서둘러 이동했는데 그곳에서는 오후에 영화 상영과 브로드웨이 스타일의 코미디 뮤지컬 공연이 있을 예정이었다. 우선 그들은 멜츠 박사가 소개하는 '불 속에서 뛰쳐나와 용광로 속으로 들어가기'라는 주제의 강의에 참석하게 되는데 이것은 세미나가 종료된 후 일상생활로 돌아간 후 각자가 선상에서 가졌던 좋은 감동과 결심을 어떻게 유지할 것인가에 대한 강의였다. 크루즈는 이제 막바지를 향해 달리고 있었고, 강사가 인상적인 마무리를 준비하고 있을 것이라는 것은 누구나 생각할 수 있는 일이었다.

가벼운 점심식사를 마친 참가자들은 바베이도스의 수도인 브릿지 타운을 향해 출발했다. 그룹의 반은 오후 내내 도시의 길거리와 가게를 돌아다닐 예정이었고, 또 다른 사람들은 소규모 페리선을 타고 부두까지 짧은 여행을 한 다음 이번 여행의 백미라고 할 수 있는 90분 짜리 카리브 해저 탐험을 떠나는 잠수함에 승선할 계획이었다.

로드아일랜드주, 뉴포트(Newport, Rhode Island)—같은 시간

같은 시간, 북쪽으로 대륙을 하나 건너 로드아일랜드 뉴포트에 위치한 뉴잉글랜드 요트 제작사의 부두 오피스에서는 아쿠아 리브레호의 항해용 컴퓨터에서 발신된 알람이 울려퍼졌다. 그 순간 요트 제작사 부사장인 댄 슐버그의 얼굴은 하얗게 얼어 붙었고, 긴박하게 키보드를 두드리는 소리와 그의 욕설이 거의 동시에 뒤섞여서 들려왔다. 갑자기 알람이 멎고 10명의 직원들이 숨을 죽인 채 그의 등 뒤로 모여들었다.

"믿을 수 없어…"

어떤 여직원이 거의 속삭이듯 말했다.

슐버그는 자리에서 용수철처럼 튀어 올라 허리에 차고 있던 휴대폰을 들고 밖으로 뛰쳐나갔다.

그는 당황스러운 나머지 짙푸른 청색의 내러갠섯(Narraganset) 만이 내다 보이는 바깥 데크에서 몸을 숙이고는 휴대폰에 대고 무언가 급히 말하기 시작했다.

"브래드, 나 댄일세. 이봐, 리브레호에 사고가 생긴것 같네. 아니라면 적어도 이제 곧 사고가 날 것 같아. 내가 말할 수 있는 건, 아마도 항해 시스템의 속도 지정과 관련된 문제가 아닐까 싶어. 마샬에게 무슨 일이 있었던게 틀림없어. 그래서 공장에서 설정해 놓은 속도를 조정하는 것을 잊은 것 같아. 그게 용건일세, 브래드. 지금 마샬하고는 연락이 안되고 요트는 잠시 후에 바베이도스의 서부 해안 어딘가에 충돌할 것 같아."

슐버그는 상대의 답변을 들으면서 잠시 멈추어 섰다가 바른 자세로 서서 하늘을 바라보았다.

"아니, 난 바베이도스에 아는 사람이 없다네. 하지만 우리를 도와줄 수 있는 사람을 한 명 알고 있어."

다급한 어조로 그가 말했다.

"쿠치이노 사태를 책임졌던 사람을 기억해? 그가 카리브 전역에 걸쳐서 커넥션을 가지고 있어. 아마도 바베이도스 해군에 한두 명쯤 아는 사람이 있을거야."

슐버그는 그의 뒤에 있는 사무실 창문을 향해 잠깐 몸을 돌리더니 다시 의심스러운 듯 얼굴을 찡그렸다.

"아마도 50만불 정도면 해결하는데 문제 없을 거야. 앞으로 6~7시간 안에 우리 손에 상황이 어떻게 된 건지 보고가 들어올걸세.

감람산 – 새 예루살렘 (New Jerusalem – Mount of Olives)

리디아라는 젊은 여자와 정체를 알 수 없는 그녀의 새로운 친구는 감람산까지 걸어온 후 장대하고 위엄있는 건물의 대리석 차양 아래로 들어갔다.

"이것은 아고니의 바실리카(Basilica of Agony)라고 불리는 건물입니다."

그녀의 동행자가 주위를 살펴보면서 말했다.

"이 건물은 예수님이 잡히시고 십자가 형을 당하기 직전에 그의 수난을 기념하기 위해 건축되었습니다. 물론 예배를 위해서도요."

리디아는 그의 시선이 바라보는 곳을 따라 높이 치솟은 대리석의 표면을 응시했다. 정말 경이로운 건축물이었다. 시간이 흘러 퇴락한 벽은 새롭게 수리되었고, 도시의 다른 곳들과 마찬가지로 영광스러운 광채로 빛나고 있었다. 물론 예배는 전적으로 새로운 차원이 되었기 때문에 과거의 예배당은 더 이상 필요하지 않게 되었다. 이처럼 새로 수리된 건물들은 과거의 용도를 설명해주는데 사용되고 있었다.

이제까지 남자의 이야기를 듣고 있던 리디아가 말했다.

"당신이 나에게 안내하면서 들으라고 말한 것을 기억하고 있어요. 하지만 저에게는 이 재난 이야기가 저의 궁금증과 어떻게 연결될지 이해하기 어렵군요. 제가 목격한 그 끔찍한 광경을 이해하는데 어떤 역할을 하게 될 지 말이죠. 그리고 전 아직 당신의 이름조차 모르고 있어요."

"우선 앞으로 저를 스토리텔러라고 불러주세요. 그게 지금의 제 이름입니다. 지극히 높으신 분으로부터 부여받은 것이지요. 둘째, 제가 해 드리는 이야기의 방향이 아직은 당신에게 명확하지 않다는 걸 저도 잘 알고 있습니다. 하지만 제가 해 드리는 이 이야기가 매우 중요하고 현재 당신의 필요에도 밀접한 관련이 있다는 제 말을 믿어주시기 바랍니다. 저는 당신이 고통을 경험하기 시작할 즈음에 우연히 주변을 배회하던 방랑자가 아니라 당신을 위해 이곳으로 보내진 존재입니다. 저는 당신처럼 끔찍한 무저갱의 참혹한 광경을 이해하지 못해 고통받는 사람들을 위해 온 것입니다."

"그래요, 그 말은 설득력이 있군요."

리디아가 힘 없이 대답했다.

"자, 이제 교회의 내부로 들어가 봅시다."

스토리텔러가 말했다.

그들은 어둠을 지나서 새 예루살렘의 밝은 빛 가운데로 걸어 들어갔다. 그리고는 오랜 기간 동안 열방교회로 알려졌던 예배실로 향했다. 거룩한 도성의 다른 교회 건물들과 마찬가지로 회중석은 순례자들로 꽉 차있었다. 건물 안은 거룩한 향 냄새로 가득했고 찬양이 희미하게 울려 퍼지고 있었다.

스토리텔러는 그녀를 바깥쪽으로 난 현관으로 안내했다. 그곳은 큰 대리석 기둥에 의해 예배당으로부터 분리되어 있었는데 갑자기 그의 모습이 좁은 복도를 따라 사라졌다. 당황한 리디아는 스토리텔러를 따라잡기 위해 전속력으로 달려갔다. 긴 아치형의 복도를 재빨리 이동하던 그가 갑자기 멈추어 서서 그녀를 기다리고 있었다.

스토리텔러는 광선이 비추는 또 다른 통로를 따라 오른쪽으로 돌았고 리디아도 그 뒤를 따랐다. 그리고 함께 작은 방으로 들어갔다. 빨간색과 푸른 스테인드 글라스 창으로부터 눈부신 빛이 흘러들어 왔다. 방의 중앙에는 큰 무리의 사람들이 푹신한 의자에 앉아 그녀를 기다리고 있었다. 그들은 일제히 뒤를 돌아보면서 그녀를 향해 미소지었다.

"리디아를 찾아가서 도와주라는 명을 받자마자 이곳을 떠나 속히 당신에게 갔습니다."

스토리텔러가 계속 말했다.

"이곳에 있는 사람들은 이야기를 들으려는 동일한 목적을 가지고 있습니다."

"안녕하세요? 리디아."

그들은 한 목소리로 인사했다.

"당신들 모두 내 이름을 알다니…"

그녀는 놀라운 듯한 얼굴로 앞에 빈 자리를 찾아서 앉았다.

"다시 말씀드리지만, 여러분들은 모두 이곳에 오도록 예정되어 있었습니다."

"리디아, 당신은 오늘 아침에만 비슷한 반응을 보인 스물세 번째 순례자입니다. 그리고 여기에 다른 스물 두분이 계시지요."

그는 모인 사람들을 바라보았다.

"여러분, 리디아에게는 이야기의 첫 부분만을 들려줄 수 있었습니다. 충돌이 발생한 그 부분 말이에요. 따라서 여러분에게는 이 이야기를 다시 들을 수 있는 특권이 주어진 셈입니다. 아마 여러분이 가지고 있는 아직 해결되지 않은 질문들에 도움을 줄 수 있을 것입니다."

그리고 그는 이야기를 이어나갔다.

그날 Chapter 8

해저탐사 잠수함 탑승 부두—바베이도스

앨런은 잠수함 전망탑을 내려가면서 카메라 뒤에 있는 아들을 떠올리며 제프를 향해 손을 흔들었다. 어떻게 해서라도 이번 해저탐사 여행을 아들과 함께 하고픈 마음이 간절했다. 어제 있었던 유쾌하지 않은 기억은 다 잊었을 뿐 아니라 용서되었다는 사실을 알려주고, 제프가 다큐멘터리 제작을 위해 고용된 사람이 아니라 당당한 그의 아들이라는 것을 인식했으면 좋겠다는 생각을 했다. 앨런은 속 앓이를 하면서도 이 일을 내버려 두기로 했다. 그는 잠수함의 입구와 승객 선실을 향하여 등을 돌렸고 여느 관광객들처럼 지금의 상황을 받아들이기로 했다.

놀랍게도 잠수함 내부는 군사용 보다 훨씬 협소했다. 벽과 내부 전체가 흰색이었고, 바닥에는 두 줄의 좌석이 거품 모양의 대형 유리창을 향하게 배열되어 있었다. 바깥쪽 벽을 대신하는 외부 전망용 유리창 너머에는 초록색으로 빛나는 해수가 넘실댔다. 한 쪽 끝에 있는 통로가 선장실로 연결되어 있었고, 칸막이로 되어 있는 작은 공간에 해군 복장을 한 중년 남자가 둥그런 토글 스위치를 만지작거리고 있었다.

앨런은 잠수함 안에 들어가면 밀실 공포증 같은 증상에 시달릴 줄 알았는데 잠수함 내부의 탁 트인 구조가 그런 느낌을 한꺼번에 날려보냈다. 앞으로 걸어가면서 그는 사람들을 향해 환하게 미소 지었다. 천장의 스피커에서는 탑승객을 환영하는 선장의 인사말이 흘러나왔고 승객들을 기다리고 있는 해저 탐험의 스릴과 경관을 극찬하고 있었다. 앨런이 바라보는 창 쪽에서는 벌써 대형 농어 한 마리가 해수를 뚫고 햇살이 내리쬐는 선을 따라 실을 엮듯이 헤엄치며 잠수함 내부를 힐끗 쳐다보는 듯 했다. 이상한 물체 안에 들어있는 낯선 존재들이 궁금한 것 처럼 말이다.

주변의 환경이 앨런의 기분과 안색을 호전시켰다. 그는 제니 옆으로 다가가 앉으며 이곳에 처음 들어온 사람들이 하듯이 목을 길게 빼어 밖을 살폈다. 문득 아들 생각이 다시 떠올랐다. 아들은 물 위에서 카메라를 든 채 홀로 기다리고 있겠지.

바로 그 시간, 마셜 로드와 무언가 단단히 잘못된 호화 요트는 앨런과 그의 일행이 있는 장소에서 그다지 멀지 않은 곳을 항해하며 긴장감을 점차 고조시키고 있었다. 윌로우비 포트에서 3킬로미터 정도 떨어진 곳인 브릿지타운 항구의 초입에는 오랜 영국군 주둔지가 있었는데 이곳의 새 주인인 바베이도스 해안경비대 레이더 책임자는 이 모터 요트가 수 백 킬로미터를 항해하는 동안 항해로를 단 1도도 수정하지 않고 줄기차게 그들의 해역을 향해 달려오고 있다는 사실을 공식적으로 확인했다. 요트의 신호를 분석한 결과 이름은 'S. S아쿠아 리브레'라는 것과 최종 목적지는 수 백 킬로미터 전방의 서부 해안인 것으로 밝혀졌다.

요란한 경보음이 울려퍼졌다. 바베이도스 해안 경비대의 대표격인 H.M.B.S. 급 트라이엄프호에는 카리브의 마약 거래선들을 단속하기 위한 강력한 엔진이 장착되어 있었다. 트라이엄프호는 지금 바베이도스 해안을 향해 돌진하고 있는 요트의 차단로로 급파되기 위해 이미 4킬로미터 밖의 해안을 통과해 최대 속도로 전진하고 있었다.

해저탐 사용 부두—5분 뒤

제프는 부두에 홀로 서서 어제 그가 가졌던 우울한 소원을 떠올리며 잠수함의 몸체가 수면 아래로 서서히 사라지는 것을 바라보았다. 바로 그 순간, 날카로운 외침같은 소리가 들리고 갑자기 우르르 하는 요란한 소리가 이어졌다. 어둠이 그가 서 있는 부두 주변을 급히 가리우는 것 같았다. 그의 귀는 가장 끔찍한 소리들로 가득히 채워졌고 귀가 먹을 것처럼 갈래갈래 찢어지는 듯한 소리가 그의 인생을 영원히 바꿔 버리게 될 거라는 생각을 할 겨를조차 없었다.

갑자기 부두가의 데크가 그의 발 아래서 요동쳤다. 아주 짧은 순간 그가 바다에 내동댕이쳐질지도 모른다는 두려움이 제프를 엄습해 왔다. 알수 없는 어떤 물체에 제프의 몸이 세게 부딪쳤을 때 그는 등을 바닥에 대고 쭉 뻗어버렸다. 그가 부딪친 각도가 운좋게도 심각한 상처를 막아주었다. 그는 멍한 채로 몸을 굴려서 위를 바라 보았다. 그 주변 광경은 이상하리만치 고요한 정적이 흘렀고 물결치는 바닷물과 그 위에 유난히 커 보이는 요트의 선체가 덩그라니 물결을 따라 오르락내리락 하고 있는 것이 보였다. 요트 주변의 소란스러움만이 그것이 정지된 순간 이라는 것을 말해주고 있었다.

제프가 발을 딛고 일어섰을 때 그의 앞에 펼쳐진 현실에 소리 없는 비명이 흘러나왔다. 잠수함이 있던 그 자리에는 어디선가 돌진해온 괴 선박이 한쪽으로 심하게 기울어진 상태로 둥둥 떠 있었다.

제프는 잠수함이 가라앉은 물 아래를 내려다 보았다. 투명한 해수를 관통하여 1~2미터 아래 바닥까지도 볼 수 있었는데 잠수함 같은 것은 보이지 않았다. 여느 때 같았으면 제프의 탄성을 자아낼 만큼 깨끗한 청록색 해수만이 그를 반기고 있었다.

제프는 손으로 차양을 만들어 작열하는 햇살을 막고 바다 밑을 살피려 안간힘을 썼다. 그의 호흡이 거칠어졌다. 주변을 둘러싼 세상이 정신 없이 도는 것 같다고 느낀 순간 무릎에서 힘이 쭉 빠져나가는 것 같았다. 그는 갑자기 무서운 무력감에 사로잡혔다. 아빠가 바로 물 아래에 있었다.

그는 급히 주변을 살폈다. 옆에 부두 관리인이 서 있는 것이 눈에 들어왔다. 그는 흠뻑 젖은 잠수복과 장비를 가지고 씨름하면서 전화기에 대고 도움을 청하며 소리를 질러대고 있었다. 머리 위 하늘에서 빠르게 움직이는 점 같은 것은 해안에서부터 사고현장으로 접근하고 있는 헬리콥터가 분명했다. 그리고 중앙에 삼지창 문양을 한 깃발을 펄럭이는 군함으로 보이는 회색의 선체가 눈에 들어왔다.

제프는 서밋교회에 연락을 취해야 한다는 생각이 들었다. 아빠를 가장 사랑하는 사람들, 그리고 좀 전에 일어난 일을 바로 자신의 카메라를 통해 생생하게 목격했을 그 사람들에게 말이다. 그들에게 빨리 연락을 취해 자신이 본 것을 알려야 했다.

휴대폰을 꺼내 재발신 버튼을 눌렀다. 신호음이 들리고 몇 초 뒤에 서밋교회의 미디어 조정실 기술자와 연락이 되었다. 긴장감 가득한 목소리가 들려왔다.

"음향실인가요? 톰, 여기는 제프예요! 사고 현장에서 전화하는거예요."

"제프, 잠깐만 기다려줘. 스피커에 연결할게. 모두에게 상황을 설명해 줄 수 있어? 대체 무슨 일이 있었던건지 설명이 필요해."

제프는 비통한 심정으로 가까스로 말을 이어나갔다.

"톰, 그리고 여러분! 어디서 왔는지 알 수 없는 요트가 갑자기 덮쳤어요. 잠수함과 충돌한 것이 틀림없구요! 지금 아무도 보이지 않고 있어요!"

잠수함 내부

잠수함 승객 중 오직 다섯 명만이 왼쪽 창을 통해 충돌이 임박했음을 알려주는 경고등을 볼 수 있었다. 그들에게 주어진 시간은 2.6초에 불과했다. 순간 검은 선체의 바닥 부분이 현기증이 날 정도의 빠른 속도로 그들을 향해 밀치고 들어왔다. 무언가 행동을 취하기에 가장 유리한 위치에 있었던 두 사람마저도 아무런 대처를 할 여유가 없었다. 그중 한 명이 울부짖기 시작했는데 그녀의 비명소리 조차 충격이 주는 무시무시한 굉음 속에 묻혀 버리고 말았다. 전혀 예기치 못했던 재난을 경험하게 되면 그 누구도 앞으로 일어날 일들을 예측할 수 없다. 머리가 제 정신으로 돌아오기 전에는 그 일이 어떻게 시작됐고, 어떻게 끝났는지 판단할 능력을 잃어버리게 된다. 끔찍스러운 몇 초 동안을 지나 생존한 사람들에게는 사건의 전조 따위는 안중에도 없는 법이다. 마샬 로드를 쓰러뜨린 관상동맥 혈전증, 요트의 길고도 고삐풀린 접근 경로, 해당 관청의 대응, 멀리 떨어진 곳에 있는 비즈니스맨 등등. 그 어떤 것도 말이다. 돌연 으르렁 거리는 프로펠러의 소음과 귀를 찢는 듯한 충돌음이 알 수 없는 곳으로부터 들려왔다. 그리고 요란하게 메아리 치는 비명소리들. 마치 화물 열차가 옆으로 쓰러질 때와 같은 거칠고 가차없는 충격이 첫 번째 줄에 있던 승객을 오른 쪽 창문으로 내던지고 다음 줄에 있던 승객들을 그 자리로 내동댕이 쳐버렸다.

강철이 압력을 이기지 못해 구부러지는 소리가 마치 신음소리처럼 들렸고 요트 선체의 전방 센서가 모터를 완전히 짓이겨 버렸을 때 '펑' 하는 큰 소음을 마지막으로 모든 굉음이 멈춰버렸다. 이제 승객들의 머리 위에서 공기가 빠져나가는 쉭쉭 거리는 소리만 들려왔다.

깜박거리던 선실의 등이 완전히 나가버린 후 어슴푸레한 비상등이 이상

할 정도로 단조로운 색을 띠고 있었다. 그리고 한 번 더 선체가 굴렀을 때 마치 건조기 안에 들어간 동전들이 마구 던져지듯이 겁에 질린 승객들이 다른 사람들 위에 던져지듯 튕겨져 나갔고 잠수함 내부는 공포와 혼돈으로 아수라장이 되어버렸다. 이 모든 일들은 깊은 숨을 한 번 들이마시는 것보다 짧은 시간에 일어났다.

그날
Chapter 9

거친 감정들이 먼저 앨런의 머리를 강타했다. 테러, 그가 이전에 결코 경험해보지 못했던 야만적이고 무자비한 것. 고통, 고뇌의 리본이 그의 몸, 머리, 어깨, 왼쪽 발목에 걸쳐서 욱신거렸다. 압박, 그의 몸통이 어딘가에 끼어서 어깨와 다리를 옴짝달싹 할 수 없게 만들었다. 다른 사람의 몸이 그의 머리, 엉덩이, 팔을 내리누르고 있어서 숨을 쉴 수도 없었다. 움직일 수도 없었다. 이성적으로 생각하는 것도 불가능했다. 모든 방향에서 신음소리가 들려왔다. 그에게 들려오는 고통의 신음소리가 너무나 끔찍해서 마치 사람의 소리가 아닌 것처럼 느껴졌다. 오래된 서까래를 스쳐 지나가는 거친 바람의 울부짖는 소리 같기도 하고 도둑고양이가 내는 으스스한 소리와도 비슷했다. 그 소리만으로도 그를 몸서리치게 만들기에 충분했다.

공포와 끝이 보이지 않는 두려움의 어두운 산등성이가 그의 의식의 끝자락에서 맴돌고 있는 것 같았다. 그는 점점 침투해 들어오는 파멸적인 운명과 싸워 붙잡아 두는 것 외에 다른 어떤 일도 할 수 없다는 것을 깨달았다. 앨런은 무엇인가 자신의 왼쪽 귀와 어깨 사이에 놓인 것을 느꼈다. 가죽 샌달을 신은 발이었다. 자신의 오른쪽 발은 다른 사람의 무릎에 걸쳐져 있었는데 칠흙같은 어둠 속에서 그게 누구인지 확인하기 위해 안간힘을 썼다. 그는 끔찍한 광경을 보는 것을 원치 않았지만 시야에 들어온 모습들은 사람들의 몸통과 팔 다리들이 제멋대로 뒤엉켜 있는 처참한 장면이었다. 중세의 네덜란드 화가, 그의 이름이 보슈였던가? 히에로니무스 보슈? 수 백구의 몸통들이 수북히 쌓여진 현장, 하나 위에 또 다른 하나가 놓여진 뒤틀리고 으르렁거리는 비참한 형상의 인간 비극을 묘사한 그림이 있었다. 앨런은 눈을 감았다. 지난 생애동안 접해 왔던 진지한 뉴스 보도들을 회상하지 않으려고 노력했다. 선교 여행중인 일가족을 몰살시킨 버스 충돌사고, 페리 전복 사고로 익사당한 학생들, 창에 찔려 순교한 선교사, 이전에 앨런은 그와 같은 슬픈 소식들을 접할 때 진지하게 생각이 머물렀던 기억이 없다. 왜냐하면 그것들은 받아 들이기 어려운 진실들을 전하고 있기 때문이었다. 때때로 하나님의 사람도 고통스러운 죽음을 맞이한다는 사실. 선한 사람도, 선한 행동과 의로운 동기의 소유자들까지도 말이다.

'이런 일은 항상 일어나는 일이야' 앨런은 공포 속에서도 이성을 잃지 않으려고 노력했다. 늘 발생하는 사건에도 불구하고 세계는 계속 돌아가고 있고 대부분의 미국 그리스도인들은 이런 종류의 사건을 접했을 때 몇 분 이상 관심을 갖지는 않는다. 아마도 짧은 기도를 하는 사람은 있을 것이다.

또는 움찔하고는 생각하기를 '제가 아니어서 정말 감사합니다. 하나님! 그들은 이미 천국에 있을 것으로 압니다.' 라고 할지도 모른다.

그의 내면에서는 무엇인가 소리를 지르고 싶은 것 같은 충동을 느끼고 있었다.

"난 지금 죽을 수 없어요, 적어도 오늘은 아니예요. 주님! 전 겨우 마흔일곱 밖에 안됐고 이제 행복한 삶을 찾았습니다. 아시다시피 저는 두 아이의 아빠이고 사랑하는 제니의 남편이자 저를 필요로 하는 6,000명 성도를 책임지는 목사이지 않습니까? 정말 아니예요. 이렇게 끝날 수는 없습니다."

그가 수도 없이 머리 속에서 그려왔던 그의 인생은 이런 식으로 끝나는 모습은 아니었다. 활동적인 사람으로 늙어가고 아들과 손자들에게 둘러쌓여 여전히 열정적인 목회를 하며 말씀을 전하고 책을 쓰고 그리고 로맨틱한 사람으로 살아가는 것이 앨런이 구상했던 인생의 마지막 여정이었다.

'아니야, 오늘이 내 인생의 마지막 날이 되게 할 수는 없어.' 그는 머리를 흔들고 앞에 펼쳐진 상황에 다시 주의를 기울였다.

이제 잠수함의 내부는 조용해졌다. 나즈막한 신음소리와 한 여자의 울음소리가 들려왔다.

"제니? 어디에 있는 거야?"

그는 아래를 내려다 보았고 희미한 불빛 속에서 그녀의 머리 윗부분을 발견했다.

"여보, 당신 다쳤어?"

"네. 조금요…. 하지만 심하지는 않아요. 여기로 와서 나 좀 꺼내줄래요?"

그녀가 속삭이듯 말했다.

"될 지 모르겠지만 해볼게."

앨런은 온갖 방법을 동원하여 몸을 움직여 봤지만 불가능했다. 그의 왼팔은 무거운 몸통 아래 짓눌려 있었고, 오른 팔은 자신의 몸에 눌려 벽에 고정되어 있었다. 그는 깊은 숨을 들이마신 후 한 번 더 밀폐 공포증과 싸울 준비를 하고 주위를 살폈다. 불구가 되고 피흘리는 사람들의 신원을 알 수는 없지만 그들도 앨런과 동일한 싸움을 하고 있었다.

앨런은 가까스로 팔을 움직일 수 있는 공간을 확보했다. 그는 한쪽 팔을 뻗어서 무엇인가를 잡고는 자신의 몸을 끌어 올렸다. 곧 모든 묶임이 한 번에 풀린 것 같았고 그는 안도의 숨을 내쉬었다. 옆에 있던 핼이 그의 자리로 미끄러져 들어가는 것이 보였고, 오드리는 남편을 붙들고 있었다. 그 옆에는 캐리가 보였다. 피해자들은 질서정연 하지는 못하지만 조금씩 자신의 자리를 다시 찾아가는 듯 했다.

"무슨 일이 생긴거죠?"

젊은 여자가 물었다.

"폭발이 있었나요?"

"폭발은 아니고 충돌한 거 같아요."

다른 사람이 답변했다.

"난 배가 지나간 자리와 선체를 봤습니다. 요트가 우리가 탄 잠수함을 친거예요."

"선장은 어디 있어요?"

모두의 시선이 잠수함의 선수(船首)를 향했다. 승선하면서 보았던 거품 모양의 오픈된 공간 대신 지금은 아무 장식 없는 흰색 벽이 통로를 막고 있었다.

"비상 차단막이 틀림없을거야."

핼이 말했다.

"승객 구역에서 일어나는 어떤 불상사나 누수같은 것으로부터 조종석을 격리하기 위한 거죠."

"여러분!"

모두에게 안심을 주려는 듯 앨런이 자신 있는 어조로 말했다.

"바깥에서는 모든 방법을 동원한 구출 작전이 진행되고 있을 거라고 저는 확신합니다. 우리가 버텨내기만 한다면 구조될 거예요."

캐리의 남편이 앨런을 바라보았다.

"산소가 바닥나면 어쩌죠. 지금 위에서 들려오는 소리가 산소 빠져나가는 소리 아닌가요? 그것도 매우 빠른 속도로 말이죠."

S.S. 아쿠아 리브레호와의 충돌로 인해 현대 조선공학이 허락하는 모든 안전장치를 구비하고 정상 가동되던 잠수함이 일순간 구겨지면서, 승객들을 실은 채 해저의 모래 위에 주저앉은 120톤짜리 고철 덩어리가 되어

버리고 말았다.

잠수함이 바다 밑바닥에 곤두박질 쳤을 때 최고의 성능을 자랑하던 전자 장비는 사용 불가능한 상태가 되었고 모든 통신장비와 선상 시스템이 무용지물이 되고 말았다. 바다 위 부속선에 음성 데이타를 전송하기 위해 선미에 장착되었던 안테나는 작은 문어처럼 꼬불꼬불 뒤틀린 채 붙어있었다. 그보다 심각한 것은 선내 승객구역의 천장에 부착된 산소탱크의 산소가 바닥나고 있다는 사실이었다. 충돌시 입은 충격으로 심하게 손상되어 매 초 단위로 일정 단위의 산소가 새어 나가고 있었다.

결론적으로 몇 분 전까지만 해도 안전하고 흥미진진한 관광을 보장했던 잠수함의 선체가 이제는 그 안에 갇힌 인간의 생명을 유지해 줄 능력을 빠른 속도로 상실해 가는 작은 감옥으로 전락해 버린 것이다.

해저탐사 탑승부두-지상

"무슨 일이 일어난 건지 정확히 모르겠어요."

제프는 위성 전화기에 대고 숨가쁘게 전했다.

"제가 서 있던 부두가 거대한 선수파(船首波)로 인해 위로 들려 올려지면서 저는 데크 건너 편으로 내동댕이 쳐졌거든요. 하지만 뭔가 소리를 들었어요. 충돌하는 소리, 그리고 지금은 물결이 마구 출렁 거려서 잠수함이 보이지 않아요. 그건 그냥…"

"제프, 지금 이 시간이 견딜 수 없는 어려운 시간이라는 걸 알아요."

래리 콜린스의 목소리가 흐릿하게 들렸다.

"무엇을 해야 할지 모르겠어요. 그냥 이렇게 서 있을 수 만은 없는데. 물에 뛰어 들어 잠수함을 찾아봐야 할지…"

그때 부두 관리인이 잠수복으로 갈아 입고 현장으로 다이빙 하려고 준비하는 것이 보였다. 내가 저 사람을 도울 일이 있을까… 제프는 잠시 생각했다.

"제프, 혹시 부탁할 수 있다면, 덴버에 있는 사람들을 위해서 카메라를 들고 무슨 일이 벌어지고 있는지 촬영해 줄 수 있나? 여기 사람들이 지금 어떤 상황인지 잘 모르거든"

제프는 부두 주위를 살폈고 몇 미터 떨어진 곳에 옆으로 누워 있는 카메라를 발견했다. 데크가 갑자기 휘청거렸을 때 거기까지 쓸려간 것이 틀림없었다. 카메라 주변에 물기는 없어 보였다.

"네, 카메라가 제대로 작동했으면 좋겠네요."

제프가 대답했다.

"해를 피해 차양 지붕 아래에서 찍을게요. 그게 더 선명하게 나올거예요."

그는 카메라를 집어 들고는 부두에 있는 가건물 쪽으로 갔다. 양철지붕 아래 한쪽만 막혀있고, 다른 쪽은 바다를 향해 오픈된 구조의 가건물에 들어가서 카메라의 스위치를 켰다. 다행히 카메라는 손상을 입지 않아 곧 작동하는 소리가 들렸다. 카메라의 뷰 파인더 안에 들어온 작은 황색 신호등은 이제부터 비춰지는 광경을 단파 신호로 배에 먼저 전송하고 이어서 그곳으로부터 강력한 위성연결을 가능하게 할 것임을 말하고 있었다.

"자, 그럼 이제 생방송으로 하겠습니다."

제프가 말했다.

서밋교회 본당—덴버

다소 치직거리는 잡음이 있기는 했지만 생생한 바베이도스 해안을 비추고 있는 푸른색 화면의 대형 스크린이 예배당 안을 가득 채우고 있었다.

"그들은 저기 보이는 요트 아래 어딘가에 가라 앉아있어요."

카메라를 사고 현장으로 돌리면서 말하는 제프의 목소리에는 긴장감이 흘렀다.

"내가 보지 못하는 것을 여러분은 볼 수 있을지도 모르죠."

이제 카메라 화면은 현기증이 날 정도의 빠른 스피드로 반대 방향을 향했다. 바닷물이 끝없이 펼쳐져 있는 건너편에 정체를 알 수 없는 선박이 화면 안으로 들어왔다. 그 배는 돛대에 다양한 깃발들을 휘날리며 빠른 속도로 항해하는 날렵한 모습의 회색 군함이었다.

"우리에게 도움을 주려는가 봐요! 바베이도스 해안 경비대 선박인 것 같아요."

H.M.B.S. 트라이엄프호

함선의 선장인 로날드 소아레스가 망원경으로 사고현장을 자세히 살펴보고 있을 때 그의 휴대폰이 울렸다. 망원경에서 눈을 떼지 않은 채 전화기의 덮개를 열고 귀에 갖다 댔다.

"소아레스입니다."

"로날드 소아레스? 난 조니 스틸맨이요. 날 기억하겠소?"

"물론 기억하지요. 근데 지금 좀 바빠서 말이요. 나중에 전화하겠소."

"당신이 지금 브룻지 타운 해안의 난파된 요트 때문에 바쁘다는 걸 알고 있습니다. 요트가 항로를 이탈을 하지 않았나요?"

"맞습니다."

"바로 그 일 때문에 당신한테 전화한 겁니다. 요트 주인의 간절한 부탁으로 말이요. 그들에게 좋은 자리에 있는 친구의 도움이 필요한데 당신이 도와주면 매우 고마워할 겁니다."

"어떻게 고마워 한다는 거죠?"

"오십만 번 이상 감사할 겁니다. US달러로. 그리고 당신의 발목을 잡고 있는 도박 건 있잖습니까. 그건 없는 일로 해주겠소. 그들은 즉각적인 도움에 대한 감사의 표시를 할겁니다."

"원하는 게 뭡니까?"

"요트는 아직 떠 있소?"

"그렇습니다. 내 눈 앞에, 지금 보고 있습니다만…"

"그걸 물 아래로 가라 앉혀주시오. 간단한 일이지 않습니까? 혹시 주변에 다른 목격자가 있는지 확인해 주시겠소?"

"근처에 부두가 있는데… 좀 봅시다."

그는 망원경으로 탑승부두를 재빨리 살폈다. 부두가 주변은 텅 비어있었고 홀로 서 있는 가건물은 그늘로 덮여 있었다. 그는 눈을 깜박거리며 다시 쳐다보고난 후 한동안 시선을 그곳에 두었다. 아무런 움직임이 없다는 것이 확실해지자, 아무런 목격자도 없음을 전화기에 대고 말했다.

"조금전에 크루즈선으로 돌아가는 부속선과 마주쳤었는데 지금쯤 모선에 도착했을 겁니다. 그리고 지금 여기는 나와 내 부하들 밖에 없습니다."

"좋습니다. 비상 경보음을 켜주시오. 마치 요트 위에서 중무장된 화기가 도심을 향하고 있는 것을 알아챈 것처럼 말이요. 그들의 뱃머리에 50구경 포화 두 발 정도를 떨어뜨려서 신속하게 요트를 침몰시켜 주시오."

"그런데 진짜 이유가 뭡니까?"

소아레스가 물었다.

"요트를 배달중이었는데 선장이 돌연사 했는지, 아니면 배에서 뛰어 내렸는지 우리로서는 알 수가 없소. 거기에다 배의 자동운항 시스템이 제대로 작동되지 않았소. 그게 전부요. 요트가 마약 밀매단에게 노획된 것이라는 그럴듯한 커버 스토리를 당신이 제공해주면 되는거요. 그리고 바다는 당신의 조작된 커버 스토리를 덮어버리게 될겁니다."

"좋소. 30분 안에 전화로 돈이 들어 있는 계좌 번호를 알려주는 조건입니다. 아시겠죠?"

스틸맨이 전화를 끊었다. 소아레스는 다시 주변을 살폈다. 그의 시야에 들어오는 것은 빈 부두가 전부였다. 다른 배가 없다는 것은 다른 목격자도 없다는 것을 의미했다. 그의 부하들 외에는 말이다. 하지만 그들은 문제가 되지 않았다. 그는 손을 전방으로 향하고 명령을 내렸다.

"마약 밀매단이 배에 있다! 뱃 머리를 겨냥하고 발포 준비!"

그 즉시 트라이엄프호의 50구경 대포가 위치를 잡으면서 내는 윙윙거리는 소리가 들려왔다. 수병들은 아쿠아 리브레호의 뱃머리를 겨냥하고 발포 명령이 떨어지길 기다렸다.

그날
Chapter 10

카메라를 쥔 채로 가건물의 한쪽 구석에 쭈그리고 앉아 있던 제프는 몸을 일으키면서 양철로 된 벽을 발로 세게 찼다. 그 충격으로 어깨에 맨 카메라가 흔들거렸다. 제프는 갑자기 덴버의 교회에서 걱정스러운 모습으로 지켜보고 있을 성도들이 떠올라 얼굴을 찡그렸다.

"여러분 죄송합니다."

마이크에 대고 제프가 말했다.

"제프 우리가 멀리 덴버에 있지만 마음은 너와 함께 하고 있어."

래리 콜린스가 그의 이어폰 송신기에 대고 말했다.

"그리고 우리 모두 기도하고 있단다. 너도 거기서 우리와 함께 기도에 동참할 수 있잖아."

"난 기도하고 싶지 않아요!"

제프가 소리 질렀다.

"난 물 속으로 뛰어 들어 무엇인가 하고 싶어요! 그렇게 한다고 무슨 일을 할 수 있을지는 모르지만요."

제프는 부두 관리인의 주의를 끌기 위해 갑자기 뒤로 돌아섰다. 그는 머리부터 발끝까지 스쿠버 장비로 무장하고 바다로 뛰어들 준비를 하고 있었다.

"아마도 저 사람이 내가 할 수 있는 일보다 더 많은 것을 할 수 있을 것 같아요."

래리와 성도들을 향해 제프가 말했다.

"전화기에 대고 소리 지르는 것을 들었거든요. 취할 수 있는 모든 비상조치가 시작된 것 처럼 들렸어요."

그때 부두 관리인이 물 속으로 뛰어 들었다. 잠수함에 갇힌 사람들을 구조하기 위한 길을 나선 것이다. 제프는 카메라를 바다쪽으로 향하고 줌을 조정했다. 관리인이 부두에서 뛰어내려 파손된 요트가 있는 곳으로 헤엄쳐 가는 모습을 간신히 카메라에 잡을 수 있었다.

"저기 잠수함이 보여요!"

제프가 울부짖듯 소리쳤다.

"저는 저게 모래언덕이나 아니면 다른 무엇이라고 생각했는데… 잠수함이었어요! 요트 바로 아래에 깔려 있어요."

그는 렌즈를 다시 조정하고 이번에는 파도 밑에서 어른거리는 길쭉하고 둥그런 형태의 물체를 최대한 가까이 줌인했다.

잠수함 내부

"제가 생각하기에 …"

힘 없이 갈라져 가는 목소리로 앨런이 말했다. 그의 앞에 닥친 과제를 해결하기에는 역부족이라는 것을 절감하면서 지금 그에게 필요한 용기와 지혜가 터무니 없이 부족하다는 것도 뼈저리게 느꼈다.

'정신 차려, 지금 무너져서는 안돼 …' 그는 스스로를 채찍질했다.

"저는 지금 이 시간이 어쩌면 우리들 생애에 가장 의미있는 시간일 수도 있다고 생각합니다."

그가 간신히 말했다. 이제 목소리가 제 소리를 내기 시작했다.

"자신에게 바치는 헌사를 만들 수 있다고 생각해요. 우리 모두 …"

앨런은 갑자기 그의 내면에서 치솟아 오르는 동요와 싸우기 위해 이를 악물었다.

"세상 사람들에게 우리가 어떤 존재인지 보여줍시다."

"저도 공감합니다. 우리 기도합시다."

캐리 놀스가 거들었다.

앨런이 동감하면서 고개를 끄덕였다. 그는 헬과 오른쪽에 그가 알지 못하는 상처 입은 승객이 머리를 제대로 가누지 못한 채 눈을 감고 있는 모습을 보면서 울음이 터져 나오려는 것을 가까스로 참았다.

"주님, 이런 때에는 당신께로 나아가는 것 말고 달리 우리가 할 수 있는 일이 없음을 고백합니다."

앨런이 기도를 시작했다.

"지금 이 장소에 와 주실 것을 간구합니다."

그는 한 번 더 깊은 숨을 들이 마시고는 계속 이어갔다.

"이 처참한 상황으로부터 저희를 꺼내려고 출동하는 응급구조팀을 축복하여 주시옵소서. 저희를 구조하려 시도하는 사람들에게 성령의 기름을 부으시고 저들을 도와 주시옵소서. 오늘 저희들에게 일어난 일이 훗날 당신의 이름을 영화롭게 하는 고백이 되게 하여주시고, 그로 인하여 사람들이 당신께로 나오게 하는 도구가 되게하여 주시옵소서. 예수님의 이름으로 기도했습니다. 아멘."

앨런은 깊은 숨을 내쉬었다. 모두가 눈을 떴다.

"저기다!"

남자가 소리쳤다. 모두가 소리 나는 쪽을 향해 고개를 돌렸다. 앨런이 알지 못하는 교회 성도가 그가 앉은 자리에서 등을 돌려서 창을 향해 손을 흔들었다. 다른 사람들과 마찬가지로 앨런도 한쪽으로 그의 목을 끌어올려서 바깥 상황을 살피려 했다. 그리고 그것으로 그가 알고자 한 모든 것을 보기에 충분했다. 다이버였다. 옅은 청색 고무로 몸을 감싸고 산소 마스크와 지느러미를 한 채 금속 탱크를 뒤에 달고 장갑을 낀 손으로 창을 향해 마구 흔들어대는 다소 우스꽝스러운 모습이었다. 전문적인 구조대원의 모습과는 멀어 보였지만 앨런이 이제까지 보아온 것 중에 가장 환영하고 싶은 모습임에는 틀림없었다. 그의 주변에서 환호하는 소리와 우는 소리, 안도하는 소리가 뒤섞여 들려왔다.

"저 사람이 뭘 하는 거죠?"

제니가 물었다. 그녀가 앉은 곳에서는 무슨 일이 일어나고 있는 건지 잘 볼 수가 없었다.

"무언가를 쓰고 있어요!"

창 바로 안쪽에서 조금 전에 소리 지른 남자가 말했다.

"자석이 달린 글자판 있잖아요? 거기에 무언가 메시지를 쓰고 있군요."

"뭘 쓰는 거죠?"

캐리가 궁금증을 이기지 못하고 재촉했다.

"잠깐만요…"

"아! 알았어요! 구조가 진행 중 이라고 써 있어요!"

또 다른 요란한 환호성이 잠수함 안에 메아리쳤다. 앨런은 그의 절망감 속에서도 다른 사람들과 함께 환호하지 않을 수 없었다. 그는 제니의 눈을 보기 위해 몸을 돌렸다. 그녀의 눈에 고인 눈물을 발견한 것은 놀랄 일이 아니었다.

"다른 메시지가 있어요!"

창에서 가장 가까이 있는 남자가 모두에게 알렸다.

"다이버가 첫 메시지를 지우고 다른 걸 쓰고 있어요. 구조가 진행되고 있다. 침착하게. 천천히 숨쉬고."

캐리의 남편이 몸을 앞으로 숙이고는 앨런에게 의미심장한 표정을 날려보냈다.

"내가 말했죠? 산소가 흘러 나가고 있다고."

그가 속삭이듯 말했다. 앨런은 대답 대신 고개를 끄덕였다. 하지만 그건 그리 중요한 게 아닐지도 몰랐다. 앨런은 장로 회의를 소집할 때 의례하듯이 그의 두손을 서로 부딪혀 소리를 내고는 "하나님은 정말 좋은 분이지 않나요?" 라고 말했다. 그의 말을 추인하듯이 여기저기서 확신에 찬 '아멘' 소리가 들려왔다. 이제야 그는 제대로 된 방향으로 가고 있다는 느낌이 들었다.

"주님, 감사합니다."

구석에 자리한 나이든 여자가 말했다. 앨런은 그녀가 있는 쪽으로 시선을 향하고 여자의 눈을 바라보았다.

서밋교회에는 앨런이 재직하기 훨씬 이전부터 교회를 섬기던 성도들이 있었는데 이들은 사실 그의 생애에 가장 친숙한 얼굴을 하고 항상 그 자리에서 미소 지으며 천상의 그리스도인 같은 빛을 발했다. 단 한 가지 문제가 있다면 앨런이 그녀의 이름을 기억해 낼 수가 없었다는 것이다. 자신이 목회하는 교회에서 가장 충성스럽게 평생을 바쳐 섬겨온 사람의 이름을 기억해 내지 못하는 목사가 그들의 눈에 어떻게 비춰질지 상상하는 것만으로도 몸서리쳐지는 듯 했다.

'그녀의 이름은 약간 구식의 전통적인 느낌이었는데… 하고 그는 생각했다. 이젤? 바이올라? 셀마?' 이번 여행에서 그녀는 적어도 갑판에서 네 번쯤, 부페식당에서 줄 서서 열 두번쯤 앨런에게 시선을 보냈다. 앨런은 스스로 자책감에 빠져 마치 그녀가 자신의 우둔함과 기억력 부족, 뒤죽박죽된 우선순위 목록을 비웃고 있기라도 하는 것처럼 느껴졌다. '성도의 이름을 기억하는 일이야말로 담임목사에게는 가장 중요한 우선순위의 사항이 아니었던가? 어디에선가 그 이름을 지나치면서라도 본 적이 없단 말인가?' 앨런은 여행을 마치고 집에 돌아가면 그 성도의 이름을 찾아내어 반드시 기억 할 것을 스스로에게 다짐했다. 아마 그녀에게 찾아가 그의 무관심이 평소의 과묵함에서 기인한 것이라고 고백하고 이해를 구하는 것이 좋을 것 같다는 생각을 했다.

앨런을 향하고 있는 창의 바깥쪽에 있는 다이버는 더 이상 안을 들여다보거나 손을 흔들거나 하지 않고 잠수함 밑에 있는 무엇인가에 손을 뻗으려고 했다.

"그가 밸브를 열려고 하는 것 같습니다."

앨런이 말했다.

"아마도 비상용 산소탱크가 아닐까요."

"이제 머지 않아 구조될거야!"

핼 뉴먼이 선포하듯 외쳤다.

"맞습니다!"

앨런은 조금 전까지도 믿음을 갖지 못했던 것을 후회하며 맞장구를 쳤다.

"이제 곧 우리 모두 구조될 겁니다. 하나님이 우리의 기도를 들으셨어."

해저탐사 탑승부두―물 위에서

제프 라커웨이는 폭발음에 놀라 뒤로 뒷걸음질 치다가 하마터면 바다에 빠질 뻔 했다. 트라이엄프호의 대포에서 뿜어져나온 갑작스런 굉음이 푸른 하늘에 천둥소리처럼 귀를 먹게 할 정도의 소음으로 들려왔다. 이 진동으로 제프는 카메라를 떨어뜨릴 뻔 했는데 가까스로 다시 주워올렸다. 제프는 잠수함에 갇힌 사람들에게 자신과 덴버의 교인들이 모든 상황을 알고 있다는 것을 알리고 싶었다.

"방금 전에 난 소리 들으셨나요?"

그는 카메라의 마이크에 대고 소리쳤다.

"천둥소리 같은 것이 들렸는데 그건 무슨 소리지?"

래리 콜린스가 급히 답했다.

"그건 해안 경비정에서 나온 소리였어요 그리고…"

꽝! 또 한번의 굉음이 들렸다. 이번에는 대포가 뒤로 당겨졌다가 하얀 포연을 바람 속으로 날려보내는 모습이 제프의 카메라에 포착됐다. 그는 포환이 날아갔을 궤적을 따라 급히 카메라를 뒤로 젖혔다. 그리고는 두 번째 포환이 요트 바로 앞쪽에 큰 구멍을 내면서 급물결을 일으키는 장면이 잡혔다.

"지금 요트를 겨냥하고 발사하는 거예요!"

제프가 소리쳤다.

"이해가 안돼요. 요트에는 아무도 없을텐데. 지금 줌인 할게요. 잘 보세요. 직접 보실 수 있을 거예요. 조타실, 항해실, 갑판 위도 다 비어 있어요. 마치 유령선 같이."

꽝! 세 번째 굉음이 들렸고 포탄은 요트에 명중했다. 포환은 요트의 선체를 갈기갈기 찢어버리고 말았다. 그리고 물 속에서 휘청하더니 가라앉기 시작했다.

"배를 침몰 시키려는 거예요!"

제프는 자기의 주장을 증명해 보이기라도 하듯 아쿠아 리브레호의 선수쪽에 카메라 렌즈를 맞추었다. 제프의 말이 사실로 판명되었지만 자신도 그 이유에 대해서는 아는 바가 없었다. 더우기 카메라를 통해 상황을 지켜보고 있는 성도들에게 무슨 일이 일어나고 있는 것인지 설명할 길이 없었다.

이번 포탄은 선체의 가장 취약한 부분에 떨어진 치명타였다. 요트는 앞으로 심하게 기울더니 점차 바닷속으로 가라앉기 시작했다.

"안돼!"

제프가 비명을 질렀다.

"안돼! 이러면 안돼. 밑을 봐. 밑을 보라고!"

그는 카메라를 다시 돌려서 해안 경비정의 갑판을 줌인했다. 망원경을 들고 제프를 향해 서 있는 사람에게로 렌즈를 맞추었다. 그는 제프를 확인한 순간 모든 동작을 멈추고 그를 직시했다. 그는 들고 있던 망원경을 가슴팍에 떨어뜨리고는 근처에 있던 수병에게 맹렬한 몸짓으로 무엇인가 지시하기 시작했다. 제프는 다시 카메라를 돌려서 가라앉고 있는 요트의 처참한 장면을 찍었다. 요트는 포탄을 맞기 이전에 이미 잠수함에 충돌한 충격으로 인해 심하게 파손된 상태였다. 요트가 세 개의 덩어리로 쪼개지면서 내는 금속성의 소리가 들려왔다. 제프는 놀라서 아무말도 하지 못한 채 그저 서 있기만 했다.

"오! 안돼!"

덴버의 많은 성도들이 자신의 그의 음성을 듣고 있다는데 생각이 미치자 말을 멈추었다. 마치 눈에 보이지 않는 줄이 요트를 잡아 당기기라도 하듯이 거대한 물살을 일으키면서 바다 속으로 가라앉았다. 제프는 공포에 질린 목소리로 소리쳤다.

"요트가 가라앉고 있어요! 잠수함 바로 위로 말이에요!"

"무슨 말이야 제프?"

이어폰 송신기에 대고 래리 콜린스가 다급하게 물었다.

"보시지 않았나요, 래리?"

"사람들이 밑에 있어요! 바로 밑에요! 요트가 잠수함 바로 위에서 침몰하고 있어요!"

다이버는 수면에서 번쩍인 갑작스러운 발광 때문에 놀라서 머리를 치켜세웠다. 불운한 다이버와 두려움에 질린 승객들이 안전 유리를 사이에 두고 서로 응시하고 있었고 파편의 숲이 바깥으로 거대한 파도를 일으키며 잠수함 승객들 머리 위로 빠르게 낙하하고 있었다. 앨런은 다시 찾아온 경악스러운 상황에 소리를 질렀다.

"이게 뭐지요?"

여러 명이 한꺼번에 물었다.

"이것은… "

앨런이 설명을 시작하려고 할 때 창에서 쿵하는 둔탁한 소리가 났다. 소용돌이치는 파편조각들이 다이버를 에워싸고 있었고 그는 필사적으로 팔을 창쪽으로 뻗으며 앨런을 향하여 도움을 요청하는 듯 했다. 남자의 모습이 미끄러지듯 사라지고 유리창에 핏 자국 몇 가닥을 남긴 손이 떠돌았다. 처참한 광경은 이내 어둠속으로 흔적 없이 사라져 버리고 말았다. 잠수함은 마치 거대하고 분노한 손에 의해 들어 올려지기라도 하는 것처럼 급격하게 흔들렸다. 그리고 큰 덩치의 잠수함이 서서히 구르기 시작했다. 사람의 몸이 공중제비를 돌듯이, 낚시꾼의 미끼가 통 속에서 나뒹굴듯이 비참한 상황이 지옥 같은 악몽으로 급변해 갔다.

그날 11
Chapter

서밋 교회─덴버

불과 약 한 시간 전까지만 해도 미국 사회에서 바람직한 행복의 한 단면을 형성하고 있었던 1,500여 명의 성도들이 지금은 마치 어느 대형 참사의 생존자들처럼 교회 예배당 바닥 여기저기에 엎드려져 있었다. 대형 스크린에 어렴풋이 비추어진 아쿠아 리브레호의 선체가 조각난 채 깊은 바다로 침몰되는 장면은 이미 겁에 질린 성도들에게 또 다른 끔찍한 충격을 안겨 준 결과가 되었다. 이것은 다시 공포의 집단 공황현상을 유발했고, 고뇌에 찬 울부짖음이 천장의 커다란 버팀목까지 메아리쳐 갔다.

심하게 훼손된 요트의 큼직한 잔해들이 검은 수의처럼 공포에 사로잡힌 잠수함 위로 덮여져 내리고 있었다. 잠수함 선체는 갈기갈기 쪼개진 산더미 같은 강철, 유리섬유 파편들 그리고 나무 조각들 밑에 완전히 묻혀서 수면 위에는 더 이상 보이지 않았다. 그리고 그 위에 연기처럼 피어 오르는 노랑 가오리 같은 거대한 해운 연료의 유막이 물결치고 있었다.

"제프, 내 목소리 들리나?"

래리 콜린스가 그의 이어폰 송신기에 대고 소리쳤다. 제프 라커웨이에게 울부짖는 래리의 소리가 본당의 스피커를 통해서 증폭되어 들렸다.

"제프, 내 목소리가 들리면 대답해!"

스크린의 영상은 이제 파도치는 물결에 고정되어 있었다. 갈매기 소리와 위성 전파의 치직거리는 소리만이 그들의 귀에 전달되었다.

"지금 보신대로예요."

마침내 제프가 지칠대로 지친 단조로운 음성으로 답했다.

"지금 보신대로 그들은 다 죽었어요. 희망은 이제 없어요. 누가 이제 그들을 구조할 수 있겠어요?"

잠수함 내부

잠수함은 방금 일어난 사태로 인해 해저 바닥에 고꾸라졌다.

앨런이 모든 불길한 느낌과 끔찍한 생각을 가까스로 떨쳐버린 순간, 사라졌던 악몽이 다시 그를 업습해 왔다. 금속이 찢어지고 유리가 산산조각 나며 크게 바스러지는 소리가 들렸다. 이제 그의 귀는 공포와 고통으로 인한 비명소리로 가득해졌다. 죽음의 소리 같았다.

그의 영혼이 희망을 놓친 것처럼 제니를 붙잡고 있던 두 손도 놓치고 말았다. 이 모든 일들은 실제로 불과 몇 초 안에 발생한 일이지만 안에 갇혀 있는 승객들에게는 영원과도 같은 고통으로 다가왔다. 결국 잠수함은 원래 있었던 위치로부터 대략 12미터 정도 더 추락해 버렸다. 앨런은 실낱같이 가는 빛의 흔적이라도 찾기 위해 그의 목을 최대한 움직여보았다. 그는 해저 지면의 모습을 어렴풋이라도 보기 위해 가까이 있는 창 건너편을 내다보았다. 그의 고뇌에 찬 움직임들은 해저에 굴절되어 비치는 햇살의 흔적을 보는 것으로 보상 받아야만 했다.

앨런은 수 미터 떨어진 곳에 헬 뉴먼이 그의 가슴을 움켜쥔 채 크게 신음하고 있는 것을 보았다. 오드리는 남편을 꼭 붙잡고 주체할 수 없는 비명을 질러대기 시작했다. 그는 광포하게 몸부림치더니 잠시 숨을 헐떡거린 후 갑자기 몸이 축 처져 버렸다. 49세 된 그의 아내는 남편을 가슴에 끌어안고 그의 머리를 흔들어 달래는 것처럼 보였다. 그녀는 남편의 두 눈이 뒤로 젖혀지는 것을 보더니 가슴이 찢어지는 것 같은 신음소리를 냈다. 그 소리는 앨런에게 가장 비참한 소리로 메아리쳤다.

해저탐사 탑승부두 – 지상에서

"살인자들! 더러운 살인자들!"

제프가 소리 질렀다.

"내가 보여 주고 말겠어! 당신들이 한 짓을 세상에 보여 주고야 말겠어!"

제프는 자신을 제어할 수 있는 능력을 상실해 갔다. 부두 위에 홀로 남겨져 한 낮의 작열하는 태양 아래 비지땀을 흘리며 잠수함의 운명 따위에는 관심조차 없는 트라이엄프호의 행위에 격노하고 있었다. 그런데 그가 촬영한 비디오 영상이야말로 그가 가진 가장 훌륭한 무기라는 생각이 문득 들었다. 제프는 카메라를 잡은 손을 꽉 쥐었다. 잠수함에 발생한 불행하고 무자비한 일에 대한 생생한 기록이 남아있기 때문이었다. 이미 분노에 사로잡힌 제프에게는 생소한 제복을 입은 외국인들이 그의 카메라에 담긴 완전한 유죄평결 앞에 겁이나서 움츠러드는 비겁한 모습이 보이는 듯했다.

'정신 바짝 차려!' 그는 자신을 향해 소리쳤다. '어쩌면 그들이 아직 생존해 있을지도 몰라.' 제프는 바로 지금이 행동을 취해야 할 때 라는 것을 깨달았다. '무엇이든지 해야한다. 어쩌면 바다 속으로 뛰어 들어가야 할지도 모른다. 파편으로 뒤덮인 곳은 어떻게 뚫고 나가지? 잠수함 바로 위에 누워 있는 요트의 절반은 어떻게 하고?'

그는 얼굴과 팔목에 흐르는 땀을 부지런히 움직여 가며 닦아냈다. 일단 위험 요소들은 해저에 내려간 후에 대처하면 될 것이었다. 그는 부두 관리인이 조타실 내에 비품들을 보관하는 곳으로 달려갔다. 그곳에는 각종 매뉴얼과 클립보드에 끼워진 서류들을 보관하는 장소가 있었다. 제프는 서류 뭉치가 보관된 곳에서 관리인이 잠수복으로 갈아입기 전에 정신없이 페이지를 넘겨대던 바로 그 서류들을 끄집어 내었다. 안전 시스템, 긴급시 운영 절차, 해상구조 가이드.

제프는 부두 관리인이 그의 라디오 무전기에 대고 큰 소리로 고함쳤던 말을 기억해냈다. 제프는 지금쯤 그가 죽었을 것이라고 짐작했다. 아빠가 타고 있던 잠수함 위로 떨어져 내린 치명적인 유독성 연료와 짓누르듯 쏟아지는 잔해들 속에서 그 누구도 살아남을 자는 없었다.

헬기의 프로펠러 소리가 점점 크게 들려왔다. 의심할 여지없이 전 세계에 사건 보도를 하고 있을터였다. 오히려 제프가 구조 도움을 받을 수 있을까 하며 기대했던 바베이도스 해안경비대 소속의 군함은 이제 최대의 장애물이 되어 버렸다. 부두 관리인이 시작했던 일을 이제 제프가 마무리 지을 차례가 된 것이다. 아빠는 아들이 구조하러 와주기를 기대하고 있을지도 몰랐다. 제프는 그것을 알고 있었다.

"래리, 저 잠시 동안 카메라를 내려 놓아야겠어요."

제프가 마이크에 대고 말했다.

"그들을 도울 방책을 찾아낸 것 같아요."

"정말이야? 정말 반가운 소식이군."

"자네도 지금쯤 알고 있으리라 생각되는데 우리는 이미 사건의 경과를 지켜볼 다른 경로를 찾았다네."

"무슨 말이죠?"

"주위를 살펴보게. 항공기가 보이나? 헬기 말이야?"

"네. 지금 막 나타났어요."

"헬기를 통해 전해지는 생생한 방송을 볼 수 있다네. 속보 말이야. 그러니 자네가 해야 할 일을 어서 하게나. 하지만 상황이 허락하는대로 우리와 연락하는 것을 잊어서는 안되네. 자네가 하고 있는 일을 우리에게 알려주게나. 내 생각에는 이곳 서밋교회에 모여 있는 성도들은 자리를 뜨지 않을 것 같네.

"좋아요. 계속 기도를 부탁해요. 다시 연락을 할게요."

제프는 카메라를 갑판 위에 내려놓은 후 위성전송 케이스를 닫았다. 그리고는 안전 매뉴얼로 눈을 돌렸다. 바로 그 때 트라이엄프호가 접근하고 있는 것이 그의 눈에 들어왔다. 다가올수록 거대해지는 배의 위협적인 크기에 갑자기 그의 분노가 공포에 찔린 상처처럼 치솟아 올랐다. 그의 고함소리와 몸짓이 눈에 띄었을까? 그의 행동이 사령관의 진노를 촉발시켰을까? 수병의 머리가 난간 위로 보였다. 그들은 제프가 아니라 아직 요트가 침몰한 지점에 몰두하고 있는 것처럼 보였다. 이윽고 함선은 제프가 서 있는 부두와 정면으로 충돌하기 직전에 뱃머리를 돌려서 나란히 정박했다. 잠시후 키가 큰 흑인 사관이 손에 확성기를 들고 난간에 나타났다.

"거기 보시오!"

그는 우렁찬 소리로 말했다.

"혹시, 도움이 필요합니까?"

제프는 고개를 내저었다.

"잠수함 선원입니까?"

사관이 물었다.

그는 다시 고개를 내저었다.

"그럼 당신 기자요? 우린 당신 카메라를 봤소."

"아니요. 난 기자가 아닙니다."

제프는 큰 소리로 설명했다.

"난 평범한 시민이예요. 하지만 당신들이 알아야 할 것이 있습니다. 내가 촬영한 영상이 지금 위성을 통해 미국으로 동시 중계되고 있다는 사실이에요."

"그럼 이 배에 오를 준비를 하시오. 우리가 안전한 곳으로 데려다 주겠소."

제프는 잠시 멈추었다. 사실 그는 어느 곳에도 갈 생각이 없었다. 더욱이 그 사관의 목소리는 요청이 아닌 명령을 하고 있었다. 조금 전 느꼈던 제프의 분노가 되돌아왔다.

"우리 아빠가 저 아래에 있습니다! 당신들이 날려버린 요트 아래에는 난파된 잠수함이 있었단 말이예요! 우리 아빠의 머리 바로 위로 가라앉아 버렸다구요! 그래서 난 아무데도 가지 않을 겁니다!"

긴 침묵이 흘렀다. 그는 사관의 눈이 확성기의 굴곡 뒤에서 그를 찬찬히 뜯어보고 있는 것을 느낄 수 있었다.

"한 번 더 말합니다. 안전한 곳으로 안내할 수 있도록 승선해 주시오. 우린 구조작전을 시작하기 위해서 이 해역의 안전을 확보해야 합니다."

제프는 생애 처음으로 내면에서 치솟아 오르는 강한 결의를 느꼈다. 아래를 내려다 보았다. 거기엔 모든 진실이 담겨진 카메라가 놓여져 있었다.

그는 카메라를 집어 들고 위성송신 케이스를 열어 젖혔다. 그리고 카메라를 어깨에 둘러메고 전원을 켰다.

"난 이곳을 떠나지 않겠어!"

서밋교회 – 덴버

예배자들은 글로벌 뉴스 네트워크(Global News Network)의 헬기가 사건이 발생한 상공을 선회하면서 보내오는 현장 상황을 시청하고 있었다. 제프가 회색 제복을 입은 수병들로 가득한 배를 향하여 거칠게 몸짓하고 있는 외로운 모습이 비춰졌다. 그리고는 또 다른 영상이 올라왔다. 화면이 차분하지 못하게 통통 튀어 오르고 화질이 선명하지 못한 것으로 보아 지상에서 찍은 것이 분명했다. 누가 카메라를 잡고 있는지는 의심의 여지가 없었다. 제프의 목소리는 오전보다 훨씬 더 높은 톤으로 더욱 필사적으로 들렸다.

"나는 지금 미국에 생방송으로 영상을 보내고 있습니다!"

제프가 소리쳤다.

"지금 여기에 위성 전송 장치가 설치되어 있단 말입니다. 1,500여 명이 당신을 주목하고 있어! 당신이 무장하지 않은 요트에 발포하도록 명령하는 모습을 촬영했고, 침몰된 요트는 75명의 무고한 승객이 갇혀 있는 잠수함 위로 가라앉고 말았어!"

"선생, 이해해 주세요."

사관의 목소리가 한결 친절한 톤으로 바뀌었다. 그것도 아주 지나치게 친절하게.

"아쿠아 리브레호는 마약밀수 조직에 징발된 선박이었오. 마약조직이 공격을 준비중이었기 때문에 우리는 그들을 저지할 수 밖에 없었소!"

"거짓말 하지마!"

제프가 소리쳤다.

"난 처음부터 여기 있었는데 요트에 무기 따위는 없었어! 갑판에는 사람의 그림자조차 보이지 않았다구."

카메라가 선임사관의 얼굴을 확대하여 비추고 있었고 화면은 떨렸지만 그의 모습을 클로즈업하고 있었다. 그 사관은 확성기를 내리고는 카메라 렌즈를 향해 직시했다. 어떤 중대한 결정을 내리기 전에 심사숙고 하고 있는 것처럼 보였다. 그는 다시 확성기를 들고 말했다.

"선생, 다시 권고합니다. 당신은 스스로를 위험에 빠뜨리고 있습니다. 당신이 거기 머물고 있어서 구조작전이 지연되고 있단 말입니다. 우리가 당신을 안전한 곳으로 이동시킬 수 있도록 배에 승선하십시오!"

카메라는 제프의 대답과 함께 요동쳤다.

"물 밑에는 75명의 미국 시민이 갇혀 있어. 난 그들이 가진 유일한 목격자야. 당신들이 날 데려가고 나면 당신들은 미국 정부를 상대로 협상하게 될 거야!"

사관은 뒤로 돌아서서 휴대폰을 귀에 갖다 대었다.

H.M.B.S 트라이엄프호의 선수갑판

"여기 소아레스요. 지금 문제가 하나 생겼소. 우리가 몰랐던 사고 목격자가 한 명 있었소. 요트가 침몰하는 광경을 비디오로 촬영한 것 같소."

"문제될 것 없소. 지금 TV로 당신을 보고 있는데 지역 방송이 아니고 국제 방송이야. 방송 관계자들이 5분 전이 아니라 지금 도착해서 정말 다행이야. 당신은 당신이 해야 할 일을 한 거야, 그 말을 하려고 전화했어. 우리 고객은 만족했고 요트는 바닥에 가라앉아 있어. 그 아이가 촬영한 게 뭔지 모르겠지만 별거 아닐거요. 그러니까 내버려 둬도 괜찮소. 중요한 일은 이미 끝났으니까."

"알았소. 그런데 당신 내 비밀번호는 가지고 있겠지?"

"돈은 곧 입금 될 거요. 10분만 더 기다리시오."

"빨리 입금하는게 좋을거요. 아니면 잠수부를 내려 보내서 우리가 실수했다는 사실을 발표해 버리겠어."

대령은 휴대폰을 내리고는 선실로 걸어 들어가면서 탑승 부두쪽을 향해 넌덜머리가 난다는 듯이 손을 흔들었다. 사실 그는 이제 더 중대한 사안과 마주 해야만 했다. 75명의 미국인이 바다 밑에서 죽어가고 있는 일 말이다.

제프는 탑승 부두의 조타실로부터 14미터 떨어진 곳에서 LED로 장식되어 있는 기기 제어판을 바라보고 있었다. 그는 가장 큰 계수판 위의 작은 글씨를 쳐다보며 숨을 몰아쉬었다. 승객실 산소 잔여수치 그리고 그 옆에 승객 생존확률. 첫 번째 계수판의 숫자가 마치 항공기가 급락할 때 고도계처럼 빠른 속도로 바뀌어 가고 있었다. 두 번째 숫자는 스톱 워치보다 빠른 속도로 급하강 하고 있었다. 제프는 카메라를 들어 올려서 두 번째 숫자에 렌즈를 고정시켰다.

"여러분!"

그는 마이크에 대고 말했다.

"이게 무엇을 의미하는지 아시나요? 이건 여러분들이 이전에 결코 해보지 않았을 필사적인 기도를 해야한다는 뜻입니다."

44분 38초

그날 Chapter 12

수중탐사 잠수함 – 바베이도스 해안의 해저

잠수함 내부의 상태는 더욱 악화되어 불편한 난파선의 위치에서 이제는 어두컴컴한 사형실로 바뀌어 있었다 공포에 질린 비명보다는 가슴 깊은 곳에서 나오는 신음소리가 선실 여기저기에서 들려왔다. 그 소리가 너무 다양해서 그 중에 제니도 포함되어 있는지 여부를 앨런으로서는 알 길이 없었다. 그는 제니의 모습을 볼 수도, 그녀의 목소리를 알아들을 수도 없었다. 그녀의 존재 자체가 희미해져 가는 것 같았다. 그러한 생각들이 다른 어떤 것보다 앨런을 두렵게 만들었다. 제니가 없는 세상… "제니!" 하고 불러보았지만 그의 쉰 목소리는 흐느낌이 되어 간헐적으로 들릴 뿐이었고 그 소리마저도 허공 속으로 묻혀 버리고 말았다. 앨런의 주변에서 들려오는 소리들은 어둠속에서 사람들이 죽어가고 있다는 사실을 확인시키며, 그를 마음을 아프게 찔러왔다. 그 사람들은 아마도 앨런이 잘 알고 사랑하는 사람들일 수도 있다. 폭풍처럼 잠식해 들어오는 공포의 얼굴을 이번에는 훨씬 더 가까이에서 느낄 수 있었다. 이곳에 보조선을 타고 오는 동안 생선 비린내 나는 바다 내음을 맡을 수 있었던 것처럼 앨런은 지금 공포의 냄새를 맡을 수 있었다. 지금은 너무 가까이에 있기에 앨런은 그것이 폭풍이라기 보다는 밑이 없는 심연(深淵)처럼 느껴졌다. 마치 거스를 수 없는 태평양의 거센 물살처럼 완강하게 그를 공포심으로 몰아넣는 것 같았다.

"제니, 어디 있어?"

그가 다시 불렀다.

'난 당신의 평온함이 너무나 필요해. 제발 지금 날 떠나지 말아요.'

신선함,

무대 위에서 가슴을 토해내 듯 열창하는 제니의 밝고 생기있는 얼굴을 처음 보았을 때 그의 마음에 유일하게 떠오른 단어다. 그녀의 신선함은 아름다움을 대치하는 개념 그 이상이다. 윤기나는 피부와 불타는 듯한 눈, 금발의 머리카락도 아름다웠지만 순수하고 열정적이며 생기가 있다는 점에서 그녀는 신선했다. 그것은 어떠한 육적인 욕망이나 불순한 의도가 배제된 전적인 순수함 그 자체였다. 그는 공정한 관객의 입장에서 하나님의 창조의 광휘에 경탄했다. 그녀가 걸어 나오는 것을 보면서 피조물로서의 여성의 아름다움에 경탄하면서도 다른 어떠한 부적절한 상상도 하지 않는 자신이 자랑스럽게 생각되었다. 앨런은 대형 교회의 목사로서 그런 느낌을 가질 때가 종종 있었다. 하지만 최근에는 그의 마음에 원치 않는 비교를 불러일으키기 시작하는 무엇인가가 있었다. 말하자면 제니는 그의 아내가 결코 도달할 수 없는 어떤 특징들을 지닌 것 같다는 생각말이다. 대학생이면서 앨런의 신부로서의 테리는 젊고, 영감을 불어 일으키던 여성이었다. 하지만 앨런에게는 테리가 지닌 재능들이 깨지기 쉬운 껍질이 되어 매일 매일 그녀의 주위를 단단하고 견고하게 만드는 것처럼 느껴졌다. 테리는 여러 해를 목사의 아내로서 지내면서 터득한 지혜와 풍부한 경험을 통해 얻은 노련함을 가지고 있었다. 결론적으로 말해서 테리는 다른 사람들이 앨런의 삶에 비춰지는 후광이라는 동일한 관점으로 그를 바라보고 있지 않다는 것을 앨런은 잘 알고 있었다. 그렇지만 앨런은 아내의 기여와 공로만큼은 인정하고 있었다. 어찌되었든 눈이 초롱초롱한 신학생 시절부터 시작해서 지금의 성공한 목사의 자리에 오르기까지 아내는 그 모든 여정을 함께 걸어오지 않았던가. 그녀는 직접 그 험난한 길을 같이 했기 때문에 남편이 성공한 목사의 자리에 도달했다고 해서 새삼스럽게 그에게 대단한 경외감을 가지고 있는 것도 아니었다. 한편, 아내의 그런 생각을 알고 있다 하더라도 테리의 신랄한 비평과 살짝 가려진 빈정댐, 그리고 남편이 목회하는 교회에 대한 부정적인 견해와 그녀의 평범하지 않은 생활 습관들을 견뎌내기란 쉬운 일은 아니었다. 말하자면 테리는 하나님이 내게 보내주셨으면 하고 앨런이 늘 꿈꾸어 왔던 이상적인 아내는 아니었던 것이다. 더욱이 그는 지금 성공한 목회자로서 정상에 서 있지 않은가.

제니를 세 번째 보게 된 어느 날 앨런은 1초도 되지 않는 찰나의 시간 동안 자신의 아내를 평가하는 모험을 감행했다. 그리고 앨런이 그 평가에 대한 반응이 가져다 준 것은 실망이라는 감정이었다. 이 모든 성공과 자녀 양육, 그리고 인생 경험이 아내에게 더 풍성한 '내적 아름다움' 을 주지 못한 것에 대한 실망이었다. 앨런은 늘 '내적인 아름다움' 에 대해 설교해 왔었는데, 무대에 서 있는 제니가 그의 시야에 들어왔을 때 바로 그 '내적인 아름다움' 을 보는 것 같았다.

앨런은 그녀의 모습 속에서 마치 자신이 처음 그리스도인이 되었을 때로 되돌아간 것 같은 느낌을 받았다. 앨런은 부흥 이후의 세대를 상대로 목회자로서의 사역을 시작했다. 복음주의의 열광 뒤에 남겨진 믿음을 상실한 상처 입은 피난민 같은 세대. 그래서 그는 제니의 주변에서 느낄 수 있는 때 묻지 않은 아름다움 보다는 환멸과 지겨움 같은 것에 더 익숙해져 있었다.

그는 제니의 꾸미지 않은 미소와 자연스러운 관대함, 그녀의… 그러니까 신선함 속에서 천국을 잠깐 들여다 보게 된 것이다. 그가 그녀에게 매료된 것은 사실이지만, 대부분의 남자들처럼 앨런도 눈으로만 하는 사랑이 다른 어떤 것보다도 마음 속에서는 생생하다는 사실을 잘 알고 있었다. 하지만 여전히 앨런은 그가 세 번째로 제니를 보았다는 사실이 그의 인생을 영원히 뒤바꿀 여정의 첫 걸음이 되리라는 것을 알지 못했다.

"제니?"

희미하게나마 그녀의 소리라고 생각되는 신음소리를 들었을 때 앨런은 그녀가 심하게 부상당했다는 것을 직감적으로 알 수 있었다. 아마도 그녀는 팔을 뻗으면 닿을 수 있는 가까운 곳에 있을지도 몰랐다. 하지만 그는 그녀에게로 갈 수도 없었을 뿐 아니라 어디에 있는지 정확한 위치도 알 수 없었다. 순간 그는 이마에서 떨어진 액체가 볼을 타고 흘러내리는 것을 느꼈다. 그는 팔에 힘을 주고 그의 몸을 덮고 있는 물체를 세게 밀어냈다. 그리고 그렇게 인정사정 없이 밀어내는 것에 대한 죄책감이 들었다. 아마도 그들 중 일부는 이미 죽었거나 혹은 부상을 당한 상태일 것이다.

"제발, 여러분."

큰 소리로 그가 말했다.

"모든 사람이 숨쉴 수 있는 공간을 확보하도록 모두가 협조해야 합니다."

그리고는 부드럽지만 높은 어조로 다시 말했다.

"제니, 지금 당신에게로 가고 있소. 조금만 참아, 여보, 제발!"

그리고는 다시 사람의 수족을 풀어내는 힘겹고 고통스러운 여정이 시작되었다. 이번에는 육중한 몸이 그를 누르고 있는 것이 느껴졌는데 아무런 움직임이 없었다.

주변을 살피려 손을 뻗었을 때 부드러운 살갗이 만져졌는데 그것은 코와 입의 윤곽이 뚜렷한 사람의 얼굴임이 분명했다. 부드러운 피부, 섬세한 코의 윤곽으로 볼 때 여자인 것 같았다. 순간 앨런은 몸서리쳤다. 누군지 알 수 없는 사람의 손가락이 더듬고 있는데도 그 여자는 움찔한다든지 하는 반응을 전혀 보이지 않고 있었다. 그 순간 앨런은 난데없이 그 모습, 머리카락이 다름아닌 제니의 것이라는 생각이 들었다.

　이제 그는 누가 위에 있든지 옆에 있든지 상관없이 마구 밀어대기 시작했다. 제니를 찾은 이상 그녀를 다시 놓칠 수 없었다. 그는 제니의 목을 감싸고 끌어당겼다. 그가 제니를 꼭 끌어안았을 때 그녀의 머리가 앨런의 어깨 쪽으로 힘없이 떨어졌다. 얽힌 것을 푸는데 이번에는 왜 이렇게 시간이 많이 걸렸을까? 앨런은 뒤로 기대면서 생각했다. 그것은 잠수함이 뒤집어진 채로 해저면에 가라앉았기 때문이었다. 처음에 두 줄로 마주 대하고 있었던 좌석이 지금은 그들 위에 뒤틀리고 휘어진 채로 매달려 있었던 것이다. 이제 그들이 앉을 수 있는 유일한 장소는 잠수함의 둥그런 천장 부분으로 조명등과 전기선들이 있던 곳이다. 앨런은 어깨로 제니의 몸을 받치면서 이미 기력이 없어져버린 주변의 몸들을 밀어내고 둘이 앉을 수 있는 좁은 공간을 확보했다. 작은 불꽃이 어둠을 밝혔다. 가까이 있던 누군가가 가지고 있던 라이터를 켠 것인데 희미한 빛 속에서 라이터의 주인이 누구인지 식별할 수는 없었지만 이십대로 보이는 젊은 여자인 것 같았다.

　앨런이 시선을 옆으로 돌렸을 때 힘없이 늘어진 헬의 앙상한 모습이 보였다.

　"헬!"

　그가 엉겁결에 말을 걸었다.

　"누구… 이 안에 구급상자가 있지 않나요? 내가 본 것 같은데. 여기 헬이 있는데 빨리 응급조치를 취해야 할 것 같습니다."

앨런은 누군가가 천천히 움직이는 것을 보았다. 얼굴이 두려움으로 일그러져 있었고 몸은 심하게 떨고 있었다. 그녀는 다른 사람의 발과 다리 위를 기어서 앨런을 향해 계속 움직이고 있었는데 바로 헬의 아내인 오드리였다.

"이쪽으로 와요, 오드리! 우리가 할 수 있는 모든 일을 해봅시다."

그때 제니가 그의 옆에서 약간 움직이는 기척을 했다. 의식이 돌아오는 것 같았다. 그는 다가가서 제니의 얼굴을 감싸고 말했다.

"여보, 제발 정신차려…"

그때 갑자기 사각형 모양의 휴대용 심장 박동기가 그의 무릎에 떨어졌다.

"좋았어."

꽉 다문 치아 사이로 앨런의 결의가 새어 나왔다. 이제 그가 해야 할 일은 어둡고 답답한 잠수함 안에서 이 도구를 어떻게 사용할지 궁리하는 것이었다. 케이스를 열자 빨간색 전원에 불이 들어왔다. 그는 스티로폼 틀 안에 있는 두 개의 동일한 모양의 손잡이 달린 도구를 끄집어 내었다. 텔레비전에서 본 응급실(ER) 드라마를 통해 박동기가 충전되는 동안에는 패들에 어떠한 것도 닿으면 안 된다는 것쯤은 익히 알고 있었다.

"누가 헬의 셔츠를 벗겨 주겠소?"

앨런의 요청에 여자가 앞으로 몸을 숙이는 것이 보였다. 캐리 놀스였다.

"응급처치 교육을 받은 적이 있어요, 목사님. 제가 도울게요."

앨런은 흔쾌히 패들을 캐리에게 넘겨주었다. 그녀는 그것을 받아들고 말했다.

"케이스 안에 전도(傳導)성 젤리가 들어 있는 튜브 같은 게 있을 거예요. 그게 없이는 환자의 가슴을 태워버릴 수도 있어요."

"여기 한 번 봐요."

그는 케이스를 캐리쪽으로 밀어주었다. 캐리는 헬의 셔츠를 찢어서 가슴이 보이도록 열어 젖혔다. 그의 가슴 윗부분에 푸른색 젤을 두 방울 떨어뜨리고는 골고루 발랐다. '삐' 하는 소리가 들렸다.

"준비되었다는 신호예요."

그녀는 조심스럽게 패들을 아래로 향한 다음 헬의 가슴을 두 주먹으로 내리쳤다.

"왜 그러지요?"

앨런이 날카로운 어조로 물었다.

"외과 의사들이 하는 방식이예요. 전기충격을 가하기 전에 심장이 준비되도록 해주는 거죠. 이제 목사님 차례예요."

그녀는 정확한 위치를 찾기 위해 패들을 헬의 가슴 아래쪽으로 옮긴 후 앨런을 바라보았다.

"좋아요, 이제 목사님이 패들을 꽉 잡으세요. 그리고 패들을 위에서 누른 다음 손가락으로 양쪽에 있는 버튼을 누르는 거예요, 알겠죠?"

앨런은 그녀가 시키는 대로 했다. 요란하게 '쿵' 하는 소리가 주위에 울려 퍼지고 패들과 함께 헬의 가슴이 뒤로 튕겨진 것 같았다.

"이제 손을 떼세요!"

캐리가 소리쳤다. 앨런이 버튼을 누르고 있던 손가락을 놓은 순간 들어 올려졌던 헬의 가슴이 바닥으로 떨어졌다. 그런데 그의 몸 가까이에 패들이 없었음에도 그의 몸이 다시 들어 올려지는 것이었다. 코 앞에서 바라본 헬의 얼굴은 공포로 일그러지고 있었다. 그의 눈이 크게 떠졌다.

"아니야! 아니야! 하지마! 제발!"

그는 울부짖었다.

헬의 입은 그가 내뱉는 말을 따라 움직였지만 정작 소리는 거의 들리지 않았다. 그 소리는 높고 부자연스러웠으며 공포에 질려 있었다. 오드리는 놀란 나머지 허둥지둥 대다가 자신의 머리를 잠수함 벽에 부딪치고 말았다. 그녀는 고통스러운 신음소리를 내며 남편에게로 다가갔다. 하지만 헬은 이제 아내마저도 알아볼 수 없는 상태가 되어버렸다. 그의 툭 튀어나온 눈과 경련을 일으키는 얼굴이 공포 상태에 있음을 극명하게 보여주고 있었다. 그의 모습은 사람이라고 하기에는 너무나 무서운 형상이었다. 그의 차가운 손가락이 앨런의 팔을 꽉 쥐고는 비명을 지르듯 말했다.

"아니야!"

그리고는 생명이 다한 것처럼 오드리의 팔에 쓰러져 버리고 말았다.

"여기 있어요."

캐리가 케이스가 놓인 곳으로 가서 토글 스위치를 한 단계 높은 레벨로 조정했다.

"한 단계 높은 볼트로 시도해봐요."

오드리는 다시 한 번 시도하기 위해 남편을 바닥에 눕혔다. 앨런이 패들을 올린 다음 헬의 가슴에 갖다 대었다. 그는 캐리가 고개를 끄덕여주는 것을 힐끗 쳐다보았다. 그리고 가슴을 내리 누르면서 버튼을 눌렀다. 다시 한 번 헬의 몸이 위로 들려졌다 내려왔다. 처음에는 반응이 없는 듯 했는데 몇 초 지나지 않아 헬이 급작스럽게 몸을 앞으로 굽히면서 '안돼! 안돼!' 하며 비명을 질렀다. 그러자 오드리는 앨런을 향하여 애원했다.

"제발, 그를 더 이상 고통스럽게 하지 말아요!"

흐느끼는 그녀의 두 눈에 공포의 그림자가 드리워져 있었다.

"남편을 가만히 내버려 두세요! 그만하라고 하잖아요!"

"하지만 오드리, 당신이 시도하기를 원했잖소."

초점을 잃은 목소리로 앨런이 말했다.

"이젠 아니예요, 그의 심장이 기사회생이라도 하면 그 다음에는 이곳에서 우리와 함께 질식 당할 게 뻔하잖아요! 아니예요. 이건 아니예요."

"목사님, 그냥 죽게 내버려 두어서는 안돼요."

작지만 단호한 목소리로 캐리가 말했다.

앨런은 혼란스러운 나머지 뒤로 돌아섰다. 그의 옆에서 제니의 두 눈이 순식간에 점점 커졌다. 그녀의 의식이 돌아오고 있었다.

"안돼! 하지마!"

핼이 이번에는 더 강하게 소리쳤다.

"지금 그는 심장 부정맥이에요!"

캐리가 말했다.

"목사님이 그를 완전히 소생시키기 전까지는 계속 말을 할거예요!"

"아니요‥제발 그만 두세요!"

오드리가 다시 애원했다. 휴대용 심장 박동기에서 다시 '삑' 하는 소리가 들려왔다. 한 단계 높은 레벨을 시도할 준비가 된 것이다.

"지금이예요!"

캐리가 소리질렀다.

"제발‥"

오드리가 간청했다.

"하지만 핼이 지금 자기를 구해 달라고 우리에게 부탁하고 있다고 생각되지 않나요?"

앨런은 오드리를 향해 말했다.

"아니요, 난 아니라고 생각해요!"

그녀는 주장을 굽히지 않았다.

"그만 하라고 하는 거예요! 지금 남편을 너무 힘들게 하고 있어요!"

"목사님, 지금 하지 않으면 배터리가 소진될 거예요!"

캐리가 다급히 말을 건넸다.

"지금 바로 해야 돼요!"

"제발!"

헬의 손가락들이 앨런의 팔을 더욱 거세게 붙들었다.

"하지마!"

헬은 이를 악 문 채로 비명을 질러댔다. 그 소리는 마치 헬이 그들의 의견 차이를 알고 자신의 입장을 밝히고 있는 것 같았다. 기진맥진한 앨런은 패들을 캐리에게 건네주었다. 그때 무언가가 앨런의 뇌리를 스치고 지나갔다. 헬의 목소리에 담겨 있는 무언인가가 이곳에서 멀리 떨어진 다른 것에 반응하고 있는 것 같았다. '아니야!' 라고 반복해서 말한 소리가 사실은 그들에게 향하고 있는 것이 아니라 다른 무엇, 혹은 다른 사람에 대한 공포심 때문에 나오는 외침인 것처럼 생각되었다.

앨런은 캐리에게 고개를 끄덕여 보였다.

"캐리 당신이 한번 해보세요."

캐리는 즉시 패들을 누르면서 버튼을 눌렀다. 헬의 몸이 전기 충격으로 일어났다가 그녀가 버튼을 누른 손가락을 떼자 몸이 다시 바닥에 떨어졌다.

"아니야…."

헬 뉴먼의 목소리가 표류하는 것처럼 들려왔다.

"사랑해요."

어둠 속에서 오드리가 말했다.

"잘 가요, 곧 다시 만나게 될 거예요."

그의 몸에서 격렬한 떨림이 있은 후 숨을 내쉬는 소리가 들렸다. 불안한 심정으로 가득해진 앨런은 오드리가 방금 한 말이 어쩌면 그녀가 알고 있는 것처럼 사실이 아닐지도 모른다고 생각했다. 그들 모두에게 말이다.

그날 *Chapter* **13**

수중탐사 잠수함 탑승부두-바베이도스

제프 라커웨이의 카메라 뷰 파인더에 비춰지는 숫자는 계속 내려가고 있었다. 그와 동시에 4,800킬로미터 떨어진 서밋교회의 성도들 앞에 펼쳐진 대형 스크린에서도 동일한 화면이 나오고 있었다. 37분 16초. 그런데 아무런 예고도 없이 스크린의 영상이 갑자기 사라지고 사고 전에 잠수함이 마지막으로 목격된 바다를 비추고 있었다. 방금 전에 일어났던 끔찍한 충돌 사고를 잊은 듯, 바다에는 잔잔한 물결이 평화롭게 일렁거렸다.

"여러분께 정말 죄송합니다."

제프가 말했다.

"이것 말고 더 보여드릴 게 없네요. 제가 산소통 없이 물 속을 헤엄쳐서 내려간다 해도 밑에 가라앉은 파편 더미를 헤치고 나가야 하는 상황입니다. 무엇부터 시작해야 할 지 모르겠습니다."

"기도해야지. 기적을 일으키는 기도 말이야."

래리가 침착한 목소리로 말했다.

"하늘에 올라가 하나님의 옷자락이라도 붙잡고 무엇이든 해달라고 조를 수는 없을까요?"

제프의 목소리에 실망감이 묻어 나왔다.

"그렇게 할 수도 있어. 하지만 하나님이 개입하실 때 제프 너는 준비되어 있어야 할꺼야. 왜냐하면 하나님이 그렇게 하시는 과정에서 제프 너를 마구 흔들어 버리실지도 모르기 때문이야. 제프, 하나님은 우리를 위하시는 분이지 우리를 훼방하시는 분이 아니야. 기도에는 힘이 있어!"

"저는 준비됐어요."

제프가 망설임 없이 대답했다.

"여기서 무기력하게 앉아 기다리는 것은 이제 그만하고 싶어요. 나중에 다시 말해요, 래리."

제프는 그렇게 말하고 거친 데크 위에 무릎을 꿇었다. 모르는 사람이었다면 자포자기라도 한듯한 행동이려니 생각했을 것이다. 하지만 제프가 그의 주먹으로 정강이를 때리는 모습은 그렇게만 해석할 수 없는 행동이었다. 하나님을 향한 제프의 울부짖음은 잘못 해석될 여지가 없는 것이었다.

잠수함 내부

잠수함에 갇힌 다른 승객들이 방금 전에 들린 소리를 통해 서밋교회의 창립 교인이자 중임 인물이었던 헬 뉴먼이 죽음을 맞이했다는 사실을 알 아차리기 까지는 약간의 시간이 필요했다. 경악과 고통의 외마디 신음 소리 들이 합창이 되어 흑암 속으로 흩어졌다. 방금 전의 비극적인 사건이 소란 으로 변해가고 있는 중이다. 그 시간들을 경험했던 앨런이 제니의 귀에 작 은 음성으로 속삭이듯 말했다.

"아직 기억하고 있소?"

그는 이렇게 말을 시작했다.

"잠수하기 직전에 내가 모두에게 이렇게 말했었지. 우리가 물 밑에 있는 시간들이 마치 세례식을 의미하는 것으로 생각해 보라고 말이야. 이 시간 들이 우리에게는 재평가와 재심사의 시간이 되고, 이제 물 위에서 우리에 게 펼쳐질 삶에 대해 숙고해 볼 수 있는 좋은 기회라고 말이야. 그런데 이 제 그럴 기회가 사라져버린거요."

"결코 늦지 않았어요, 목사님."

작게 떨리는 목소리가 들려왔다. 앨런이 이름을 기억해 낼 수 없었던 바 로 그 거룩한 분위기의 여성도였다.

"자, 성도 여러분."

긴 침묵 끝에 앨런이 입을 열었다.

"우리가 처한 상황이 절박하다는 것은 모두가 잘 알고 있습니다. 방금 전의 사고가 있기 전까지만 해도 우리가 구출되는 것은 시간 문제라고 생 각했고, 그것을 의심한 사람은 아무도 없었습니다. 하지만 지금은 …"

앨런은 마지막 문장을 이어 갈 수 없었다. 그저 마지막 말의 빈 여운이 캄캄한 공허 속으로 표류해 가는 것을 지켜보았다.

"하지만 한 가지 말하고 싶은 것이 있습니다."

마침내 그가 말을 이어 나갔다.

"만약 지금 이 시간이 우리가 세상에서 보내는 마지막 순간이라면 어떻게 이 시간들을 보내는 게 좋겠습니까? 공포에 빠져서? 불평하면서? 아니면 서로에게 작은 사랑과 감사라는 경의를 표하면서? 우리가 사랑하는 사람들에게 마지막 작별 인사를 남기는 것은 어떻습니까?"

그는 갑자기 말을 멈추고 안 주머니로 손을 가져갔다.

"지금 막 이게 생각이 났어요. 제가 가져온 소형 비디오 카메라입니다. 원래는 제 아들 제프가 촬영한 세미나 다큐멘터리에 영상을 추가해 줄 작정으로 가지고 왔던 것입니다. 이것으로 우리 자신을 위한 다큐멘터리 영상을 만드는 것이 어떻겠습니까? 우리가 남겨두고 떠나야 하는 사랑하는 사람들에게 기억될 비디오 영상이죠."

앨런은 카메라를 꺼내 들고 전원을 켰다. 카메라 끝에서 가느다란 직선의 불빛이 어둠을 뚫고 나왔다. 그는 카메라에 조명이 내장되어 있다는 것을 잊고 있었다.

"자, 우리가 떠난 후에 우리의 자녀와 교회 성도들이 저희의 마지막 모습을 볼 수 있게 되었습니다. 비록 짧지만요. 누가 먼저 하겠습니까?"

"저요!"

낯설은 젊은 여자의 목소리였다. 자세히 보기 위해 앨런은 목소리가 들린 쪽으로 카메라의 조명을 향했다. 그 목소리는 바로 라이터의 주인인 젊은 여자였다.

"죄송하지만, 우리가 이전에 만난 적이 있나요?"

앨런이 물었다.

그녀는 풀이 죽은 듯한 눈을 하고 고개를 좌우로 흔들었다.

"아니요. 저는 목사님 교회와는 상관없는 사람이예요. 이곳에 그냥 관광 왔을 뿐이예요. 그래도 제가 말할 자격이 있나요?"

"물론이지요."

순간 카메라 배터리가 소진될 때까지만 촬영이 가능하다는 사실을 깨닫고는 잠시 주춤했다. 하지만 그런 이유 때문에 자기 교회 성도들에게만 특권을 준다는 것은 잘못된 일이라고 생각되었다. 젊은 여자는 하던 말을 계속했다.

"저는 사실 오랫동안 파티와 술에 빠져서 살았답니다. 그래서 제가 용서를 구해야 할 사람이 너무 많아요. 잘못된 관계를 풀어야 할 사람도 많구요."

그리고는 그녀의 목소리 톤이 바뀌었다.

"무엇보다도 저의 유일한 아기에게… 말 하고 싶어요. 그 아이가 아들이었는지 딸이었는지 모르지만요. 아가야."

그녀는 계속 말했다.

"아가야, 너는 의사가 아기 중에 가장 예쁘고 튼튼한 아이였다고 했다. 모든 게 엄마의 잘못이었어. 그래서 엄마는 너한테 정말 미안하다. 그때 엄마는 너무 엉망인 채로 살았었고 너를 임신하고 있는 중에도 여러 가지 다른 약품들을 마구 복용하곤 했었단다. 정말 형편없이 살았어. 네 생각은 하지도 않고 임신한 9개월 내내 약물 과다복용 이라니, 정말 엄마는 정신나간 여자였던 것 같아. 하지만 사실은 널 생각하지 않았던 건 아니야. 엄마는… 그때 너무나 혼란스러웠고 뭔가를 해서라도 그 상태를 벗어나고 싶었단다. 그게 말이 되지 않는 다는 것은 나도 알아. 하지만 너와 내가 얘기할 수 있는 기회가 곧 올지 누가 알겠니? 우습게 들릴지도 모르지만 어젯밤에 위성 방송에 나온 목사님을 따라서 기도 했단다. 그건 내 삶을 이제 예수님께 드린다는 내용이었어. 그리고 일단 나를 예수님께 드리고 나니까 이전에는 전혀 몰랐던 아주 기쁘고 황홀한 마음이 들었단다. 하나님께서 나를 비참한 삶으로부터 구원해주셨다는 것을 느낄 수 있었어. 그러니까 엄마가 너를 곧 만날 수 있을지 누가 알겠니? 어쨌거나, 아가야 미안하다. 그리고 예수님께도 죄송합니다. 정말 죄송해요. 죄송합니다. 제 마음을 아시겠죠?"

마지막 말을 하면서 여자의 울음섞인 목소리가 갈라졌다. 앨런이 카메라의 녹화 버튼을 끄자마자 누군가가 그의 어깨를 가볍게 두드렸다.

"다음은 제가 할게요."

오드리 뉴먼의 목소리였다. 몇 분 전까지 법정에 선 원고처럼 울부짖었던 목소리 대신, 이상할 정도로 담담한 음성이었다.

"마지막 말을 남기는 일이 무엇보다도 저를 무섭게 하지만 반드시 해야만 할 것 같네요."

앨런은 녹화 버튼을 누르고 눈물로 얼룩진 오드리의 얼굴을 향해 카메라의 조명을 비추었다. 그녀는 눈가의 눈물을 닦아냈다. 이윽고 조용하지만 단호한 표현들이 70세 오드리에게서 흘러 나왔다.

"로리야, 엄마다. 너를 혼낼 때마다 서두에 말하곤 했던 그 엄마라는 표현이 아니란다. 난 지금 작별 인사를 하려고 하는 거야… 잘 있거라. 그리고 날 용서해주겠니?"

그녀의 목소리가 울음에 잠겨버렸다.

"내 말은 너한테 용서를 구해야만 할 더욱 중대한 일이 있긴 하지만 지금 나의 상황을 용서해 달라는 말이었단다. 네 아버지가 조금 전에 돌아가셨다. 그리고 난 아직… 나를 용서해 줄 수 있겠니?"

오드리는 떨리는 긴 숨을 들이 마셨다.

"내가 널… 내 소중한 딸을 보호해주었어야 했는데 그러지 못해서 너무나 수치스럽고 창피하구나. 내가 지금 무슨 말을 하려는건지 너는 알지?"

오드리는 말을 멈추었다. 가볍게 떨리는 그녀의 입술과 깜박거리는 눈꺼풀을 제외하면 그녀는 마치 그 자리에서 얼어붙은 것만 같았다.

"난 그 날 밤에 다른 쪽을 바라보고 있었던 것 같구나."

그녀는 다시 입을 열었다.

"네 작은 아버지가 네 방으로 들어가서 그런 몹쓸 짓을 하다니…"

그녀의 목구멍이 막혀버린 것처럼 말이 끊어져버렸다.

"내가 얼마나 오랜 시간 나 자신을 자책해왔는지 너한테 말하고 싶었다. 엄마라고 불릴 자격조차 없는 여자라고 스스로 말해왔단다. 로라야, 그날 무슨 일이 있었는지 엄마는 알고 있었단다. 네가 용감하게도 엄마한테 와서 내가 이미 알고 있는 사실을 말했을 때 난 거짓말을 했단다. 네가 가장 힘들었을 때 네 편이 되어주지 못해서 정말 미안하다. 이 일을 문제삼지 말라고 너한테 말했던 것이 너무도 수치스럽게 느껴졌단다. 그때 엄마는 정말 너무나 무서웠어. 네 아버지가 나한테 격노할까 봐 겁에 질려있었어. 어쩌면 자기 동생을 죽일지도 모른다고 생각했거든. 사랑하는 딸, 로라야 못난 엄마를 용서해주렴."

오드리의 고백이 너무나도 충격적인 나머지 앨런은 무언가 둔탁한 것으로 가슴 주위를 세게 맞은 것처럼 느껴졌다.

"그리고 내 사랑하는 아들 테드야, 너의 용서도 구해야겠구나. 네가 우리 부부를 떠나 선교사가 되기로 결정했을 때 난 너를 지원해 주지 않았었지. 오히려 너에게 모든 관심과 지원을 끊어버렸어. 물론, 선교라는 것이 좋은 일인 줄은 알고 있었다. 어쩌면 네 인생에 가장 훌륭한 일이었을 수도 있지. 그때는 난 내 생각만 하고 있었던 것 같다. 내 사랑하는 아들과 떨어져 네가 늙어가는 모습도 볼 수 없고, 또 내 손주들이 자라는 모습도 볼 수 없다는 것이 나를 너무 어렵고 힘들게 해서 이 모든 고통을 극복하는 길보다는 그냥 내가 물러서는 길을 선택했었단다. 그 과정에서 너에게 씻을 수 없는 고통과 상처를 주었다는 것을 잘 알고 있다. 정말 미안하다. 테드야."

그녀는 다시 말을 멈추고 눈물을 닦아냈다.

"사랑하는 내 아들과 딸아, 너희들에게 용서를 구할 자격이 없다는 것은 알지만 그래도 내가 이 땅에서 보내는 마지막 시간에 용서를 구하고 싶구나. 나를 위해서라기 보다 너희들을 위해 못난 엄마의 나약함을 용서해 주겠니? 하나님이 나에게 주신 가장 소중한 너희들을 보호해 주지 못 했던 엄마의 형편없는 실수를 말이야. 너희들을 너무나 사랑한다…."

앨런이 정지 버튼을 누르자 조명이 꺼졌다. 죽음을 기다리며 어둡고 습기찬 이곳에서 이전에 결코 접하지 못했던 고백과 비밀들을 들으며 더 답답해지는 것을 느꼈다. 왜 하필 지금이어야 한단 말인가? 앨런은 생각했다. 지금 당한 재난이 더 심각해지기라도 해야 한단 말인가? 나는 목사가 아니던가? 앨런은 깊은 심호흡을 하고는 상황을 이해해 보려고 애썼다.

"오드리? 이 모든 일에 대하여 이제까지 용서를 구했나요?"

"물론이에요. 목사님. 저를 용서해 달라고 아마도 수천 번 하나님께 간구했을 거예요."

"그렇다면 그것들은 이미 용서받은 거예요. 그 모든 잘못은 이미 오래전에 깊은 바다 밑으로 던져진 것과 다름 없어요."

순간 그는 아이러니한 느낌을 받았지만 아무도 그것에 대해 말하지 않았다. 그는 다음 고백자를 찾아서 주위를 둘러보았다.

"제니?"

그는 제니를 돌아보았지만 그녀가 고개를 흔들며 아직 아니라는 의사를 보였다. 그것이 그다지 이상하게 보이지 않은 것은 그녀가 아직 과거의 상처로부터 벗어나기 위해 안간힘을 쓰고 있다는 것을 알고 있기 때문이었다.

"다음은 누구이지요?"

오드리의 고백으로 인한 충격이 아직도 사람들을 사로잡고 있었다. 그들은 말문이 막혀버린 듯 했다. 앨런은 누군가 자신의 팔을 가볍게 당기는 것을 느꼈다. 제니였다.

그날
Chapter 14

26분 58초…

제니의 목소리는 유약한 여학생처럼 자신 없고 소심하게 들렸다. 잠수함 안에 있는 다른 사람들은 그것이 제니가 지금 낼 수 있는 최대한의 소리라는 것을 잘 알고 있었다. 그들은 제니가 찬양팀에서 노래할 때 그녀 몸의 3배 정도는 족히 되는 목소리를 냈던 것을 기억하고 있다. 그녀의 자그마한 체구 안에 엄청난 가창력이 숨겨져 있다는 것은 모두가 알고 있는 사실이었다.

"저에게는 유언을 남길 자녀가 없어요." 제니는 숨을 들이 마셨다.

"대신 몇 해 째 서로 연락을 하지 않고 지내는 부모님이 있습니다. 오늘 부모님께 자세히 설명해 드리고 싶은 것이 있어요. 그건 제가 오늘까지도 자랑스럽게 말할 수 있는 일에 관한 거예요."

어둠 속에서 그녀는 앨런의 팔을 꼭 쥐고 기댔다. 그녀는 말을 이어가면서 힘을 더 얻는 듯 했다.

"제가 앨런 라커웨이씨를 처음 만난 것은 대부분의 사람들이 경험한 것과는 달랐어요. 교회 장의자에 앉아서 조명 때문에 번쩍이고 있는 훤칠한 키의 잘생긴 남자를 올려다 보는 것과는 다른 시작이었어요. 저는 교회 주차장에서 자동차의 조수석에 앉아 열변을 들으며 앞으로 고개를 숙이고 있는 남자를 보았어요. 오늘 이 순간까지도 이 남자와 테리가 논쟁을 벌인 이유가 무엇이었는지 모른답니다. 아니, 어쩌면 테리가 무엇 때문에 그렇게 격분하고 있었는지 모른다고 하는 게 옳을 것 같아요. 왜냐하면 주로 말하는 쪽은 테리였고, 앨런은 고개를 푹 숙인 채 있었으니까요. 교회 사무실로 가려면 그 두 사람 옆을 지나가야 하는데 도저히 그럴 수가 없었죠. 그건 정말 당혹스러운 경험이었습니다. 저는 논쟁이 끝나고 두 사람이 각각 떨어져서 자리를 떠난 후에도 한참 동안 제 차에 앉아있었죠."

"엄마 그리고 아빠, 말씀드리려고 하는 요점은 제가 고통스러워 하는 한 남자를 봤다는 거예요. 세상을 다 주어도 아깝지 않을 정도로 착한 남자예요. 하지만 동시에, 자신의 인생을 낭비하고 있는 결혼생활을 어떻게 할 것인지에 대해 내면의 모든 것을 동원해 씨름하고 있는 한 남자였죠."

덴버—5년 전

그의 결혼생활이 얼마나 불행한지 알고 있었음에도 불구하고 제니 로드햄은 앨런 라커웨이와 로맨틱한 관계를 가질 의도는 추호도 없었다. 그녀가 바라보는 앨런은 사랑이나 애정을 필요로 하는 남자라기 보다는 존경, 긍정, 성원과 같은 훨씬 근본적인 것들에 결핍을 느끼는 사람이었다. 그리고 제니는 이런 근본적인 것들을 제공할 수 있는 것은 아내가 아니라 친구라고 생각되었다. 그러던 중 찬양팀 연습이 있던 어느 날, 제니는 라커웨이 목사에게 가서 자신을 소개했다. 성도가 서로를 잘 모르는 대형 교회에서 대부분의 사람들이 그들의 영적인 목자에게 자신을 소개할 때 약간은 수줍고 주저하는 듯한 모습으로 말이다. 그리고 목사들은 불가피하게 잠재적인 '문제 교인'을 색출해 내는 능력을 발달시키게 되는데 그날도 앨런은 간결하고도 신속하게 한 번 훑어보기만 했다. 완벽한 얼굴선과 밑이 없는 것처럼 깊은 두 눈을 가진 그녀를 바라 보면서 앨런은 직감적으로 가까이 가지 않는 것이 안전하다는 판단을 내렸다. 그것은 제니가 아름다운 여자이기 때문이 아니라 바로 자신의 문제 때문이었다. 제니는 분위기를 잘 감지하지 못하는 사람이었다. 그녀의 과묵함이 얼마나 사람을 현혹시키는지 그리고 그에 수반되는 남자들의 명백한 당혹감에 대하여 그녀는 알지 못했다. 제니는 그런 순진무구함 때문에 사람들의 용서를 얻어내고 있었다. 왜냐하면 제니는 그 어느 누구도 가지고 있지 않은 꾸밈없고 가장 자연스러운 겸손한 성품을 소유하고 있었기 때문이었다. 그 모든 것과 더불어 그녀는 또한 아름다운 여자이기도 했다. 안타깝게도 지난 수 년의 시간 동안 많은 남자들이 그녀의 이 같은 성품을 시험해보려고 했었다. 남자들에게는 실망스러운 경험이었겠지만 제니에게는 이 모든 성품에 더하여 역설적으로 사람의 성품을 분별하는 예리한 안목이 있다는 것을 그들은 발견하게 되었다.

최근에 행해진 로마서 설교가 그녀의 삶을 어떻게 바꾸어 놓았는지 앨런에게 말했을 때 그는 황홀함을 느꼈다. 지금까지 늘 그래왔던 것처럼 앨런은 조심성 많은 목회자답게 그 황홀한 느낌을 겉으로 드러내지 않았다.

앨런은 제니를 친구로서의 가장 기본적인 접근 마저도 거절하고 있었다. 그는 머리를 갑자기 뒤로 젖히는 것으로써 그들의 첫 대화를 마무리 지었다. 시선은 그녀의 어깨에 고정시키고 한 번 고개를 끄덕여 보이고는 긴급한 일로 가야만 되는 것처럼 행동했다. 형식적인 2초 간의 미소 후 아주 빠르게 '고맙습니다. 만나서 반가웠습니다' 라고 말하고 사라져 버렸다.

그 후에도 몇 번은 그녀가 긴 복도를 따라 홀로 걸어 오는 것을 보면 앨런은 방향을 바꾸어 다른 방으로 급히 들어가 버렸다. 한 번은 청소 도구를 보관하는 방, 그리고 다른 한 번은 여자 성도들이 성경공부하는 방으로 들어간 적이 있었다.

제니는 혼란스러웠다. 그녀에게 허락된 사람의 성품을 분별하는 능력은 앨런의 목회자로서의 자질에 대해 끊임없이 속삭이고 있었다. 제니가 가장 원치 않는 해석인 '그는 단순히 무례한 사람이다.' 라는 명제에는 동의하지 않았다. 사실 그녀는 라커웨이 목사에 대해 그보다는 더 잘 알고 있었다. 그리고 서밋교회의 6,000명의 성도 대부분이 앨런 라커웨이 목사에게는 무례함이나 차가움이란 존재하지 않는다고 그녀에게 증언할 것이다.

그가 이미 결혼한 남자이며 존경 받는 목사라고 결론 내렸기 때문에 제니가 그의 심장박동 속에서 달리 해석할 수 있는 그 무엇인가 있다는 것을 감지하지 못했던 것은 아닐까? 그의 차가운 행동이 사실은 그 정반대를 의미하고 있었다는 사실 같은 것 말이다. 앨런의 결혼 서약을 침범할 의도가 전혀 없었기에 그녀는 단 한 순간도 이 일에 대한 앨런의 심각한 고뇌에 대해 짐작조차 할 수 없었던 것이다.

둘이 처음 만났을 때 앨런이 그녀에게서 감지한 것이 무엇이었는지 제니로서는 상상할 수도 없었다. 그녀의 걸음걸이와 숨 쉬는 것, 앨런이 보기에 그녀는 사람으로서 아내가 가지고 있는 모든 결점을 반박하고 있는 것만 같았다. 그리고 앨런이 생각하기에 테리 라커웨이는 그녀가 원래 가지고 있어야 하는 것보다 과분한 것을 소유하고 있다고 느꼈다.

잠수함 내부

"그래서, 아빠 엄마!"

제니가 거친 숨을 간신히 이어가며 말했다.

"제가 말씀드리는 것을 이해해 주시면 좋겠어요. 전 유부남을 사랑하려고 했던 것이 아니예요. 그리고 제가 그 결혼을 파경으로 이끌고 간 것도 아니구요. 저는 이 문제를 놓고 몇 주 아니 몇 달 동안을 기도했어요. 하나님께서는 일련의 사건들을 통해서 저와 앨런이 하나가 되는 것을 허락하셨다는 것을 아셔야 해요. 주님께서 저희 두 사람이 서로를 위한 동반자가 되도록 창조하셨다는 것을 말이예요. 저희는 완벽한 사람들이 아니예요. 앨런과 다른 많은 분들도 그리스도인은 결코 완벽한 사람을 의미하는 게 아니라고 가르쳐왔어요. 우린 다만 용서 받은 사람들일 뿐이예요. 믿지 않는 사람들과 다를 바 없이 연약함과 부족함을 그대로 간직하고 있어요. 정말 어떤 일이 있었는지 다 말씀해 드릴 수 있도록 충분한 시간이 있었으면 좋았을 텐데… 앨런과 저는 이 사실에 대해 긴 시간 논쟁해 왔기 때문에 어느 순간에는 제가 이사를 가든지 아니면 다른 교회로 옮기든지 하는 것이 앨런에게 골칫거리 하나를 덜어주는 게 아닐까하고 심각하게 생각한 적도 있었어요.

제니의 마지막 다섯 마디 정도는 거의 속삭이듯이 입에서 흘러나왔다. 앨런은 서서히 체념하듯이 그의 두 눈을 감았다. 그녀의 기력이 급속히 떨어졌다. 앨런은 제니의 얼굴을 어루만지려다가 그녀를 꼭 껴안았다.

"제니, 이제 됐어. 더 이상 말하지 않아도 돼요. 그냥 버텨주기만 해요. 그럴거죠?"

제니의 입가에 희미한 미소가 번졌다.

"당신 부모님들도 어떤 딸을 키우셨는지 이제는 아실 거예요. 그리고 어떤 여인으로 성장해 왔는지 그분들도 마음으로부터 잘 알고 계실 겁니다 알고 계실 거예요."

그녀는 천천히 고개를 끄덕였다.

"제니, 좋았던 일을 생각해봐요."

그는 그녀의 귀에 대고 속삭였다.

"우리 사이가 어떻게 시작됐었나. 카이로 기억하죠?"

"우리 마음에는 항상 카이로의 추억이 있을 거예요."

그녀도 속삭였다.

제니의 말이 끝나자 앨런은 약해져 가는 제니의 호흡과 섞여 나오는 희미한 소리를 들었다. 어쩌면 그것은 제니의 웃음소리일지도 모른다고 생각했다.

라커웨이는 제니를 대신해서 웃음 소리를 냈다. 이건 그 둘만이 알고 있는 일종의 비밀스러운 장난이었고 카사블랑카 이야기를 암시하는 두 사람 만의 비밀 암호였다. 둘이 사랑에 빠졌던 도시는 그렇게 로맨틱하지 않았지만 여전히 그들의 추억속에 남아 있었다. 그리고 결코 잊혀질 수 없는 기억이었다.

"그래, 맞아요."

앨런이 미소 지으며 말했다.

"우리에겐 언제나 카이로가 있을거예요."

그날
Chapter 15

이집트 카이로 – 5년 전

"정말 대단하지 않나요?"

조명을 받아 광채로 둘러싸인 앨런을 향해 마이클 이스트가 큰 웃음을 지어 보이며 소리치듯 말했다. 사실 그의 목소리는 천둥소리 같은 군중의 함성에 묻혀서 거의 들리지 않았다. 정말 놀라운 일은 그날 저녁 집회가 대성공이었다는 것이다. 나세르 기념 축구장에 만들어진 무대는 활력이 넘치는 얼굴들과 사람들이 들어 올린 손으로 인해 주변이 과열되어 있었다. 조명으로 인해 공기 조차 불이 붙는 것 같았고, 5만여 명이 일제히 부르는 찬양의 열기가 물결치고 있었다. 이집트에도 기독교인들이 존재하고 있었던 것이다! 앨런은 놀라움에 머리를 계속 흔들어 댔고, 스스로에게 무엇인가 계속 말을 건네면서 열정적인 예배 가운데 번쩍 들어 올려진 수 많은 사람의 머리들이 수평선을 이루고 있는 것을 무대 뒤에서 바라보고 있었다. 이집트에 크리스천이 있다는 사실은 알고 있었지만 그 증거를 바라보는 일이 얼마나 장대한 일인가.

수 개월 전 3차 이집트 그리스도인이 영적각성 집회에 주강사로 말씀을 전하려는 소망을 가지고 아내에게 처음 말했을 때, 그에게 던졌던 냉소적이고 무례한 질문들에 대한 실제적인 답변을 직접 보고 있는 것이다.

"우리와 같은 그리스도인들이 정말 이집트에 존재할까? 기독교가 허용되고 있는 것일까? 그는 처음에는 수사학적인 질문으로 접근했었다. 물론 그는 이집트에 많은 그리스도인들이 에티오피아 콥틱교회의 형태로 존재하고 있다는 사실을 모르고 있었던 것은 아니다. 하지만 그가 늘 들어온 것처럼 이집트 내 종교 갈등과 무슬림 극단주의에 의한 탄압 소식들로 인해 전망이 항상 불투명했다. 앨런에게는 영적인 형제, 자매가 이집트에 존재한다는 사실을 마음 속에 그리기가 어렵게 느껴졌고, 오늘 밤 이 강단에 나가기 직전까지도 그의 마음 속에 형상화 한다는 것이 불가능 했었다. 하지만 이집트에는 엄연히 그리스도인이 존재하고 있었던 것이다. 그는 지금 막 30분에 걸쳐 말씀을 전하고 들어왔다. 통역을 통해 예수 그리스도의 놀라운 은혜에 관한 말씀을 전하는 동안 많은 군중들의 시선이 그에게로 고정되어 있었다.

앨런은 무대 뒤로 돌아와 비오듯 흐르는 땀과 그의 몸에서 뿜어져 나오는 놀라운 기운에 심취되어 미동도 할 수 없었다. 넘쳐 흐르는 소리보다도, 불타는 듯한 조명이나 푹푹 찌는 듯한 열기보다도 그리스도안에서 한 가족으로 연합되어 있다는 거역할 수 없는 생각이 그를 완전히 뒤덮고 있었다. 그리고 바로 그곳에 마이클 옆에서 열창하고 있는 그녀가 있었다. 제니는 그의 꿈에 지속적으로 보이는 닿을 수 없는 존재로서 그가 잠에서 깨어날 때마다 보이는 환상 속의 주인공이었다. 오늘 밤 무대 위의 그녀는 이전에 봤던 것보다 훨씬 더 아름답고 신비한 분위기를 자아냈다. 높은 음을 노래할 때마다 그녀의 상체가 뒤로 젖혀졌는데 그럴 때마다 제니의 금발은 역광이 만들어내는 빛의 오로라 속으로 던져지는 것 같았다. 앨런은 그녀의 모습을 바라보고 있을 수 없을 정도였다. 그녀의 실루엣이 마치 번갯불처럼 앨런의 시야에 화인(火印) 되는 것 같았다. 그러면서 앨런은 자신이 느끼는 제니의 매력은 시각적인 것을 훨씬 초월하는 고차원적 감정이라는 점을 스스로에게 지속적으로 주지시켰다. 그것은 바로 검은 얼굴을 한 낯선 청중들 앞에서 찬양을 올려 드리는 제니의 열정이었다. 대담하게 부르는 그녀의 찬양에는 온전한 진정성이 담겨져 있었다.

앨런은 보다 가치있는 쪽으로 자신의 생각을 이끌어 가려고 노력했지만 그럴 때마다 아내의 모습이 연상되었다. 그것은 어둡고 슬픈 음을 울리는 종처럼 불청객이 되어 그의 기쁨을 공격해왔다.

카이로 집회 7개월 전—덴버

"테리, 당신이 언젠가 피라미드를 한 번 봤으면 좋겠다고 말하지 않았소?"

저녁 9시, 두 아들을 침대로 보내고 부부가 잠자리에 들기 전 갖는 '평온한 시간.' 그리고 바로 이 시간이 이들 부부가 가장 많은 대화를 나누는 시간이기도 했다.

테리는 늦은 시간 식기 세척기를 돌리기 전에 저녁 식사에 사용했던 접시들을 미리 닦으면서 싱크대로부터 눈을 살짝 돌려 남편이 있는 쪽을 바라보았다. 테리는 지쳐있고, 유머 감각도 상실했지만 궁금증이 발동한 나머지 무언가 상당히 중요한 사안이 아니라면 남편의 질문이 이처럼 애매모호한 적은 없었다는 생각이 문득 들었다. 그외 다른 일들에 있어서 남편은 마치 번개가 치듯 논지가 직접적이고 명확한 사람이었다.

"네. 그랬던 것 같네요. 언젠가 관광객들이 현지에서 살해당한 일을 듣기 전까지는 그랬던 것 같아요."

그녀가 대답했다.

"여보, 그건 오래 전의 일이잖소. 그 일 이후로 외국인의 안전에 대한 조치도 많이 개선되었다고 해요."

테리는 젖은 손을 닦으면서 다가오는 남편에게로 몸을 돌렸다.

"당신, 그런 얘기를 어떻게 알고 있는지 물어봐도 돼요? 최근에 조사라도 해보셨나요?"

"그렇소."

앨런은 그녀 뒤로 걸어와서 잠시 멈추었다. 옛날이라면 아내의 뒤에서 발뒤꿈치를 들고서 양팔로 꼭 껴안고는 목에다 키스를 하곤 했을 것이다.

그러면 테리는 웃으면서 마음에도 없는 저항을 하곤 했었다. 그럴 때면 두 사람 모두 아이들이 계단을 내려오는 일이 없기를 바랐었다. 하지만 요즘에는 일어나지 않은 다 지난 옛 이야기가 되어버렸다. 그런 사랑의 초대 혹은 제안이 그 당시에 어떻게 받아들여졌는지 지금의 앨런으로서는 상상조차 할 수 없을 정도였다. 또렷하게 기억할 수 없는 일이 되어버린 것이다. 부부 관계에 대해 아내가 아주 작은 관심이라도 보인 것이 얼마나 오래 전의 일이었는지 기억조차 없었다. 그의 기억에 희미하게 남아있는 마지막 관심은 지난 크리스마스와 추수감사절 사이 쯤이었던 것으로 생각되었다. 그것도 아주 피상적인 의무감에서 행해진 것이었다.

"그래서요? 왜 그런 질문을 하는지 말해 줄래요?"

테리가 수건을 접으면서 말했다.

"왜냐하면 우리가 그곳에 갈꺼니까, 그게 이유야."

"우리가 이집트에 간다구요?"

"물론이요."

"옐로우스톤은 어떻게 하구요? 이번 여름에 거기에 가기로 했잖아요."

"물론 옐로우스톤에도 갈 수 있어. 난 지금 여름 휴가에 대해 말하고 있는 게 아니예요. 3일간의 일정으로 말씀을 전해 달라는 초청에 대해 말하고 있는거요. 이집트의 목사님들로부터 최근에 정식 초청장이 도착했고 집회는 4월로 예정되어 있소. 이제 우리는 국제적으로 사역을 펼치게 되는 거예요."

테리는 깊은 숨을 들이마시고는 고개를 끄덕였다. 방금 남편으로부터 전해진 소식이 무슨 이유로 그녀 안에 깊은 주저함을 불러일으키고 있는지 파악하기 위해 짧은 시간을 확보하려는 의도였다.

"당신이 이제 국제적으로 사역한다구요? 그런 뜻인가요?"

마침내 그녀가 되물었다.

"당신이 함께 간다면, 이 사역을 우리가 함께 하게 되는 거요."

앨런이 요청하듯 말했다.

"그곳에 가야만 하는 타당한 이유가 있나요?"

테리가 다시 물었다.

"물론이지. 나의 사역에 대해 잘 이해하고 있는 외국 단체가 초청장을 보내 온 최초의 사례잖소. 이번에 내가 주강사로 섬기게 되었고, 이것은 물론 내 사역의 규모와 수준이 크게 향상되는 시발점이 되지 않겠소?"

테리는 한숨을 내쉬더니 두 눈을 감았다.

"아니요, 제 말은 그곳에 있는 신자들에게 무슨 이유가 있느냐는 것이예요. 이 일에 분명한 명분, 그러니까 하나님 나라의 관점에서 볼 때 특별한 필요가 있느냐는 거지요?"

"오!"

그녀의 질문으로 인해 앨런은 자기가 한 답변이 얼마나 천박하고 자기 성취와 욕구적인 발언처럼 들리게 됐는지 순간 깨달았다.

"글쎄, 내가 볼 때 이집트에서 복음을 필요로 하는 수요는 지속적으로 높아져 왔던 것으로 판단되고, 지난 오랜 세월 동안의 탄압에도 불구하고 지하 교회의 성장이 유지되어 온 것을 보면 말이요."

"그래요."

자신의 빈정거림을 남편이 얼마나 싫어하는지 테리는 잘 알고 있었다. 하지만 이와 같은 상황에서는 그것을 자제할 수 있는 방법을 달리 찾을 길이 없었다.

"이곳 덴버에도 복음을 필요로 하는 차별 받는 소수 민족과 치안이 불안한 곳들이 있다는 걸 모르지는 않겠죠?"

그녀가 말했다.

"지구의 반을 돌아서 수 만 달러의 경비를 들여 가며 이집트의 잊혀진 영혼들을 찾아가야만 하는 건가요? 다른 많은 곳 중에서도 유독 이집트를요?"

"그래요 당신의 논점을 알겠소. 하지만 그들이 나를 필요로 하고 있어요. 이것은 내 생각이 아니고 그들이 제안했던 말이요."

"그럼 제 논문은 어떻게 하구요? 4월이라면 심사 위원회가 모여서 제 논문의 심사 일정을 잡을 바로 그 시기잖아요."

앨런은 신음소리를 내면서 실망감에 사로잡힌 채 등을 돌리고 말았다. 그것은 사실이었다. 테리는 4년이라는 시간을 투자하여 열심히 공부했다. 늦은 밤의 등하교 길과 석사학위 논문을 준비하며 도서관에서 마음을 졸이며 토요일을 보냈다. 그녀의 일방통행 티켓과 같은 이 모든 노력은 무엇을 위한 것이었던가! 삶의 중대한 의미? 남편이 없는 중대한 의미란 무엇인가? 아내에게 한 번도 말한 적은 없지만 앨런은 자신 그리고 자신의 사역과 상관 없는 인생의 의미를 추구하는 아내의 모습에 분개했고, 이런 그의 생각을 아내도 감지하고 있으리라 확신하고 있었다. 심지어 그 문제에 관한 한 그들은 하나님과 동떨어져 있었다. 석사학위라는 것 자체가 그녀만을 위해 존재하고 있었다. 그녀에게 정신적 해방을 가져다 줄 의미로써 말이다.

'우린 좋은 파트너가 될 수도 있었는데' 그는 속으로 중얼거렸다. '각자의 길이 아닌 함께 성공의 길을 걷는 것 말이야.'

"여보, 난 당신이 함께 가주었으면 하오. 당신이 동행하지 않으면 남들 보기에도 좋지 않고 말이야."

그녀는 앨런의 말이 끝나기도 전에 웃음을 터뜨리더니 집 안에 대형 유리창을 통해 바라 보이는 도심 풍경을 향해 몸을 돌렸다.

"거의 당신에게 넘어갈 뻔했어요. 앨런, 당신의 마지막 말을 듣기 전까지는 말이에요. 당신이 이집트에 가는 것에 대해 내가 어떻게 생각하는지 처음부터 물어볼 수 있는 기회가 있었어요. 나의 의견을 청했을 수도 있었구요. 우린 이 일에 대해 함께 기도할 수도 있었지요. 그리고 나서 당신이 원하는 일이니 나에게 함께 가 달라고 청할 수도 있었지요. 어려운 시간을 지나는 동안 아내가 함께 있어주기를 원한다고 말이예요. 방금 전에 당신은 내가 함께 가지 않는다면 모양이 좋지 않을 거라고 말했죠? 당신은 이전에 그런 말을 하는 목회자들을 보면 속으로 경멸하곤 했었어요."

앨런는 손가락을 빗처럼 머리 속에 넣고는 고개를 저어댔다.

"제발! 테리, 우리가 이전에 가졌던 순수함과 위대함을 더 이상 소유하고 있지 않은 것에 대해 나나 당신이나 서로를 비방하는 것이 새로운 일은 아니라는 것을 알고 있소. 하지만 꼭 그런 식으로 가야 하는 것 또한 아니라고 생각해요. 그렇지 않소? 난 단지 당신이 나와 함께 이집트에 갈 수 있는지 묻고 있는 것 뿐이요."

"그럼 이집트에 가는 것은 이미 결정된 일인가요?"

"그래요, 난 이미 초청을 수락했어. 난 당신이 반대하리라고는 미처 생각하지 못했거든."

"글쎄요. 이유는 모르겠지만 그 곳에 가는 것이 매우 잘못된 일이라는 생각이 들어요."

그녀는 머리를 흔들고 천장을 바라 보았다.

"저는 정말 가서는 안된다는 생각이예요. 당신도 마찬가지구요. 그곳이 안전하다는 생각이 들지 않아요. 진심으로 말하지만 당신도 가지 않는게 좋겠어요."

"안전하지 않다구? 어떻게 말이요? 신변상의 안전을 말하는 것이요? 아니면 다른 의미에서 말이요?"

"모든 의미에서 말이예요."

"이집트 정부는 우리가 그곳에서 공연… 아니 모든 예배를 진행하는 동안 완벽하게 안전한 상황을 유지해주겠다는 약속을 한 상태라오."

"제가 의미하는 것은 우리가 아니고, 당신과 동행하는 팀도 아니예요. 아마도 제가 의미하는 바는…"

"뭐란 말이요? 그게 도대체 뭐요?"

"제발 그런 식으로 강요하지 마세요."

그녀는 목소리에 간절함을 담아서 말했다.

"좋아, 그럼 내가 어떻게 당신에게 답변하면 되겠소?"

"바로 저예요."

그녀가 속삭이듯 말했다.

"제가 말하는 것은 바로 저란 말이예요. 감정적으로 안전할지… 모르겠다구요."

"아하, 그럼 내가 이제는 당신의 감정을 다치게 하는 난폭자란 말이요?"

"저를 그렇게 공격하지 마세요. 그건 제가 그렇게 느끼고 있을 뿐이예요. 오랫동안 느껴왔던 어떤 것보다 강하게 감지하고 있어요."

"그건 내가 무엇인가를 이토록 절실하게 원했던 것이 실로 오랜만의 일이기 때문이지."

"앨런, 당신은 지금 너무 극단적으로 말하고 있어요."

그녀의 목소리 톤이 높아졌다.

"저는 당신에게 나쁜 일이 생기기를 원하지도 않았고, 근거 없이 당신에게 반대한 적도 없어요."

"그런 일은 없었지. 하지만 당신은 한 번도 내 사역을 진심으로 성원해

준 적도 없잖아. 내 사무실을 청소하는 분도 내가 하는 일에 대해 당신보다 백배 이상으로 날 믿어준다는 것을 말하고 싶군!"

그녀는 지금 이 순간이 결혼생활의 위기라는 것을 직감했다. 그녀는 눈을 감고 이 모든 대화가 속히 떠나가 버리기를 원했다. 하지만 갑자기 그녀는 앨런이 자신을 자극하고 있다는 생각이 들었다. 부부로서 그들이 결코 회복할 수 없는 어떤 말을 그녀가 내뱉도록 유도하고 있다는 생각이 선명해지고 있었다. 육체적 감각은 그것이 마치 실제로 일어나고 있는 것처럼 경고음을 내고 있었다. 하지만 그보다 더욱 긴급한 것은 이집트에서 그를 기다리고 있는 것은 단지 위험 뿐이라는 그녀의 육감이었다. 그것은 마치 테리의 내면에서 터져나와 그치지 않고 울리는 사이렌 소리처럼 느껴졌다. 첫 번째는 신체적인 위협이었다. 이집트 정부가 그들의 땅에 발을 딛는 모든 기독교인을 살해하려고 작정한 무장 테러 단체와 결탁하고 있다는 사실이었다. 하물며 대형집회를 개최한다는 것은 위험을 몇 배나 증폭시키는 일이었다. 그리고 다음에는 좀 막연한 위협이었는데 그것은 남편의 자존심, 야망, 그리고 테리의 반대에 즉각적으로 반응하는 앨런의 모습이 그녀의 영혼에 명백하게 느껴지는 불편함이었다. 하지만 무엇보다도 강력한 위협은 그녀가 생각하는 것조차 힘들어하는 그들의 결혼생활의 상태였다. 그것은 여행기간 동안의 긴장을 견뎌 내기에는 너무나 민감하고 깨지기 쉬운 것이라고 테리는 생각했다. 지금까지 그랬던 것처럼 앨런과의 손상된 관계를 회복하기 위해서 아마도 수 개월에 걸친 복잡한 수술을 필요로 할 것이 분명했다. 그리고 이집트는 모든 면에서 안전한 장소와는 매우 상반된 개념으로 보여졌다. 그녀가 눈을 떴을 때는 조바심에 사로잡힌 앨런의 감정적인 표출과 맞닥뜨려야 했다. 그것은 너무나 뚜렷하고, 거의 증오에 가까운 감정이었다. 앨런은 그가 던진 마지막 도발적인 질문에 답을 원하고 있었고, 그녀는 이제 비난의 말을 쏟아내고 싶은 충동에 압도된 상태였다.

"앨런, 당신의 직원들은 어떤 인물에 대한 숭배 집단처럼 사로잡혀 있어요."

그녀는 이렇게 당당하게 말한 것에 대해 스스로 놀라움을 금치 못했다.

"그리고 가장 무서운 일은 당신 스스로도 그 집단 속으로 잡혀 들어가고 있다는 점이예요."

그것으로 끝나버렸다. 그들은 지금 막 넘어서는 안되는 강을 건너버린 것이다. '난 지금 나 자신을 앨런의 적으로 만든거야' 라고 그녀는 생각했다. 앨런의 표현은 최고조에 달해 격분으로 변했다.

"당신에게는 그런 것들이 전적으로 생소하기 때문에 그런 말들을 들먹이는 거요!"

그가 날카롭게 쏘아붙였다.

"하지만 진짜 현실 세계에서 그것은 지원이라고 불리는 것이요. 충성심이라고도 하지."

"당신이 중요하게 여기는 것들과 함께 이 집에서 그냥 지내고 있는게 좋겠어."

그는 평이하고 무감각한 목소리로 말했다.

"내 엽서 따위는 기대하지 말고."

그날 *Chapter* 16

와이오밍 상공 – 카이로 집회 7개월 전

와이오밍의 윈드리버 산악지대를 1만 미터 상공을 가로질러 날고 있는 비즈니스 제트기가 목적지인 덴버를 향해 남동쪽으로 기수를 정하고 새털구름 속의 얇은 단층을 지나가고 있었다. 제트기의 객실 내부는 엷은 회색톤 가죽과 광택을 낸 호두나무 목재로 호화스럽게 꾸며져 있었는데 승객은 단 두 명 뿐이었다. 제니가 속기사용 노트를 들고 앉아 있었고, 그 반대쪽에는 스타급 원고측 변호사인 48세의 마틴 덱스터가 윤이 나는 고급 양복과는 어울리지 않게 다리를 쩍 벌리고 앉아 있었다.

"이제 다 됐어."

덱스터가 말했다.

"이 보다 더 좋은 변론 취지서가 어디 있겠어."

그는 스스로의 기발한 표현에 즐거워하며 빈정거리듯 말했다.

"초안이 괜찮아 보인다면 이제 서류를 작성하는게 좋겠어. 난 이제 지쳤거든."

"당신의 정확한 지시 없이는 서류를 작성 할 수 없다는 걸 아시잖아요."

제니는 노트를 접으면서 말했다.

"오, 제니. 이제 나 없이도 얼마든지 잘 할 수 있다는 걸 알고 있어. 당신이 모든 일을 전담하게 되면 서류를 작성하는 실력도 향상될거야."

"고마워요."

그녀는 덱스터의 시선을 피하면서 말했다. 동시에 속으로는 그의 아첨이 보다 더 의도적인 것으로 바뀌지 않기를 기도하고 있었다. 그녀는 하품을 하면서 두 팔을 쭉 뻗어보았다. 순간 그녀의 스트레칭이 여자를 좋아하기로 유명한 사장의 음흉한 시선 앞에서 그녀의 모습을 두드러지게 한 결과가 되어 버렸다는 것을 깨달았다. 그녀는 팔걸이 의자에 깊숙이 파묻힌 자세로 앉아서 어깨를 앞으로 향했다.

"힘 빼고 편하게 하지 그래, 제니."

그는 몸을 더 구부정하게 굽히면서 말했다.

"이봐 제니, 머리를 좀 내리는건 어때? 자신을 위해서 말이야."

제니는 사장이 그렇게 제안한 의도를 알기 때문에 불편했지만 사실은 머리를 꽉 죄고 있는 핀을 풀었으면 하고 바라고 있었던 게 사실이다. 다섯 시간 동안 비행하는 사이에 또 다른 다섯 시간의 증언 녹취작업을 한 후였기 때문에 틀어올린 머리가 조금은 불편했다. 제니는 잠시 동안 생각하는 듯 하더니 손을 뒤로하여 핀을 풀자 그녀의 탐스러운 머리카락이 흘러내렸다.

"머리를 그렇게 풀어 내린 모습은 처음 보는 것 같은데."

덱스터가 말했다.

"그러고 보니 회사 내의 누구도 아직 보지 못한 것 같아."

"네? 뭐라고 하셨죠? 제 헤어 스타일이 대화의 주제라도 됐었다는 말인가요?"

"우리 중 몇몇은 그랬지."

그는 팔꿈치를 대고 턱을 괴면서 능청스럽게 말했다.

"적어도 우리 중 대여섯 명은 당신에게 데이트를 청했거나 아니면 개인적으로 가까워지려는 시도를 했다가 망신을 당한 꼴이 되었지. 그 사람들은 당신이 좀 까다롭다고 생각하고 있더군."

"마틴? 지금 제 상사로서 이런 이야기를 하고 있는 건가요?"

그녀도 자신의 목소리에 불쾌한 감정이 실려있다는 것을 느꼈다.

"제 처신이나 행동이 업무상의 문제라도 되고 있다는 말씀인가요?"

그는 손을 뻗어서 제니의 팔을 살짝 건드렸다.

"아니야, 제니. 그런 게 아니고. 난 그저 농담을 하고 있는 것 뿐이야. 개인적으로 더 알고 싶어서 그런거야. 그렇다고 완곡하게 돌려서 말하는 것도 내 스타일은 아니야. 제니 당신에게 좀 차가운 면이 있다고 알려져 있는 것은 사실이거든."

그녀는 천천히 숨을 내쉬며 창밖에 보이는 비행기 동체의 곡선을 바라보았다.

"제가 일부러 그러는 건 아니예요. 정말 의도적인 것은 아니라구요."

"그건 정말 유감인데. 왜냐하면 나를 포함해서 많은 사람들이 당신에 대해 관심을 가지고 있으니 말이요. 한 가지 개인적인 질문을 해도 될까? 지금 누군가 만나고 있는 사람이 있나?"

그녀는 질문에 답하기 전 잠시 뜸을 들였다.

"저는 현재 누군가에게 구속되어 있지도 않고 또 누군가를 찾고 있지도 않아요. 적어도 서른이 넘은 대부분의 여자들이 필사적으로 교제할 사람을 찾는 것과 같은 방식은 아니예요. 제 말은, 제 인생에 누군가 좋은 사람이 나타난다면 그 사람을 거절할 이유는 없다는 거지요. 하지만 저는 숨을 죽이면서 기다리고 있지도 않아요."

"무슨 말인지 알겠군."

"정말요?"

그녀는 미심쩍다는 듯이 물었다.

"왜냐하면 덱스터 당신에 대한 평판이 그다지 썩…"

덱스터는 자의식이 듬뿍 담긴 쾌활한 웃음을 터뜨렸다.

"우리 이제 할 말이 떨어졌군, 그렇지 않아? 더 이상 말하지 말아요, 제니. 내 소문에 대해선 잘 알고 있으니까."

"그럼 그게 사실인지 질문해도 되나요?"

"아마도."

그가 말했다.

"그럼 제니, 당신은 어떤데? 그게 사실이요?"

"물론 사실이죠. 적어도 감이 나무에서 떨어지길 기다리는 그런 여자가 아니예요."

"그럼 대체 당신을 흥분시키는 게 무엇이요? 부적절한 의미로 묻는 게 아니니까 오해는 말아요. 내가 아는 한 당신은 아무런 열정이 없는 사람처럼 보이지는 않거든. 수동적이기만 한 것 같지는 않아서 말이야."

그녀는 고개를 설레설레 흔들면서 그의 눈을 응시했다.

"덱스터, 정말 알고 싶으세요?"

"물론 알고 싶소. 너무 궁금했었거든."

"저의 열정은 신앙이예요. 교회말이예요. 특히 매주 일요일 아침에 찬양팀과 함께 노래하는 것이죠."

"오…"

그는 놀라움의 표시로 길고 높은 한 음절을 입 밖에 내는 것 외에 달리 할 말이 없었다.

"이제야 알겠군."

"제발 그런 식으로 저를 성원해 주시지 않아도 돼요."

"아니야, 진심이야. 난 신앙은 없지만 내가 아는 사람 중에 종교에 심취한 사람들이 있어. 그게 사실은 그 사람들한테는 대단한 일이더군. 무시할 수 없는 일이지."

"우리 교회 예배에 한 번 와보실래요? 서밋교회예요. 어쩌면 들어봤을지도 모르겠군요. 콜로라도에서 가장 진보적이고 큰 교회 중 하나예요. 와보시면 아마 좋아하게 될거예요."

"데이트 신청인가, 아니면 그냥 거룩한 초대인가?"

"둘 다 아니예요. 제 생각엔 당신이 정말 고맙다고 할 거예요."

제니의 제안에 대해 진지하게 고려하고 있다는 징후가 그의 얼굴에 보였다. 이내 그는 얼굴을 제트기의 창 밖으로 돌렸다.

제니는 시애틀을 떠난 후 그녀의 휴대폰에 업로드한 문자 메시지를 확인해야 한다는 생각이 문득 들었다. 그녀는 핸드백에서 전화기를 꺼내 버튼을 몇 개 누른 후 잠시 동안 시선을 고정시켰다. 그리고 그 중 한 개의 메시지를 보면서 웃기도 하고 한편으로는 얼굴을 찡그리기도 했다. 그것은 다름 아닌 기분 좋은 소식이 도착했다는 의미였다.

"뭐가 그리 좋아?"

덱스터가 물었다.

"백마를 탄 왕자님이 마침내 나타난 모양이지?"

"아니, 그런 게 아니예요."

그녀의 두 눈이 아직도 휴대폰의 작은 화면에 고정된 채 말했다.

"지금 방금 이집트에서 초대를 받았어요."

"아 그래? 그럼 정말 왕자님이 나타난 거야? 나일강이 무척이나 로맨틱하다고 들었는데."

"그럴 일은 없을거예요."

그녀는 멀리 바라보며 무엇인가를 생각하며 말했다.

"초대는 우리 교회 목사님께서 하셨거든요."

이집트 카이로

400여 명의 결신자들이 무대 앞으로 나와 믿음을 고백한 그날 밤은 앨런에게 있어서 가장 위대한 영적 승리의 밤이었다. 이어서 그들이 상담과 기도를 위해 거대한 지하 공간으로 자리를 옮긴 후에도 앨런은 홀로 남아서 그의 앞에서 끊임없이 반복되는 유혹을 바라보았다.

그는 제니의 유연한 몸놀림을 응시하고 있었다. 그녀의 몸짓은 아무 망설임 없는 예배로써의 고백일 뿐만 아니라 거추장스러운 짐을 다 내려놓은 젊음의 표현이었다. 모든 가식이 배제되고 삶이 던져주는 부담과 허세로부터 자유로운 몸놀림이었다. 제니를 찬양팀의 일원으로 이집트에 동행하자고 한 것은 공식적으로 마이클의 제안이었다. 하지만 그것은 적어도 어떤 형태로든지 이 일에 대한 감사가 이루어졌을 때 발견하게 될 공식적인 답변에 불과했다. 그 제안은 앨런으로부터 시작되었다. 서너 번의 간접적인 언급과 한 번의 두루뭉실한 추천이 기획위원회에 전달되었고 일은 마무리되었다. 비록 앨런이 그의 동기에 대해 세심하게 점검해 보았던 것은 아니지만 아내를 노골적으로 속이려는 의도는 아니었다. 아마도 그에게 눈에 보이지 않는 보복 심리가 작동하고 있었는지도 모른다. 사람을 격분시키는 아내의 도

전 앞에 던져진 반항적인 행동과 같은 것이었다. 어쨌거나 제니가 가까이에 있는 것만으로도 자신의 의식을 고양시키는 힘이 된다는 것을 앨런은 인정할 수 밖에 없었다. 테리가 수 년에 걸쳐 보여준 아내로서의 단순한 역할이 결코 가져올 수 없는 그런 능력이었다. 앨런은 순간 등골이 오싹해지는 위험을 감지했다. 이런 마음 상태에서 제니가 이곳에 함께 있다는 사실은 테리와의 결혼 생활이 파경의 길로 들어서고 있는 것과 같은 느낌이 들었다.

앨런이 얼굴을 찡그리며 앞을 보던 그 순간, 유리병 모양의 발사체가 공기를 가르며 제니를 향해 날아가고 있었다. 그것은 수평을 유지하며 빠르게 날아가고 있었는데 마치 격분한 누군가가 무대를 향해 던진 것 같았다. 그 물체는 관중들의 머리 위에 긴 연기를 남기며 무대쪽으로 날아갔다. 그 물체가 제니를 쳤는지 보지는 못했지만 그녀가 급격하게 움찔하더니 무대 위에 쓰러지는 것을 보았다. 아무런 움직임도 없이 쓰러져 있는 제니를 바라본 앨런은 입이 벌어지고 다리가 후들거리기 시작했다. 그 물체는 다름 아닌 코카콜라 병이었다. 그가 어린 시절 자주 사먹었던 것과 같은 작은 병이었는데 지금 그 병에는 콜라 대신 노란색의 액체가 담겨져 있고, 병 입구가 지저분하고 헤어진 천으로 막혀 있었다. 그리고 그 천 조각에는 불이 붙고 있었다. 화염병이다! 그 순간 온 세상이 회색 빛으로 변하며 모든 동작들이 느려지고 멍해지는 것 같았다. 갑자기 경계주의보가 그의 뒤통수를 때린 것 같았다. 희미한 함성과 비명 소리가 스타디움 끝까지 메아리쳤다. 무대 뒤에서 들려오는 거칠게 갈라진 소리가 앨런 주위에 울려 퍼지고 곧이어 제 정신이 아닌 군중들의 당황한 발자국 소리가 이어졌다. 그가 군중을 바라보았을 때는 영원히 잊혀지지 않을 뼈 속까지 얼어붙는 듯한 광경이 펼쳐졌다. 그리고 멀리 군중들의 뒷편에서 한무리의 사람들이 파도치듯 밀려오고 있었다.

그는 무대 위에 죽은 듯이 움직이지 않고 있는 제니를 바라보았다. 그녀는 의식이 없는 것이 분명했다. 콜라병은 아직 터지지는 않았지만 제니 주변의 무대 바닥에 유독성 물질을 뿜어내고 있었다. 몇 초 안에 화염이 병 안을 태우면 폭발하게 되는 것이다. 더욱이 잠시 후면 필사적으로 도망치는 관중들의 발에 제니가 짓밟힐지도 모르는 위험에 놓여 있었다. 그의 뒤에서 누군가가 소리쳤다.

"무슬림이다! 손에 마체테 칼을 들고 있어!"

혼란은 가중되었고 앨런의 머리속은 어떤 생각도 할 수 없을 정도로 복잡해졌다. 제니를 향해 무대 쪽으로 뛰어 나가려는 순간, 누군가 팔을 붙잡는 것 같았다. 저녁 때 만났던 검은색 정장차림의 이집트인이었다. 그는 앨런 일행이 도착했을 때부터 주위를 맴돌며 경호했던 요원 중의 한 명이었다.

"저와 함께 가셔야 합니다. 목사님!"

그의 목소리는 두려움으로 가득 찬 것 같았다.

"지금 가셔야 합니다. 무슬림들이 공격하고 있어요!"

"하지만 안됩니다. 제니를 두고 갈 수는 없어요!"

무대를 가리키며 앨런이 말했다.

"누구라구요?"

그는 앨런의 시선을 따라 재빠르게 고개를 돌렸다.

"제니말이요! 저기 무대 위에 의식을 잃고 쓰러져 있어요. 그녀를 놔두고 갈 수는 없습니다!"

"화염병이예요! 곧 폭발할겁니다!"

남자가 소리쳤다.

"상관없어요!"

이집트인은 재빨리 고개를 끄덕여보였다. 그의 눈에는 결연한 빛이 서려 있었다. 잠시 후 두 사람은 어깨동무를 하고 쇄도하는 군중을 밀치고 나갔다. 15미터 앞에는 의식을 잃은 제니가 위험에 노출되어 있었다. 그녀는 의식을 완전히 잃은 것은 아니었지만 지치고 놀라서 제 정신이 아닌 것 같았다. 앨런은 몸을 숙여 제니를 들어 올렸다. 이집트인은 손에 권총을 든 채 앨런을 향해 따라오라고 말했다. 그녀를 안고 있다는 사실이 그의 몸 구석구석까지 전율하게 만들었지만 앨런은 지금의 상황을 벗어나는 것에 더 집중했다.

생명의 위협이 점점 가중되어 갔고 처참한 비명 소리가 가까이에서 점점 크게 들려왔다. 앨런은 뒤돌아보지 않았지만 무고한 사람들을 해치는 무법자들의 사나운 소리와 그리고 죽어가는 사람들의 처절한 비명소리가 들려왔다. 조금 전까지만 해도 그들의 입술과 가슴에는 찬양의 열기가 남아있지 않았던가.

그날 17
Chapter

앨런에게 비춰진 세계는 거칠게 내쉬는 호흡과 길의 양쪽에 넘쳐나는 즐비한 시신들이 있는 어두운 시야 속으로 그 영역이 좁혀진 것 같았다. 그는 이를 악물고 그의 앞에서 안내하고 있는 이집트인 경호원을 쫓아가는 일에만 집중했다. 그들 주위에서 발생한 모든 테러의 폭풍 속에서도 마침내 제니를 품에 안는다는 사실에서 오는 따뜻한 느낌을 부인할 수 없었다. 그녀의 보호자로서 안전을 확보하고 있다는 사실말이다.

이집트인 경호원은 길쪽으로 난 출구를 향하여 전력질주하며 휴대폰을 꺼내 입에 갖다대고는 아랍어로 소리를 지르다시피 말했다. 계단을 다 내려오자 눈 앞에는 광란의 거리가 펼쳐졌다. 경호원은 주저 없이 인도를 매우고 있는 인파 속으로 들어갔다. 앨런은 제니를 안은 채 불안한 눈으로 주위를 살피며 그를 바짝 뒤쫓았다. 이집트인 경호원과 비슷한 정장 차림의 한 아랍인이 먼 발치에서 공중으로 뛰어 오르며 사람들 너머로 손을 흔들고 있는 것이 보였다.

앨런은 자동차 브레이크가 삑하며 급정차 하는 소리를 들었다. 그를 스타디움으로 태우고 왔던 검정색 미니밴이 커브진 길에 급정차를 했고 옆문이 미끄러지듯 열리면서 차량 운전자가 속히 차에 오르라는 손짓을 했다. 앨런은 황급히 제니를 차에 태웠다. 다른 두 명의 경호원이 권총을 손에 쥔 채 빨리 차에 오르도록 재촉했다. 경호원이 제니 옆자리에 앉자 힘 없는 그녀의 몸이 앨런의 어깨에 무겁게 기대어왔다.

경호원이 운전자로부터 건네 받은 경찰차용 사이렌을 조수석 창을 통해 차 위에 부착했다. 앨런은 제니와 비슷한 연령대로 보이는 여자가 극심한 공포로 인해 몸을 가누지 못한 채 차 안을 들여다 보고 있는 것을 보았다. 그녀의 바로 옆에서는 비록 소리가 들리지는 않지만 분명 저주스러운 욕설을 내뱉는 격분한 남자의 얼굴이 보였다. 앨런은 공포로 가득한 장면으로부터 눈을 돌리고 말았다. 밴은 미친듯이 질주하더니 갑자기 브레이크를 밟았다. 젊은 아랍인 운전사는 걷잡을 수 없이 전개되는 상황에 몰두된 나머지 브레이크에 발을 얹은 채로 일어나 앞 유리창에 대고 앨런이 이해할 수 없는 말로 소리쳤다.

차가 급커브를 돌자 결코 잊을 수 없는 불길한 광경이 눈 앞에 펼쳐졌다. 검은 후드를 입은 일곱 명의 괴한들이 마체테 칼을 들고 앞을 막고 서있었다. 괴한들은 즉시 밴의 도주로를 차단했다. 이집트인 경호원이 권총을 차창 밖으로 내미는가 하더니 곧 총구가 뒤로 젖혀졌다. 두 번째 총성이 난 후 밴은 전방을 향해 전력으로 질주하기 시작했다. 중앙에 있던 괴한 한 명이 길 위에 쓰러졌고 다른 괴한들은 차에 치이는 것을 피해 옆으로 비켜섰다. 밴이 그들을 지나칠 때 괴한들의 마체테 칼이 둔탁한 소리를 내며 차에 꽂히는 소리도 들렸다. 앨런은 분노로 가득한 두 눈을 보았다. 증오에 가득 찬 그들의 눈을 피해 밴이 질주하자 앨런은 흥분으로 인해 숨이 가빠졌다. 그들은 카이로 다운 타운의 중심가로 차를 몰았다. 앞에는 차선이라고 할 만한 것도 없이 그저 차가 향하는대로 자유롭게 뒤섞인 교통무법 천지의 세상이 보였다. 10살이 채 안 되어 보이는 어린아이가 천 조각만 걸친 채 그들이 탄 차량으로 돌진해 달려올 때 앨런은 숨이 멎는 것 같았다. 운전사는 속도를 줄이지 않은 채 경적을 울리며 이리저리 차를 몰았고 다른 운전자가 울리는 화가 난 듯한 경적 소리들이 서로가 충돌하는 것을 방지하는 유일한 수단으로 방향 지시등을 대신하는 역할을 하고 있었다. 아이를 안은 여자가 그들 앞으로 뛰어들면서 날카롭고 익숙한 시선을 던졌다. 한 노인이 여러 갑의 담배를 한쪽 팔에 줄로 달아서 쥐고 있는 것도 보였는데 무엇인가를 중얼거리는 노인은 소음이나 위험 따위는 염두에 두고 있지 않은 듯했다.

"왜 모든 사람이 길에 나와 있는 거지요?"

앨런이 물었다.

"이집트에는 횡단보도가 없습니다."

운전사가 어깨 뒤로 대답했다.

"그저 길에 뛰어들어 계속 차를 운전하면 됩니다. 다만 브레이크에 발을 얹고 항상 밟을 준비를 해야하지요."

"목사님의 다른 일행은 무사하다고 합니다. 두 분은 리더이기 때문에 저희가 안전한 장소로 안내해 드리겠습니다. 벌써 사상자가 많이 생겼고, 앞으로 사상자가 더 늘어날 것 같습니다. 이건 폭동이 아니고 조직적인 학살입니다. 살인자들이 두 분을 찾아내려고 혈안이 되어있습니다."

앨런은 고개를 끄덕였다. 총성으로 인해 자극을 받은 제니는 몸을 움직이고 머리를 들어 올리기 위해 안간힘을 썼다.

"제니, 정신이 들어요?"

그는 제니의 헝클어진 머리카락 사이로 속삭이듯이 말했다. 그녀는 충격으로 인해 흐릿해진 시선으로 앨런을 올려다 보았다. 그녀 바로 옆에 앨런이 앉아 있다는 사실이 조금도 놀랍지 않은 듯 했다.

"사람들이 저를 향해 뭔가를 던졌어요."

그녀가 힘없이 말했다.

"처음에는 뭔지 몰랐는데…"

"알아요, 제니. 나도 보았소."

차가 급격히 오른 쪽으로 돌자 앨런의 몸이 의자의 팔걸이 쪽으로 쏠렸다. 그는 제니에게 부딪치지 않으려고 급히 몸을 굽혔다. 벌써 밤의 어두운 그늘이 짙은 안개처럼 텅 빈 길 위에 점점 짙게 내리고 있었고 자동차는 맹렬한 엔진소리를 내면서 속도를 내다가 급히 왼쪽으로 커브를 틀었다. 앨런은 움찔하면서 무의식적으로 그녀를 세게 붙잡았다.

무전기 역할을 하고 있던 이집트인의 휴대폰에서 모기소리 같은 가는 음성이 새어 나왔다. 그는 아랑곳하지 않고 손으로 또 다른 샛길을 가리켰다. 차는 가던 길에서 갑자기 벗어나서 샛길로 들어서더니 갑자기 속도를 줄였다. 주변은 온통 정체를 알 수 없는 비슷한 건물들이 즐비하게 늘어서 있었다. 이집트인은 다시 전화기에 대고 무엇인가 중얼거리더니 차 밖으로 뛰어내렸다. 이어 자동차가 멈추고 옆문이 스스르 열렸다.

"어서 내리세요!"

권총을 손에 든 경호원이 정신없이 여기저기 살피면서 말했다.

"저를 따라오십시오."

앨런과 이집트인 경호원은 제니를 부축하고 길 건너에 있는 건물 안으로 들어갔다. 안에 들어서자 어둡고 낮은 입구 통로가 나타났고 그들이 안내되어 간 곳은 대리석 바닥이 깔려 있는 놀랄 정도로 우아한 홀이었는데 그곳에는 정교한 격자 문양을 가진 엘리베이터가 있었다. 이집트인이 콜 버튼을 누르고 나서 앨런을 바라보며 입술에 손가락을 대어 조용히 하라는 신호를 보냈다. 권총을 쥐고 있는 다른 손으로는 천장을 겨냥하고 있었다. 엘리베이터 문이 열리자 그들은 지체 없이 안으로 들어갔고 높이 올라갈수록 지상에 있는 어떤 벽으로 둘러싸인 것보다 훨씬 더 안전이 보장된다는 생각이 들었다.

"제니, 괜찮아요?"

앨런은 엘리베이터가 올라가는 동안 제니에게 물었다.

"조금요. 아주… 조금…"

그녀는 초점을 잃은 눈으로 앨런을 바라보며 적절한 말을 찾는 것처럼 보였다.

"너무 갑작스러운 일이었어요. 그리고 너무나 놀랐구요. 어디에서 날아온 지도 모르고, 그 물체를 보는 순간 쓰러져 버렸고, 그 다음에는 아무것도 기억나지 않아요. 그렇게 무서웠던 적은 없었어요…"

"이제는 괜찮을 겁니다. 걱정하지 말아요."

잠시후 엘리베이터 문이 열렸다. 그들이 작은 홀을 지나자 커다란 검은색 문이 나타났고 이집트인이 키를 꺼내어 육중한 문을 열었다. 그들은 지체 없이 안으로 들어가서 문을 닫고 잠궜다. 남자는 어둑한 거실 중앙에 놓여 있는 가죽 소파를 가리키며 앉으라는 무언의 신호를 보냈다. 실내등은 계속 꺼진 상태였지만 한 쪽 끝에 있는 파티오 창을 통해 흘러 들어오는 도심의 불빛과 보름달에 가까운 달빛만으로도 사물을 식별하기에 충분했다.

"이곳은 무카바랏(이집트 정보기관)이 보유하고 있는 비밀 장소 중 하나입니다."

"무카… 뭐라고요?

제니가 소파에 앉는 것을 도와주면서 앨런이 물었다.

"이집트의 비밀 경찰입니다. 제가 소속되어 있는 기관입니다. 기억하셔야 할 것은 아직 두 분의 신변이 안전하지 않다는 것입니다. 전 콥트 신자입니다. 기독교인이지요. 기관 내 저희들 서열에서는 아주 소수만이 콥트 신자이고, 목사님 일행의 신변 경호를 맡을 수 있었던 것은 저희들이 많은 노력을 통해서 얻어낸 성과였습니다. 비밀경찰 내 다른 요원들은 이슬람 과격 단체와 연결되어 있습니다. 그들은 때로 과격파를 위해 활동하는 암살자의 일을 수행하기도 합니다. 두 분이 이 장소에 있다는 사실을 아는 사람은 저와 좀 전에 건물로 안내해 준 다른 요원 둘 뿐입니다. 그는 믿을 수 있는 사람이니까 걱정하지 않으셔도 됩니다. 하지만 이 문은 저 말고 다른 누구에게도 열어 주어서는 안됩니다. 문에 밖을 내다볼 수 있는 구멍이 있습니다. 실내에 불을 켜지 말고, 말도 크게 하지 말고 바깥의 주의를 끌만한 어떤 행동도 해서는 안됩니다. 제가 미국 대사관에 통보하고, 바깥 상황이 안전하다고 판단되면 다시 모시러 오겠습니다. 이게 제가 해 드릴 수 있는 전부입니다. 온 도시가 이 일로 벌집을 쑤셔 놓은 것처럼 소란한 가운데 있다는 사실을 기억하셔야 합니다. 아무리 주의해도 지나치지 않습니다."

"정말 감사합니다. 형제님."

앨런이 대답했다.

"그런데 이름을 물어봐도 될까요? 아니면 제가 형제님을 어떻게 불러야 할까요?"

남자는 그때까지 방 안을 주의 깊에 살피던 시선에서 잠시 눈을 떼고는 앨런을 정면으로 바라보았다.

"제 이름은 아미르입니다. 만약 저한테 무슨 일이 발생하게 되면 제 대신 다른 동료가 올 겁니다. 그 역시 콥트 신자입니다. 그는 자신을 비밀 요원이 아니고 저의 친구로 소개할 겁니다. 이제 목사님 부인에게 의료 조치가 필요한지 말씀해주시겠어요?"

앨런은 깊은 숨을 들이마시고는 남자의 오해를 정정해주어야 할지 잠시 고민했다. 제니를 향한 지대한 걱정과 그녀를 구해야 한다고 우겨댄 일, 그녀를 안고 있는 방식 등 모든 것이 두 사람이 부부라는 추정에 근거를 제공했을 것이다. 순간 앨런은 남자의 오해를 정정하지 않기로 결정했다. 아마도 이집트인의 오해야 말로 이 장소에 두 사람만을 남겨 두고 떠나게 하는 유일한 이유가 될 것이기 때문이었다. 하지만 앨런은 자신의 내면에서 사실을 말하지 말라고 강요하는 더 깊고도 강한 유혹을 느끼고 있었다. 이집트인의 오해대로 생각하는 것이 더 타당하다고 느껴졌다. 더 자연스럽고 편안하게.

"전 괜찮을 것 같아요. 감사합니다."

제니가 말했다. 그가 행동한대로 그녀가 받아들이는 것인지 아니면 단순히 '앨런의 아내' 라고 말하는 것을 못들은 것인지 앨런은 확실치 않았다. 아미르가 알았다는 듯 고개를 끄덕였다.

"냉장고 안에 물과 과일이 있을 겁니다. 오늘 발생한 불상사에 대해 사과드리고 싶습니다. 전 이제 가야합니다. 하나님이 두 분을 보호하시길 바랍니다. 저도 기도하겠습니다."

그는 방에서 성큼성큼 걸어나가더니 현관문을 닫고 그가 가지고 있던 열쇠로 문을 잠근 뒤 떠났다.

그날 Chapter *18*

카이로

방에는 깊은 침묵이 흘렀다. 앨런은 긴 시간 동안 미동도 하지 않은 채 서 있었다. 그는 평화로움과 그것이 수반하는 모든 것들에 흠뻑 젖어들었다. 두 사람은 이제 안전한 곳에 있다. 어느 누구도 알지 못하고 알려지지도 않은 안전한 곳, 아마 다시 이곳을 찾으려 해도 찾지 못할 것이다. 그는 눈을 감고 안도의 숨을 내쉬었다. 그의 뇌리에 아직도 살아 꿈틀거리고 있는 공포와 폭력의 잔상(殘像)을 애써 무시하려고 했다. 그는 서서히 숨을 내쉬고는 다시 들이마셨다. 아파트는 수 개월 동안 비어있었는지 답답한 기운이 공간을 채우고 있었다. 그는 주변을 살피고는 창쪽으로 발을 옮겼다.

"이 창을 열어도 괜찮을 것 같은데."

그는 빗장을 풀고 바깥으로 창을 밀어냈다. 이국의 향이 스며있는 따뜻한 바람이 창을 통해 안으로 밀려 들어왔다.

"이 냄새를 맡고 있소? 카이로의 독특한 향기로군."

그가 말했다.

"네. 우리가 아침에 버스로 이동할 때 운전사가 말해주었어요. 쓰레기 썩는 냄새와 여러 가지 향들, 자동차 배기 가스와 물담뱃대에서 뿜어져 나오는 연기가 온통 뒤섞여져서 만들어 내는 독특한 냄새라고 하더군요."

앨런은 그녀가 말하는 소리를 듣고 있는 것이 너무 기뻐서 지나치다 싶을 정도로 크게 웃고 말았다. 사실 제니가 나열한 것들은 카이로의 향을 완벽하게 설명하는 것이었다. 그의 시선은 어느새 제니를 향하고 있었다. 그녀는 소파에 앉아서 잠이 들지도 않았지만 그렇다고 정신이 멀쩡한 것도 아닌 채, 두 팔로 자신의 몸을 감싸고 있었다. 그녀에게 담요든 뭐든 몸을 덮을 것이 필요하다고 생각한 앨런은 옷장에서 가벼운 천을 찾아 가지고 와서 제니의 몸을 덮어주었다. 창을 통해 들어오는 바람으로부터 그녀를 보호하기 위해 천을 덮어 주었지만 따뜻함을 제공해 준 대신 그녀의 몸을 볼 수 없게 된 것에 대해 앨런은 강한 아이러니를 느꼈다.

"바깥 경치가 아름다워요."

제니가 말했다.

"네, 정말 아름다워요. 그런데 당신이 앉은 곳에서는 잘 보이지 않을 것 같은데요."

"소파를 창쪽으로 옮겨 주면 좋지 않을까요?"

"네. 그렇겠네요."

그녀가 가볍게 어깨를 들썩했다. 앨런은 몸을 굽혀서 제니가 누워있는 소파의 양쪽 끝을 조심스럽게 밀었다. 그리고 방을 가로질러 창문 가까운 곳까지 옮겨 주었다.

"와, 정말 잘 보이네요. 고마워요."

카이로 다운타운의 장대한 도심 풍경을 바라보며 그녀가 탄성을 질렀다.

"옮기길 잘했네요."

그는 유리로 덮힌 빌딩 숲 사이로 굽이쳐 흐르는 반짝거리는 물결을 가리키며 말했다.

"저기를 봐요. 나일강도 보입니다."

"카이로는 제가 생각했던 것보다 훨씬 현대적인 도시예요."

제니가 말했다.

"카이로하면 이슬람식 첨탑과 둥그런 지붕 외에 다른 것을 상상할 수 없었거든요."

"나도 마찬가지오."

앨런이 웃음을 지으며 말했다.

"도시가 이렇게 클 줄은 미처 생각하지 못했어요. 그리고 너무 아름다워요. 도심의 불빛이 지평선을 따라 모든 곳으로 퍼져 나가는 것 같지 않나요?"

"정말 그런 것 같군요."

"앨런, 고마워요."

긴 침묵 뒤에 부드러운 어조로 그녀가 말했다.

"고맙다는 말은 이미 했잖아요?"

"아니, 그것 때문이 아니라…"

그녀가 중간에 말을 멈췄다.

"제 생명을 구해주셔서 감사드려요. 저에게 다시 오셨잖아요. 다 기억하고 있어요."

"누워있는 저에게 가까이 다가오는 얼굴을 처음에는 알아보지 못했는데, 누구인지 알아차렸을 때 저에게 찾아온 안도감은 정말 말로 다할 수 없을 정도였어요."

앨런은 아무런 대꾸도 하지 않은 채 고개만 살짝 끄덕이더니 카페트 바닥에 앉았다. 그리고 그녀가 누워있는 소파 가까이로 몸을 굽혔다. 창 아래에 가지런히 줄을 서 있는 것 같은 헤아릴 수 없이 많은 불빛들을 바라보면서 앨런은 깊은 숨을 쉬었다.

"이젠 지겹군요."

그가 무표정하게 말했다.

"뭐가 지겹다는 말이죠?"

"당신을 피하는 것 말이예요. 당신에게 무관심한 것 처럼 대하는 일도 그렇고. 당신이 내게 아무런 의미도 아닌 것처럼 행동하는 내 자신을요."

"네? 그럼 모든 게 저의 상상만은 아니었군요."

그녀는 자신만이 알아들을 수 있을 것 같은 작은 소리로 말했다.

"물론 아니지. 내가 그동안 당신에게 살갑지 않게 대했다는 것은 인정합니다."

"왜 그러셨죠? 왜 저에게 그렇게 하신 거예요? 당신이 저를 귀찮아 하거나 어쩌면 싫어할지도 모른다고 생각한 적도 많았어요."

"제니, 그렇지 않아요."

"아니요. 저는 제가 무엇인가를 놓치고 있는 줄 알았어요."

앨런은 창밖을 내다 보았다. 자신의 입으로 그런 변명을 해야만 하는 상황이 곤혹스러웠다.

"나 자신이 이런 얘기를 드러내 놓고 자신만만하게 말할 수 있는지 모르겠군요. 더욱이 지금처럼 우리가 위험에 처해 있는 때에 말이에요."

두 사람은 말을 잊은 채 갑작스럽게 불어온 강한 바람에 커튼이 펄럭거리는 것을 바라만 보았다.

"지금으로서는 당신에 대한 내 마음은 귀찮다거나 혐오스럽다거나 하는 느낌의 정반대라고만 해두는 게 좋을것 같습니다."

제니는 그의 말에 당혹감을 감출 수 없었다.

"정말 이상하군요…. 저는 정말 생각해보지도 못했던 말이에요."

"그건 아마도 당신이 나에 대해 좋게 생각하고 있었기 때문일겁니다."

"맞아요, 그랬던 것 같아요."

두 사람 창밖으로 보이는 이국의 정취에 눈을 돌렸다. 늦은 시간에도 아랑곳하지 않고 카이로는 살아 움직이고 있었다. 멀리 보이는 차도 위에 줄

지어 선 수많은 브레이크등과 서둘러 달리는 차량들 그리고 여기저기로 움직이는 사람들의 모습들.

"열기 때문이라고 운전사가 그러더군요."

그녀가 덧붙였다.

"모두가 밤에 밖으로 나오는 거 말이예요."

"그래요. 그 안에 살인자도 포함되어 있겠지."

그녀는 충동적으로 자신의 손을 뻗어서 소파의 가죽 쿠션 위에 있던 앨런의 오른손에 포개었다.

"오늘 있었던 일은 당신의 잘못이 아니잖아요. 사실 오늘 집회는 정말 대단했어요. 성령께서 그 장소에 임재하셨던 것을 알아요."

"그래요, 하지만 앨런 라커웨이의 집회에 왔던 그 사람들 중 일부는 참혹한 죽음을 맞이했어요."

"어쨌든 그들은 하나님의 말씀을 들을 수 있었고, 이제 주님과 영원한 삶을 누리고 있잖아요."

제니가 반박했다.

"정말 오늘 밤에 있었던 무서운 일이 불행한 일이 아니라고 생각하는 거요?"

"물론 아니예요."

반쯤 앉은 자세로 제니가 말했다.

"전체적으로 볼 때 오늘 밤은 악을 이긴 승리였다고 믿어요. 그리고 그

중심에 당신이 있고요. 저는 당신이 그렇게 담대하게, 영감이 풍부하면서도 핵심을 정확히 전달하는 것을 본 적이 없었어요."

"고맙군요."

다소 지친 듯한 미소를 띠며 앨런이 말했다. 그런 칭찬이 그에게는 마치 힘을 들여 소화해 내야 하는 일처럼 느껴졌다.

"말해 보세요, 앨런."

그녀가 기운을 차린 듯 묻기 시작했다.

"테리는 어디 있나요? 테리가 이곳에 함께 오지 못한 진짜 이유가 무엇 이죠?"

"그녀는…"

"저는 대외 홍보용 사유를 듣고 싶진 않아요."

제니가 재빨리 끼어들었다.

앨런은 너털 웃음을 짓더니 두 눈을 감고 잠시 생각에 잠겼다.

"어디서부터 시작할까? 대학시절? 안수 받은 날? 아니면 지난 주?"

"테리가 당신을 대하는 방식이 변하기 시작한 때부터가 좋겠어요."

앨런의 당황하는 모습을 보면서 제니가 말을 이어갔다.

"그녀가 당신한테 말하는 것을 들었어요. 그건 쉽게 지나치기 어려운 일 이거든요. 테리의 목소리는 결코 속삭이듯 나긋나긋한 게 아니었잖아요."

그는 다시 너털웃음을 짓더니 이내 전까지의 유쾌함을 대신할 그의 진 솔한 고백을 털어놓기 시작했다.

"테리가 나를 그렇게 대하는 이유는 바로 그녀가 하나님이 나를 위해 준비하신 배우자가 아니기 때문이에요. 그게 이유입니다."

앨런은 말이 떨어지자마자 몹시 당황스러운 나머지 열린 입을 닫을 수가 없었고, 그가 방금 내뱉은 말에 제니가 놀란 것만큼 앨런 스스로도 놀라움을 금할 수 없었다. 그것은 마치 앨런의 내면에서 또 다른 그가 고백한 말처럼 느껴졌고 자세한 설명을 해야 할 필요가 있다고 생각했다.

"테리와 나는 대학 2년때부터 사귀기 시작했어요. 그녀는 언제나 자신감이 넘쳤고 인생을 스스로 헤쳐 나가는 능력이 있었는데 무슨 이유에서인지는 몰라도 강인한 그녀에게 여성의 외모에서 느껴지는 매력을 느낄 수 있었답니다. 그녀는 나에게 항상 도전을 주었고 나에게서 좋은 것들을 끌어내려고 했어요. 그런 것들을 통해 나는 성공하고 싶은 욕망을 갖게 된 거죠."

"그리고 당신은 성공했어요, 그렇지 않나요?"

"그래요. 당신 말이 맞는 것 같소. 그런데 동시에 그것이 문제였어요. 그녀는 모든 일에서 성공을 원했고 성공이 우리를 찾아오고 있었는데도 불구하고 그런 것들에는 만족할 수 없었던 겁니다. 아무것도 그녀를 행복하게 해줄 수 없었던거죠. 나로서는 납득하기 어려운 부분도 많이 있습니다. 우스운 이야기겠지만 침실 바닥에 양말을 벗어 놓은 일로도 테리를 실망시키기에 충분했답니다. 그리고 그건 콜로라도에서 세 번째로 큰 규모의 교회를 이루는 일에 실패하는 것 만큼의 실망과도 같다는 사실이예요."

"그게 테리가 오늘 밤 이곳에 우리와 함께 하지 않은 이유라는 말씀인가요?"

"네. 그녀에게는 이 일이 하찮게 느껴졌던 겁니다. 현재 나의 사역과는 아무 상관없는 내 자신을 드러내고자 하는 행위로 받아들여진 거죠. 그녀에게 있어서 남편의 진정한 사역은 교회 주차장 반경 80킬로미터까지로 제한되어 있습니다. 오늘 밤 운집한 군중 앞에서 언어와 문화의 차이를 넘어서 하나님의 말씀을 전할 수 있었다는 사실이 그녀에게는 아무 일도 아닐 수 있다는 의미인거죠."

그는 테리에게 이곳에 같이 오자고 했지만 그녀가 바라던 바는 아니었다. 적어도 그녀의 지금 모습 그대로는 아니었다.

다 끝났다는 생각이 들었다. 긴 시간에 걸쳐 그의 존재와 사역의 의미를 아내에게 인정받고자 시도했던 시간들이.

"이제 다 끝났소."

그는 낮지만 단호한 어조로 말했다.

그리고 다시 반복해서 말했다.

"이제 다 끝났소, 제니. 그녀의 기준에 도달하려고 시도하는 일 따위는 이제 넌덜머리가 납니다. 내가 누구인지 하나님은 아실 거예요."

"우리도 알아요, 앨런. 당신의 교회 성도들도 알고 있구요."

"그렇군."

"그리고 저도 알고 있구요."

갑자기 주체할 수 없는 눈물이 앨런의 얼굴에 흘러 내렸다. 폐에서부터 치밀어 오르는 전율 같은 것을 집어삼키려고 크게 숨을 들이마시는 동안 앨런은 두 손으로 얼굴을 감쌌다. 앨런은 오랫동안 아내의 기준에 도달하고자 하는 목표를 성취하기 위해 노력해왔던 것들이 바로 이 순간 원천적으로 무효가 되었다는 확신이 들었다.

"당신이 의식하고 있는 것 보다 훨씬 더 많은 에너지를 이 무의미한 싸움에 빼앗기고 있었던 거예요. 앨런, 그건 바로 당신에게 주어진 영적인 능력을 원수가 교묘히 빨아들여 소진시켜 버리는 계략으로 당신을 끊임없이 집중하지 못하도록 만든겁니다. 교인들 중 극히 소수만이 눈치채고 있는 이 소모적인 싸움에 당신이 항상 붙들려 있도록 한거예요. 하지만 당신은 하나님이 어떻게 일하시는지 아시잖아요. 이미 당신이 설교를 통해 우리들에게 가르쳤잖아요."

"역설을 통하여… 말이요?"

눈물을 닦으면서 앨런이 물었다.

"네. 바로 그거요. 약함을 통하여 강함을 내어줌을 통하여 승리를."

"나 포기하겠소, 제니. 나의 결혼 생활을 하나님 앞에 내어 드리기로 했어요. 결코 이길 수 없는 어리석은 싸움을 내어 드리기로 했습니다."

"당신과 당신의 사역을 그렇게 과소평가하고 폄하하는 배우자를 하나님께서 선택하셨다는 사실이 믿어지지 않아요."

"하나님이 그러셨을리가 없소. 그렇지 않아요. 난 그저 그분께 내려놓고 하나님의 도우심을 구할겁니다. 난 지금 위험한 물가에 놓인 상황이고, 지금 이대로 이 사역의 길을 갈 수 없다는 것을 잘 알고 있어요. 내 생각이 혹시 잘못된 것일지라도 난 하나님의 은혜 안에서 안식할 수 있으리라 믿어 의심치 않습니다."

갑자기 두 사람의 상황이 뒤바뀐 것 같았다. 이제 앨런이 충격과 슬픔으로 인해 고통받는 쪽이되었고 제니가 강한 모습으로 변해 있었다. 그녀는 혼란스러워하는 앨런의 손을 꽉 잡아 주었다.

그날 Chapter 19

침몰 잠수함 내부- 잔여 시간 18분 32초

앨런 라커웨이는 눈을 뜬 순간 카이로의 상념(그와 제니의 모든 것을 뒤바꿔 놓을 두 사람 사이의 사랑을 발견한 밤)으로부터 침울한 현실로 돌아와 있는 자신을 발견했다. 난파된 잠수함 내부는 어둡고 습한 기운만 감돌고 있었고, 그 안에 있는 생존자의 생명을 유지해 줄 만한 어떠한 능력도 남아 있지 않았다. 흐느끼고 있던 앨런의 손을 제니가 잡아 준 것으로 두 사람의 동행이 시작되었다면 이제 마지막 숨을 힘겹게 이어가고 있는 제니의 손을 그가 잡아주는 것으로 결말이 운명지어진 듯 잠수함 내부의 상황은 앨런에게 비극적으로 다가왔다.

"당신, 제발… 힘을 내야만 하오."

그녀의 귀에 대고 앨런이 나직히 말했다.

"당신이 없는 내 삶, 상상할 수 없어요. 제발…"

앨런은 공포에 질린 얼굴들이 그의 주의를 둘러싸고 있는 것을 바라보면서 가장 절박한 지금 이 순간이 생존자들 앞에서 이야기해야 할 때라는 것을 깨달았다.

"모든 일은 카이로에서 시작되었죠."

그는 설명하기 시작했다.

"그날 밤 이집트 비밀 경찰의 은신처에서 저와 제니는 서로에서 소망을 주게 되었습니다. 제가 결혼한 유부남이라는 사실을 기억하는 분들에게는 이 이야기가 어쩌면 천박하게 들릴지도 모르겠습니다만, 저희 두 사람 사이에 일어난 일은 육적인 것과는 거리가 먼 것이었습니다. 오히려 그런 것보다 훨씬 심오한 정신적인 것이었지요."

그는 말을 이어 가려고 노력하면서 속에서 치밀어 오르는 감정을 억누르기 위해 깊은 숨을 들이마셨다.

"다시 말씀드리지만, 그건 진정 영적인 교류였습니다. 그것은 거역할 수 없는 운명같은 것이었어요. 심지어 신성한 기름부으심이 있었다고 말씀드리고 싶군요. 제가 얼마나 공허하고 고갈된 상태에 놓여 있었는지 그날 밤에 제니에게 말하면서 저는 평생 경험해보지 못했을 만큼 많이 울었습니다. 하나님께서 저의 사역에 허락하신 모든 선한 것들을 생각할 때 제가 얼마나 가치 없는 존재인지 철저하게 깨달았습니다. 그 당시에는 6,000명의 성도가 있는 교회의 담임목사로서 마치 끝없는 회오리 바람의 중심에 서 있는 것 같은 생각이 들었고, 땅이 입을 벌리고 저를 통째로 집어 삼켜 버리면 좋겠다는 바램이 있었습니다. 제니는 제가 하는 말을 듣고만 있었던 것은 아닙니다. 그녀는 제 상처가 치유되도록 도와 주었고 제 손을 잡고는 제 영혼의 가장 내밀한 곳까지 도달할 수 있는 위로의 말을 해주었습니다."

그는 잠시 말을 멈추고 큰 소리를 내며 숨을 내쉬었다.

"그리고 제니는 그녀의 가장 비밀스러운 이야기를 제게 털어 놓았습니다. 대학을 갓 졸업한 그녀에게 일어났던 기억조차 하기 싫은 끔찍한 경험에 대한 이야기였습니다. 아직도 가해자의 이름을 밝히고 싶지 않은 슬픈 기억입니다. 제니는 그 이후로 많은 시간 동안 이성에 대한 경계심을 늦출 수 없게 되었고, 그래서 그녀는 항상 남자와의 관계에 있어서 만큼은 일정한 거리를 유지해 왔던 것입니다. 남성과의 친밀한 관계에 들어가기 전에 그 두려움을 극복하는 것은 영원히 불가능한 일처럼 여겨졌습니다. 놀랍게도 저에게 그런 고백을 털어놓는 그 시간에도 여전히 경계심과 두려움을 가지고 있었습니다."

카이로 – 그날 늦은 밤

비록 그 밤이 폭력과 테러와 무질서로 시작되기는 했지만 몇 시간의 매우 중요한 순간들을 지나면서 앨런과 제니는 인생에 있어서 가장 기억에 남을 만한 밤이 되었다. 이처럼 시간의 민감한 변형은 그날 밤 미친듯한 사건이 시작되면서 더욱 강렬하고 온전하게 이루어질 수 있었다. 사실, 두 사람은 타오르는 사랑의 감정을 육체적인 방식으로 표현하지는 않았다. 다만 제니가 손을 내밀어 앨런의 얼굴을 어루만지거나 그의 손을 꽉 잡아준 것 외에는 말이다. 그것도 앨런이 그의 가장 뼈아픈 고백을 하고 있던 때였다. 앨런은 바닥에 앉은 채 움직이기 조차 힘든 피로감에 사로잡혀 있었고, 만약 그가 소파로 가서 제니와 함께 했을 때 발생할지도 모르는 일들을 두려워하고 있었다. 결국 그 둘은 창 밖의 밤 풍경과 자신들이 취한 자세가 가지는 평범한 애착에 심취된 나머지 그 자리에서 움직일 생각조차 하지 않았다.

어둑한 아파트 내부가 처음에는 마치 접근이 허용되지 않는 공간인 것처럼 느껴졌고 또 비록 희미하기는 하지만 위협적으로 보였다. 하지만 두 사람이 그곳에서 시간을 보내는 동안 카이로의 밤이 포근한 펜트 하우스처럼 그들을 위로하고 두 사람의 마음을 어루만졌다. 그들이 도착했을 때 가졌던 우울한 마음은 시간이 지나면서 익숙치 않은 피로감과 유약함 속으로 녹아들었다. 이어지는 시간 동안 두 사람은 울고 또 울었다. 하지만 더 자주 유쾌한 웃음을 터뜨렸다. 세상의 어떠한 첫 데이트 보다도 더 친밀하고 경건하기까지 한 방식으로 서로의 이야기를 나누었다. 사실 두 사람 사이에 피어오르는 감정을 누구든지 먼저 눈치챘거나 행동을 취할 만한 에너지가 남아 있었다면 훨씬 더 깊은 친밀감을 초래할지도 모르는 일이었다. 마침내 그들은 매혹적인 이집트의 여명이 동쪽 지평선 너머에서 라벤다와 핑크빛 구름 사이로 밝아오는 것을 보았다. 그리고 그들은 잠이 들었다.

이튿 날 오전 10시쯤 아파트 문을 두드리는 소리가 들려왔다. 조금씩 강도를 더해 가며 한동안 노크가 계속 되더니 열쇠 구멍에 키를 넣고 돌리는 소리가 들렸다. 소리 없이 문이 열리고 소총의 소음기 끝 부분이 열린 틈으로 살며시 고개를 들이밀었다. 슬그머니 안으로 들어 온 총구는 방의 중앙을 조준하고 있었다. 총을 가진 자의 눈에 들어온 것은 한 사람은 소파에, 다른 한 사람은 바닥에 누워서 자고 있는 모습이었다. 갑자기 무슨 생각이라도 들었는지 남자는 한 걸음에 달려가 총을 들지 않은 손으로 먼저 제니의 목에서 맥박을 찾기 시작했다. 순간 제니는 깜짝 놀라 몸을 벌떡 일으켰다. 앨런도 깜짝 놀라 일어나면서 바닥에서 용수철처럼 튀어 올랐다.

"우리 구주 예수 그리스도의 이름으로 문안드립니다."

굵은 목소리의 주인공이 말 문을 열었다.

"제 친구 아미르는 어제 밤 주님 곁으로 갔습니다. 친구가 남긴 마지막 말은 두 분이 계신 은신처와 함께 저한테 두 분을 부탁하는 것이었습니다. 두려워하지 마십시오. 바깥은 평온을 되찾았습니다. 저는 이제 두 분을 밖으로 안내하기 위해 왔습니다."

"저는 그때까지만 해도 인생에 이와 같은 변화를 받아들여서는 안된다고 저항하고 있었습니다."

앨런은 난파된 잠수함 안에 있는 사람들에게 자신의 입장을 설명했다.

"특히 목사에게는 더욱 그렇다고 생각했습니다. 어쨌든 자신이 결혼한 상대와 끝까지 함께 해야 한다고 내 자신에게 말했습니다. 제 낡고 사고방식은 비록 제 결혼이 실수였을지라도 계속 유지해 나가야만 한다고 지속적으로 설득하고 있었습니다. 심지어는 그것이 저를 죽음으로 몰고 가더라도 말이지요."

그는 잠시 쉬었다가 말을 이어갔다.

"그런데 하나님이 저에게 제니를 보내주셨습니다."

앨런은 그녀의 이름을 언급하면서 제니가 옆에 있다는 것이 갑자기 생각난 듯 제니의 힘 없는 몸을 자신에게로 끌어 당겼다. 그녀의 허리에 자신의 두 손을 감싸고 꼭 껴안았다. 그는 제니의 얼굴을 보고 있지는 않았지만 그의 볼에 흐르는 눈물과 떨리는 목소리는 피할 수 없는 현실을 조금이라도 늦춰 보려는 시도라는 것쯤은 이미 주변 사람들에게 무언의 메시지로 전달되었다. 하지만 지금 일어나고 있는 일은 받아들여야만 하는 명백한 사실이었다. 제니 라커웨이는 죽음을 맞이하고 있었다.

그날
Chapter 20

서밋교회—덴버

　다섯 대의 TV 네트워크 뉴스 방송 차량이 교회 건물 바깥에 자리 잡고 있었다. 각 차량마다 소속 방송사의 로고와 채널 번호가 선명하게 부착되어 있었고, 단파 송신용 안테나가 마치 거대한 로보트의 팔처럼 하늘을 향해 치솟아 있었다. 슬픔에 잠긴 성도들의 모습을 포착하려고 시도하는 촬영 스탭과 아나운서들의 얼굴이 유리창을 통해 보였다.

　현장 생중계가 시작되고 카메라 조명등과 기자들이 인도 앞쪽으로 줄을 서자 래리 콜린스 선임 목사는 유리창 블라인드를 모두 내리도록 지시했다. 하지만 이런 방식으로는 충격에 빠져있는 성도들을 몰려드는 방송사의 취재 경쟁으로부터 지켜주기에는 역부족이었다. 3분쯤 뒤 방송실 담당자가 손짓으로 래리 콜린스 목사를 오도록 요청했고, 방송실에 도착한 선임 목사에게 방송기기 제어판 사이에 끼어있는 듯 자리잡고 있는 작은 모니터를 가리켰다. 모니터에 보이는 영상은 익숙한 것이었다. 청록색의 바다, 눈부신 햇살, 산산이 부서진 요트 파편들. 사고 현장의 상황을 담고 있는 영상에는 이미 방송사 로고와 뉴스 미디어 타이틀이 따라 다니고 있었다.

CNN 뉴스 속보 - 카리브해의 비극!

래리는 다급하게 득과 실을 따져 보았다. 그리고 나서 대형 스크린을 올려다보며 고개를 끄덕였다. 방송실 직원은 스크린에 영상신호를 전송했고 갑자기 여성 리포터의 다급하고 침울한 목소리가 본당 전체에 울려 퍼졌다.

"이번 해상 충돌 사고로 인해 잠수함 내부의 산소량이 시간이 흐를수록 점점 감소하고 있습니다. 충돌로 인해 발생한 파편들이 사고 현장을 가득 메우고 있어서 잔여 산소량을 확인하거나 생존자들의 정확한 상태를 파악하는데 많은 어려움을 겪고 있습니다. 현재 바베이도스 당국은 잠수부들을 동원하여 구조 작업을 시도하고 있습니다. 하지만 구조 작업에 동원될 잠수부들이 신속하게 사고 현장에 도착한다고 해도 난파된 요트를 뒤덮고 있는 파편들을 뚫고 나가야 하는 과제가 남아있습니다."

CNN 카메라는 화면을 바꿔서 이번에는 제프를 크게 비췄다. 제프의 모습은 항공에서 촬영된 것이라는 점을 빼고는 처음 보았던 모습과 크게 달라 보이지 않았다. 그는 여전히 데크에 무릎을 꿇고 해수에 떠다니는 하얀 파편 조각들을 바라보고 있었다.

"한편, 감동적인 휴먼 스토리도 들려오고 있습니다."

다시 리포터의 얼굴이 화면에 비춰졌다.

"관광용 잠수함 탑승 부두에서 지금 영상을 통해 비춰진 외로운 모습의 주인공은 덴버 출신의 제프 라커웨이라는 청년입니다. 제프는 수십 명의 성도들과 함께 바다에 갇혀 있는 앨런 목사의 17세 된 아들이자 비디오 촬영 기사입니다. 목격자들이 전하는 바에 따르면 이 청년은 모든 외부의 도움과 안전한 장소로 대피를 거부한 채 부두에 남기를 자청했다고 합니다. 사고 현장을 살피고 촬영하며 아버지의 무사귀환을 위해서 기도하는 중이라고 합니다."

"이 감동적인 모습이야말로 바다 밑에 갇혀 있는 사람들의 존재에 대한 유일하고도 명백한 표징이며 구조 작업이 매우 신속히 이루어지지 않을 경우 따르게 될 인명 피해를 웅변적으로 말해 주고 있는 것입니다."

잠수함 내부―바베이도스

앨런의 두서없이 진행되는 독백은 매 순간 점점 필사적이고 비통해져 갔다.

"우리 두 사람은 집으로 돌아온 뒤 아무런 행동도 취하지 않았습니다."

앨런은 숨 돌릴 틈도 없이 중얼거리듯이 이야기를 이어나갔다.

"우리는 카이로에서 있었던 일은 잊을 수 있다고 생각했었죠. 그날 밤 단 둘이 있었다는 사실을 아는 사람은 아무도 없었거든요. 우리는 돌아오는 비행기 안에서 많은 이야기를 나누었습니다. 만약 우리가 느낀 감정이 숨가쁘게 전개 되었던 사건 때문에 생긴 것이 아니라 진정 하나님이 허락하신 것이라면 어느 정도 시간이 지난 후에도 남아있을 것이라는 결론을 내리게 되었습니다. 그래서 각자의 일상으로 돌아가 우리의 감정을 시험해 보기로 했습니다. 물론 쉬운 결정은 아니었습니다. 한 때 저와 테리 사이에 일었던 불꽃을 다시 발견하려고 최선의 노력을 다해 보았습니다. 그리고 제니는 찬양팀의 멤버로, 덴버에서 가장 유능한 법률 비서로서의 생활로 돌아갔습니다. 그런데 문제가 생겼습니다. 제가 사라졌던 열 두 시간 동안의 설명되지 않는 부재에 대해 테리는 이해할 수 없었던 것입니다. 그건 질투심이라기 보다는 남편이 그 시간 동안 어디에 있었는지 왜 아무도 설명해 줄 수 없는지에 대한 당혹감과 절망감이었을 것입니다. 그녀는 무슬림들의 공격과 제가 실종됐다는 소식을 접했을 때 미 대사관에 요구 사항들을 쏟아 붓기 시작했습니다. 그녀가 실망스러운 감정을 토로하기 위해 기자회견을 요청하려던 즈음에 마침내 제가 안전하다는 전화를 받았습니다. 그런데 일을 복잡하게 만든 것은 이집트 경찰이 정보를 제공하는 것에 주저하고 있다는 말을 그녀가 듣게 된 것입니다. 왜냐하면 그들은 제가 카이로에서 아내와 함께 은신해 있었다고 생각했으니까요. 상상하시는 대로 제가 집에 돌아왔을 때 테리는 답변을 요구했습니다. 그리고 저희 둘은 아름다운 연합을 이룰 수 없게 된 거죠. 제가 그녀에게 말해 줄 수 있었던 것은…"

제니가 떨리는 손가락을 천천히 들어 올려 앨런의 입술에 대었을 때 희미한 숨결이 그녀에게서 흘러나왔다. 그녀는 거의 눈을 뜨고 있지 않았지만 부드러운 연민의 마음을 전하기에는 충분했다.

"테리에게 문제의 열 두시간 동안 제가 어디에 있었는지 사실을 말해주었습니다. 그리고 아무 일도 없었다는 사실도요. 물론 그녀에게 모든 것을 말한 것은 아니었습니다. 제니가 제 삶에 새로운 의미를 부여했다는 말은 하지 않았습니다."

카이로에서 돌아온 직후 – 제니의 아파트 빌딩

제니가 아파트 현관에 누군가 그녀를 바라보고 있다는 느낌이 강하게 들었다. 그것은 무심결에 바라보는 시선이 아니고 매우 강렬하게 대상을 응시하는 눈길이었다. 그날은 이집트에서 돌아온 후 열 한 번째 맞이하는 밤이었다. 그날 밤도 여느 때처럼 현관은 사람들로 붐비고 있었다. 어린아이들과 놀고 있는 노인들, 구석에서 목을 서로 껴안고 있는 젊은 커플, 소파 끝자락에 걸터앉아 깊은 대화를 나누는 정장 차림의 남자들, 그리고 뒤에서 왔다갔다 하는 사람들. 가끔 그녀가 현관을 가로질러 엘리베이터를 향해 걸어갈 때 자신에게 날아오는 남자의 시선을 느낀 적은 있었지만 오늘밤은 사뭇 느낌이 달랐다. 처음에는 목덜미에 간질거리는 것 같은 가벼운 시선이었는데 점차 그녀의 등에 의지적이고 강렬한 시선을 의식하게 되었다. 그녀의 얼굴은 열기로 화끈 달아올랐고 심장이 두근거리기 시작했다. 제니는 눈을 가늘게 뜨고 이 시선이 단순한 호기심에서 기인한 것인지 아니면 본성상 악한 것인지 파악하려고 노력했다. 그녀는 시선의 주인공이 누구인지 힐긋 쳐다보려는 의도로 엘리베이터로 향하는 코너를 급하게 돌았을 때 이제 막 자리에서 일어서는 짙은 색 옷차림의 남자를 보았다. 제니는 그 남자가 자신을 미행하고 있었다고 확신했다. 그러면서도 그녀는 스스로에게 불필요한 공상에 빠져서는 안된다는 사실을 끊임없이 상기시켰다. 독신 여성으로 살면서 그녀는 때때로 이런 식으로 혼자만의 상상속 드라마를 만들곤 했는데 그렇게 함으로써 자신을 위험으로부터 지켜내기 위한 적절한 경계심을 유지할 수 있었을 뿐 아니라 자신의 외로움과 무료함을 떠나 보내는 구실도 할 수 있었다. 하지만 사실 제니에게서 기인하는 불길한 느낌도 있는 것이 사실이었다. 그것은 자신의 과대망상증을 정당화하는 뿌리 깊은 감정이었다. 제니는 그런 감정을 한 번도 뿌리치려고 시도해 본 적이 없었다. 아예 그런 시도 자체를 마음에서 제거해 버린 듯 했다. 그리고 최근에 카이로에서 겪어야 했던 충격적인 사건도 그런 감정에 힘을 실어 주었던 것이다. 무대 위에 서 있는 그녀를 엄습해 왔던 죽음과도 같은 순간과 앨런의 팔에 안긴 채 정신이 들었을 때 느꼈던 안도감 사이에 벌어졌던 일들은 마치 감전 사고라도 당한 것처럼 남아 있었다. 당연히 그녀는 귀국한 후에도 불안함과 초조함을 떨쳐버릴 수 없었다.

제니는 엘리베이터 버튼을 평상시보다 세게 누른 후 조바심을 내며 문이 열리기를 기다렸다. 발자국 소리가 들리고 누군가 그녀 옆에 가까이 다가서는 것을 느낀 순간 공포감이 폭발 직전까지 밀려왔지만 옆으로 돌아섰을 때 깊은 안도의 숨을 내쉬었다. 아파트 안에서 자주 마주치곤 했던 옷을 잘 차려입은 50대의 여자가 상냥한 미소를 지었다. 제니도 웃음으로 답례하고 다시 엘리베이터쪽으로 시선을 돌렸다. 그런데 이번에는 좀 더 무거운 발자국 소리가 다시 그녀에게 접근했다. 뒤를 돌아보아야 할까? 그녀는 망설였다. 그게 누구이든지 이제 곧 엘리베이터를 함께 타야할 운명이었다. 폐쇄된 작은 공간이라는 생각이 들자 제니는 상황에 압도되기 시작했다. 자신을 공격해 올지도 모르는 위험 인물과 함께 밀폐 공간으로 들어가는 것만은 피하고 싶었다.

그때 한 가지 묘책이 떠올랐다. 마치 더디 오는 엘리베이터를 기다리다가 지쳐서 참을성이 다 소진됐다는 사실을 주위에 광고라도 하듯 머리를 흔들고 어깨를 으쓱한 다음 한숨을 크게 내쉬는 것이었다. 그리고는 갑자기 계단이 있는 쪽으로 몸을 돌렸다. 그녀가 계단 출구에 거의 도착했을 때 뒤에서 엘리베이터의 도착을 알리는 벨소리가 들려왔지만 무시하기로 했다.

제니는 한 번에 두 계단씩 올라갔다. 그리고 그 자리를 피하기 위해 재치 있는 결정을 한 사실에 대해 속으로 흐뭇해 하면서 모든 일이 잠깐 동안 운동을 하기 위한 좋은 구실이었다고 치부해 버렸다. 그 순간 그녀가 오르고 있던 계단 바로 아래층에서 엘리베이터 문이 스르르 열렸다. 제니가 아래를 힐긋 쳐다 보았을 때 문틈으로 누군가의 모습이 보였고 이윽고 계단을 올라오는 소리가 들렸다.

바로 그 남자로군! 이건 우연이 아니라고 제니는 생각했다. 이제 모든 악몽이 되살아나는 것 같았다. 지난 과거의 어느 한 때 몸서리치던 밤의 공포보다 더 강하고 모든 것을 마비시킬 듯한 무서운 위기감이 그녀를 엄습해 왔다. 그녀는 마음 속으로 이제 취해야 할 일련의 행동들에 대해 순서를 정하기 시작했고 가방 안을 더듬어 휴대폰을 찾아 꺼내 들고는 큰 소리로 말하기 시작했다.

"어머, 여보!"

그녀는 소리를 지르다시피 목청을 높였다.

"이제 거의 다 도착했어요. 한 20초면 되요, 마지막 층 계단을 오르고 있어요. 그래요, 마중 나와 주세요. 당신을 빨리 보고 싶어요!"

그녀는 남자가 뭔가 말하는 소리를 듣긴 했지만 전화 통화를 가장하는 데 집중하느라 그 남자의 말을 알아 듣지 못했다.

"그럼요, 어서 내려오세요."

그녀는 계속 큰 소리로 말했다.

"당신이 너무 보고 싶어요."

그녀는 통화 내용이 얼마나 유치하게 들릴지 생각하며 얼굴을 찡그렸다. 하지만 그녀로서는 이것이 유일하게 취할 수 있는 방법이었고 이런 생각이 떠올랐다는 사실에 감사했다. 마침내 그녀가 살고 있는 층에 도착했고 긴 복도가 그녀를 맞이해주었다. 그녀는 자신을 미행하고 있는 남자가 도착하기 전에 왼쪽 커브를 향해 전력질주 하기로 작정했다. 그러나 공포심으로 인해 다리가 엇갈리면서 넘어지고 말았다. 그때 그녀의 뒤쪽에 있는 계단 문이 금속성의 소리를 내며 열리기 시작했다.

이제 어떻게 해야 하지? 아파트 현관문을 향해 달려가서 문을 잠궈야 할까? 그렇게 하면 피할 수 있을까? 아니면 당당하게 맞서서 방어를 해볼까?

호신술 수업에서 배운 것을 차례로 떠올리며 상황을 분석하기 위해 애썼다. 그가 나타나기 전에 아파트에 들어가 문을 잠근다는 것은 성공할 확률이 낮아 보였다. 그녀는 이를 꽉 물더니 이내 그 자리에서 싸우겠다는 결심을 굳혔다. 정체불명의 남자가 누구든지 그녀가 오늘밤 당해야 했던 것 이상으로 대가를 치르게 해주겠다는 단호한 결의였다.

그녀는 호흡을 가다듬고 대학 다닐 때 호신술 수업 강사가 했던 말을 떠올렸다.

"몸의 긴장을 푸시고, 공격자를 연상한 다음 그 사람이 당신에게 하려고 하는 일이 무엇인지 머리에 떠올려 보세요. 당신의 분노를 발산시키시고…"

제니는 핸드백을 내려 놓았다. 발소리는 점점 가까워지더니 남자의 그림자가 코너를 돌아서는 것이 눈에 들어왔다. 그녀는 폐에서 나올 수 있는 한 가장 큰 소리로 기합을 넣었다. 홀이 네 방향으로 갈라지는 지점 건너편의 공간을 향해 예사롭지 않은 눈빛으로 인기척을 살폈다. 아직 아무것도 보이지 않았다. 다만 매우 조심스럽게 다가오는 사람의 형체가 그녀의 시야에 들어왔다. 그녀는 잠시도 지체하지 않고 공격상의 유리한 점을 최대한 활용하기 위하여 두 번의 도움닫기 후 앞으로 뛰어 올라 미행자를 향해 앞차기를 날렸다. 그리고 공격은 남자의 턱에 보기 좋게 명중했다. 그녀는 자신의 발이 상대방의 턱뼈를 가격하는 것을 느낄 수 있었다. 그의 목이 뒤로 홀쩍 젖혀졌고 이어 핏줄기가 공기를 가르는 것이 보였다. 남자의 몸이 딱딱한 복도 바닥에 힘없이 꼬꾸라졌다. 자신의 아파트 단지 내에서 이토록 절박한 자기방어 행동를 취하게 만든 괴한에게 격분한 나머지 그녀는 손에 들고 있던 하이힐로 미행자의 겁에 질린 얼굴을 가차 없이 공격했다.

"움직이지 마!"

그녀가 소리쳤다. 미행자는 미동도 하지 않은 채 마치 숨도 쉬지 않는 것처럼 누워 있었다. 의식불명이 된 사람을 내려다보면서 흥분을 가라앉히려고 할 때 그녀의 입에서 외마디의 비명이 흘러나왔다. 안돼! 피범벅이 되어 그녀 앞에 누워 있는 사람은 바로 앨런이었다.

그날
Chapter 21

"내가 대체 무슨 짓을 한 거지?"

그녀는 자신의 무릎에 축 늘어진 앨런의 머리를 눕히고 쓰다듬으면서 맥박이 뛰는지 살펴보았다. 다행히 호흡은 정상이었고 심장 박동도 이상이 없었다. 제니는 그의 볼을 어루만지면서 마음 속의 걱정을 다 털어놓기 시작했다.

"하나님 제발요, 많이 다치지 않았기를 기도합니다."

그녀는 복도의 천정을 바라보며 간청했다.

"어떻게 해야 하나요? 전 정말…"

그녀가 고개를 아래로 향했을 때 앨런이 눈을 뜨려고 안간힘을 쓰고 있는 것을 보았다.

"앨런! 괜찮아요? 정말 미안해요. 당신인 줄은 상상도 못했어요."

그는 눈을 뜨고는 있었지만 얼굴은 아직도 지속되는 고통으로 뒤틀린 형상이었다.

"당신 나한테 어떻게 한거요?"

"저… 그건 가위차기라는 건데…"

잔뜩 웅크린 채로 그녀가 간신히 대답했다.

"뭐라고요? 날 죽일 작정이었나요?"

놀라서 말하는 앨런의 입에는 진홍색 피가 가득 고여 있었다.

"저…정말 죄송해요. 누군가 저를 따라오는 줄 알고… 혼자 사는 연약한 여자를 따라 오는 따위의 일은 하지 말았어야죠."

"연약하다고? 맙소사!"

턱을 어루만지면서 그가 말했다.

"아니, 오시기 전에 먼저 전화를 하지 그랬어요. 아니… 됐어요. 제가 부축해 드릴게요."

그녀는 앨런을 부축하고 복도를 지나 자신의 아파트 현관문 앞에 이르렀다. 그리고 안으로 들어가자마자 앨런을 소파에 눕혔다.

"내가 전화를 안 했기 때문에 이런 식으로 혼내 준거요?"

그녀를 째려보면서 앨런이 물었다.

"아니에요, 그건… 제가 성폭행을 당한 적이 있기 때문이에요."

앨런은 눈이 휘둥그래지면서 마치 그 자리에서 얼어붙는 것만 같았다. 핸드백에서 꺼낸 티슈로 앨런의 볼에 흐르는 피를 정성껏 닦아내고 있는 그녀의 손에 앨런의 손이 포개어졌다.

"몇 년 전 일이예요."

그녀가 담담히 말했다.

"사실은 9년 4개월하고도 7일 전에 있었던 일이죠. 카이로에서 살짝 비추기는 했는데요… 이렇게 말씀드리고 싶지는 않았어요."

"나도 당신에게 전화하지 않으려고 했던 것은 아니요."

"카이로에서 돌아온지 2주 가까이 되어 가는데도 당신은 여전히 예전 방식대로 저를 대하시더군요. 저와 마주치면 눈을 피하거나 어색한 침묵으로 일관하고…"

"시도했지만 결국 되지 않는다는 것을 알았소."

"무엇을 시도했다는 말씀이죠?"

"우리 사이에 있었던 일들을 잊어보려고 했습니다. 당신 없이 살아보려고 했어요. 결코 행복하지 못할 것이라는걸 알지만 테리와의 결혼 생활을 이어가려고 노력했어요. 우리가 나눈 대화 기억하고 있나요? 만약 우리 두 사람이 맺어지는 것이 정말 하나님의 뜻이라면 우리가 각자의 이전 삶으로 돌아가는 것을 불가능하게 하실거라고 말했었죠. 그래요, 난 정말 최선을 다해 노력하고 또 노력했어요. 이 일로 치루어야 할 대가가 엄청난 것이기에 확신이 필요했거든요."

"그런데 이런 좋은 소식을 전달할 유일한 방법이 고작 나를 미행하여 아파트까지 따라오는 것이었다구요?"

"정말 미안해요. 하지만 생각해 봐요. 난 콜로라도에서 세 번째로 큰 교회 담임목사요. 교회 성도의 눈에 띄지 않고 우리 두 사람이 만날 수 있는 장소란 존재하지 않아요. 우리가 알아보지 못하더라도 누군가 나를 잘 아는 사람이 우리를 볼 수도 있잖아요. 혹시 에반스산 정상이라면 모르겠지만. 그곳이라고 해도 안심할 수는 없는 노릇이죠."

"그럼 계단을 올라올 때 왜 진작 자신을 밝히지 않았어요?"

"당연히 말했죠. 그런데 당신이 휴대폰에 대고 너무 큰 소리로 말하더군. 내가 하는 말을 듣지 못한 거예요."

"그랬었군요."

그녀를 긴박하게 휘몰아쳤던 감정이 조금씩 누그러지면서 이제 그 자리는 유쾌하지 못한 퉁명스러움이 대신하고 있었다.

"그 사건에 대해 좀 더 자세히 말해 줄 수 있어요?"

"그 일에 대해서는 말하고 싶지 않아요. 그리고 앨런, 그 일은 더 이상 저를 지배할 수도 없고 제가 그 일로 인해 속박 당하고 있는 것도 아니에요. 저는 그저 그 일에 대해 떠올리고 싶지 않을 뿐이예요."

"무슨 뜻인지 이해합니다.

"아무튼 정말 미안해요, 하지만 저는 납치당했던 기억을 가지고 있어요. 커피숍에서 일을 마치고 귀가 하려던 어느 늦은 밤 차에 실려 납치를 당했단 말이에요. 괴한은 이미 제 차의 뒷자석에 웅크리고 숨어 있었어요. 제가 차를 몰고 교외로 나가도록 했지요. 운전하는 내내 두려워서 어쩔 줄을 몰랐어요. 나중에 살해당할 것이 틀림없다고 생각했거든요. 그리고 모든 정황이 그 생각을 뒷받침 해주고 있었어요. 저는 조심스럽게 기다렸어요. 괴한이 가장 취약한 허점을 보인 그 순간을 놓치지 않고 얼굴을 발로 차고 가까스로 도망칠 수 있었어요. 태어나서 그렇게 빨리 달려본 적은 없었던 것 같아요. 나중에 그 괴한은 붙잡혔고 저는 재판에서 증언을 해야만 했는데 법정 증언은 제가 겪어야 했던 일 못지않게 두렵고 또 정신적인 혼란을 가져다주었어요. 그 일 이후로 저 자신을 위해 훈련해 왔고 호신술 수업도 받았어요. 하나님의 도움이 아니었다면 불가능 했을 거예요. 늘 경계를 늦추지 않고 있었던 것 외에도 항상 총알이 장전된 총도 소지하고 있어요."

"게다가 얼굴을 명중시키는 솜씨 좋은 발차기도 있지 않소?"

"주짓수 말인가요? 2년간 수련했어요. 만약 가짜 전화통화든 주짓수든 먹혀들지 않았다면 총을 사용했을 거예요. 이제는 다른 얘기를 하는 게 좋겠어요."

"전 당신이 이 일에 신경쓰지 않았으면 좋겠어요. 그 일이 더 이상 거론되는 것을 원치 않아요."

그녀는 눈에 눈물이 그렁그렁한 채로 얼굴을 돌렸다.

"왜 그래요, 제니?"

앨런이 낮고 차분한 목소리로 물었다.

"저는 그 일 때문에 당신이 저를 다르게 보지 않았으면 좋겠어요. 저에 대해 느끼는 감정 말이예요."

그는 깊은 숨을 들이마셨다.

"제니 그 일이라면 걱정하지 않아도 되요. 목사로서의 사역 뿐 아니라 결혼 생활까지 위험에 처하면서도 당신을 찾아온 이유가 바로 그 때문입니다. 내 영혼이 당신을 원하고 있어요. 내가 숨 쉬는 것만큼이나 당신을 원하고 있단 말입니다."

"정말인가요?"

"제니, 이제 가장 중요한 질문에 답해야 할 때입니다."

"하지만 저는 그 질문에 답해드릴 수가 없어요. 잘 아시잖아요."

"잘 알고 있어요."

그가 부드럽게 말했다.

"당신이 원하는 게 저라는 것, 확실한 건가요? 문제 있는 결혼생활로부터의 탈출구는 아니고요?"

"결혼 생활로부터의 탈출구가 아니냐라는 질문에는 '아니요' 라고 해야 할 것 같군요. 만약 내 결혼생활이 행복한 것이었다면 아마도 우리 두 사람이 이런 대화를 나누고 있지는 않겠죠. 당신이 나의 불행한 결혼생활에 원인을 제공했다거나 탈출구라는 말은 가당치도 않아요. 오히려 어두운 터널 끝에 보이는 한 줄기 빛이라고 말하고 싶군요."

"그럼 이게 당신이 겪고 있는 중년의 위기가 아니라고 확실히 말할 수 있어요?"

"제니, 난 내 중년의 삶에 대단히 만족하고 있어요. 결혼생활만 빼면요. 나는 지금 하나님이 나를 위해 예비해주신 가장 좋은 선택을 취하려는 것

뿐입니다. 내가 청년 시절에 심사숙고하지 않고 내린 쓰레기 같은 결정이 아닌 최고의 선택을요."

"앨런, 그렇게 말하지 말아요."

제니가 얼굴을 찡그리며 머리를 흔들어댔다.

"그것봐요. 당신이 날 바보 취급할 거라고 했잖아요."

"하지만 그건 옛날 대학시절의 남자친구로부터 들은 너무 상투적인 말 같아요."

그녀가 웃으면서 말했다. 앨런은 어깨를 으쓱해 보였다.

"하지만 그게 내가 믿는 바요. 내가 좀 더 자연스럽게 말했다면 믿어주겠소? 아니면 더 연습한 다음에 말할까?"

"당신의 설교처럼 여러 번 준비한 다음에 말인가요?"

"미안하지만 설교 하나를 준비하는데 꼬박 3일이 걸린다는 사실을 알아줬으면 좋겠군."

"정말요? 저는 정말이지 당신 설교는 즉석해서 나오는 거라고 철썩같이 믿고 있었어요."

앨런의 표정이 사뭇 진지하게 변하면서 두 사람 사이에 긴 침묵이 흘렀다.

"제니 나와 삶의 여정을 함께 하지 않겠소? 나와 함께 이 인생의 모험을 떠날 수 있는지 묻고 있는 거예요."

그녀는 조금은 불안한 듯 눈가에 슬픈 기색을 띠고 한숨을 내쉬었다.

"당신도 알다시피 이건 분명히 쉽지 않은 일이 될 거예요. 정말 이것이 옳은 선택이라고 확신하세요?"

"잘 모르겠어요. 어떤 때는 100% 확신을 갖기도 하고 또 다른 때는 아주 무기력해지곤 하니까요. 하지만 결국 믿음이라는 것이 그런 것 아닐까요? 내가 가지는 궁극적인 위로는 나의 선택이 옳던 옳지 않던 항상 은혜로 덮여있다는 사실말이에요. 난 지금 어느 때보다도 더 그 진리를 믿고 있어요. 은혜 말고는 다른 아무것도 없다는 생각 말입니다."

"좋네요. 정말 당신에게 꼭 필요한 것이니까요."

"그건 우리 둘 모두에게 필요한 거죠. 이 모험에 함께 해 주겠어요?"

그녀는 두 손을 내밀어 앨런의 턱을 감싸고는 길고도 열정적인 키스를 했다.

"네. 함께 하겠어요."

다시 잠수함 내부 – 바베이도스

제니는 생기 없는 손가락으로 앨런의 입 주위에 원을 그렸다. 앨런은 말을 멈추고 그녀의 얼굴을 내려다보았다. 앨런은 이 어둡고 고뇌가 가득한 곳에서 힘없이 누워 있는 제니의 운명을 있는 그대로 받아들여야만 했다.

"아니요. 전 테리에게 말한 적이 없습니다. 경이로움을 감지할 수 있는 능력, 인생을 사랑하는 마음, 내가 살아가야 할 이유를 회복시켜준 것이 바로 제니라는 사실을 말한 적이 없다는 말씀입니다…."

앨런은 다시 말을 멈추었다. 제니가 무언가 말하려고 하는 것 같았다. 그녀가 말하려고 했던 것이 무엇인지 정확히 알 수는 없었지만 둘 사이를 오고 가는 시선으로 볼 때 무엇을 말하려는 것이었는지 추측하는 것은 그다지 어려운 일이 아니었다.

"나도 당신을 사랑하오, 제니."

그가 속삭이 듯 말했다.

"어느 때보다 더."

제니의 힘 없는 손가락이 아주 짧은 시간 그의 입술의 형상을 가볍게 스치고 지나간 듯 맴돌았다. 그리고 이내 바닥으로 떨어졌고 그와 동시에 바로 옆에 있던 여인으로부터 탄식이 흘러나왔다.

"안돼!"

그는 고통스럽게 신음했다.

"안돼, 안돼, 이럴 수는 없어…"

그는 제니의 머리를 받친 후 손을 내밀어 피범벅이 된 이마에서 머리카락을 쓸어 내렸다. 그리고 눈을 지긋이 감고서 제니의 가슴에 얼굴을 묻었다.

주변에 있던 사람들이 얼굴을 돌렸다. 긴 슬픔의 시간이 흐른 후 럼 놀스가 그의 핏기 없는 얼굴을 앨런에게로 기대었다.

"목사님, 지금 경황이 없다는 것을 압니다만, 무언가 후대에 말씀을 남기셔야 하지 않을까요?"

앨런은 고개를 끄덕이면서 카메라를 럼 놀스에게 넘겨주었다. 카메라에 불이 들어왔고 생명의 흔적이 없는 것 같은 눈으로 앨런이 말하기 시작했다.

"로드햄씨 부부께 알려드립니다. 제니는 방금 세상을 떠났습니다."

앨런은 이 말을 하고는 다시 눈을 감았다.

"한 가지 말씀드리고 싶은 것이 있습니다. 이 세상 그 누구도 당신의 소중한 딸을 저보다 사랑한 남자는 없습니다. 그것은 지금도 마찬가지입니다. 누군가 저보다 제니를 사랑한다는 것은 불가능한 일이라고 말씀드리고 싶군요. 하나님이 우리들의 인생에 행하시는 일에 대해 두 분은 저와 다른 관점으로 바라보실 수도 있다고 생각합니다. 저도 이 일로 고심하고 있지만 일단 그건 접어두기로 하고 한 가지 부탁드리려고 합니다. 저희 두 사람을 용서해주시고 제가 얼마나 제니를 아끼고 사랑했는지 아셨으면 좋겠습니다. 그녀에 관한 모든 사소한 것까지도 저는 사랑했습니다.

그는 완전한 침묵 속으로 들어갔다. 그리고 잠시 후 앨런의 눈이 열리고 머리가 곧추서고 안면 근육이 모양을 되찾기 시작했다.

"이제 내 아들들에게 말을 전하겠습니다. 제프부터 시작하고 싶군요…."

그날
Chapter 22

잠수함 내부—바베이도스

"제프… 내 맏아들…"

앨런은 이렇게 입을 열었다.

"아들아, 네가 아빠와 엄마에게 얼마나 큰 기쁨을 가져다 주었는지 너는 잘 모를거야. 그리고 그렉, 나의 작은 아들, 너의 귀여운 얼굴과 네가 처음 말을 배우기 시작했을 때 더듬던 버릇이 소중한 기억으로 남아 있단다. 너희들 아빠를 용서해 줄 수 있겠니…?"

앨런은 하던 말을 멈추고는 뒤로 기대어 앉아서 잠수함이 뒤집어진 상태를 조사하기라도 하듯 천천히 살펴보았다. 곧 닥쳐올 불행한 일들을 대비하려는 것이 확실해 보였다.

"아들들아, 엄마와 내가 너희들에게 이제 우리가 더 이상 함께 살지 않게 되었다는 말을 했던 그 밤을 난 결코 잊을 수가 없구나. 그렉, 넌 그 큰 두 눈을 더 크게 뜨고는 나를 쳐다보면서 네가 고아원으로 보내져야 하는지 물었었지. 3년 동안이나 괜찮았던 말 더듬는 습관이 재발해서 그 질문을 하는데 1분은 족히 걸렸을 거야. 그리고 제프, 넌 울음을 터뜨리고는 네 동생의 오해를 풀어 주었지. 아무도 고아원에 가는 일은 없을 거라고 말이야. 우린 그저 더 이상 가족이 아닌 것 뿐이라고 말해주었지. 그리고 넌 나를 바라보면서 무언의 질문을 던지는 것 같았단다. '아빠, 왜 이런 일이 우리에게 일어나야만 하지요?' 그 당시에는 난 남자로서 가장 비참한 순간을 맛 보았다."

앨런은 주변을 돌아보았다. 그리고 그곳에 그의 이야기를 듣고 있는 다른 사람들이 있었다는 사실을 새삼스레 깨달았다.

"난 가슴이 찢어지는 것 같았단다. 너희들도 그랬을 것 같아 마음이 아프다. 너희 둘에게 이토록 깊은 슬픔과 혼란을 불러일으킨 것에 대해 용서를 구하고 싶구나. 내가 하늘 나라에 가면 하나님과 마주 앉아서 심각한 대화를 할 작정이란다. 내 인생에 그토록 기쁨을 가져다 준 놀라운 일이 어째서 동시에 너희 둘에게는 그토록 고통스러운 것이 될 수 밖에 없었는지 묻고 싶단다."

잠시 후 앨런은 다시 말을 이어가기 시작했다. 이번에는 전혀 다른 어조였다. 잠수함 안에 있던 사람들이 여태껏 들어보지 못한 낮고 숨이 찬 목소리였다.

"테리, 당신에게 이 말을 꼭 전해야 할 것 같군요. 너무나도 많은 일들에 대해 당신에게 용서를 구합니다. 먼저 이혼을 진행하면서 당신에게 했던 증오스러운 말들을 용서해 줘요. 처음엔 모든 일이 조용하고 신사적으로 진행될 줄 알았는데 화내는 당신의 모습을 보면서 나도 모르게 격분하게 되었고 그런 것들이 나를 극도로 자극했었어요. 진실을 말하자면 당신은 한 번도 내게 나쁜 아내였던 적은 없었다는 거예요. 나를 성심껏 돕지 않았다거나 내 사역을 훼손시켰다거나 한 적은 한 번도 없었죠. 당신은 종종 나의 설교와 신학에 대해 도전적이곤 했는데, 한 번도 그런 일을 겪은 적이 없었기 때문에 무척이나 당혹스러웠어요. 그럴 때마다 난 당신이 아내와 엄마로서 낙제 점수라며 대응했었지요. 하지만 그건 사실이 아니고 정작 실패한 사람은 나란 걸 인정합니다."

그는 밀려 오는 피로감에 눈을 감았다.

"테리, 실패자는 당신이 아니라 바로 나예요. 내가 지금 구하는 것은 오직 당신의 용서라오."

말을 마치자 앨런은 럼을 쳐다 보면서 말했다.

"이제 카메라를 꺼 주세요."

지상에서—탑승부두

제프는 머리 위를 선회하고 있는 헬리콥터를 응시했다. 카메라 렌즈에 부딪혀 반사되고 있는 햇살 때문에 곁눈질하고 있던 제프가 갑자기 뒤를 돌아 보았다. 휴대폰이 울리고 있었다. 그는 살짝 눈살을 찌푸렸다. 잠시 동안 해야 할 일이 있으니 전화를 하지 말라고 이미 래리 목사님과 교회에 부탁하지 않았던가? 하지만 전화기의 발신자 표시를 보는 순간 교회가 아니고 더 급히 받아야 할 상대라는 것을 깨달았다. 그는 예기치 못한 상황에 몸이 경직되는 것을 느끼며 전화기를 받았다.

"엄마?"

"제프, 아들아. 괜찮아?"

"아니요, 괜찮지 않아요."

"아빠가 사라졌어요, 엄마. 저 바다 밑으로요. 산소도 떨어져 가고 있어요. 아님 벌써 다 떨어졌는지도 몰라요…"

"알고 있단다. 지금에서야 전화해서 미안하구나. 교회의 누구도 내게 알려준 사람이 없었어. 좀 전에 TV채널을 여기저기 돌려 보다가 정말 우연히 보게 되었단다. 채널을 넘긴 순간 내 아들이 뉴스 속보 타이틀 아래에 서 있는 걸 보게 됐고 난 정말 그 순간 심장이 멎는 줄 알았단다. 너 정말 괜찮은거지? 어디 다친 데는 없고?"

"제가 말했잖아요?"

슬픔에 겨운 나머지 제프는 그만 소리를 지르고 말았다.

"제가 사고를 당한 게 아니에요! 사고를 당한 건 아빠라고요, 아시겠어요?"

"제프, 제발 진정해라…"

그녀의 목소리가 떨리기 시작했다.

"난 19년 동안 너희 아빠를 사랑했단다. 만약 그 일만 아니었다면 난 아직도 네 아빠의 아내였을 거야."

"그렇다고 아빠한테 어떤 일이 일어났는지 관심조차 없는 거예요?"

"그렇지 않단다. 하지만 남이 되어버린 지금 좀 어색한 느낌이 드는 것은 어쩔 수 없는 사실이구나. 그래, 네 아빠의 일이 나한테 아직도 관심의 대상인 것은 맞아. 그렇지만 내 아들의 안전만큼이나 중요하지는 않단다. 넌 여전히 내 인생의 중요한 부분이거든. 그러니까 너의 안전을 먼저 묻는 것은 당연한 일이지 않니?"

"그렇군요. 물어봐 줘서 고맙다고 해야 하나요? 미안하지만 전 지금 괜찮지 못해요."

"내 말은… 어디 다친 곳은 없느냐는 거야."

"네, 제 몸이 다쳐서 불구가 되거나 한 곳은 없어요, 엄마. 이제 됐나요?"

긴 침묵이 흘렀다.

"아니, 제프야. 난 아직 안심할 수 없구나. 내가 볼 때 넌 지금 이 상황을 감당해 낼 수 있는 상태가 아닌 것 같아. 너뿐만 아니라 내가 한때 하나님께서 보내주신 배우자라고 생각했던 남자가 죽음의 문턱에 서 있어. 나도 괜찮은 건 아니란다."

"엄마, 미안해요."

제프가 힘없이 말했다.

"이건 정말이지… 생지옥이에요. 전 무엇을 어떻게 해야 할지 모르겠어요."

"제프, 네가 꼭 해야만 하는 일이란 없단다. 넌 지금 최선을 다하고 있잖아."

"고마워요, 엄마."

테리는 아들의 대답을 들으면서 희미하지만 나즈막한 울음의 흔적이 배어나오는 것을 엄마의 직감으로 알 수 있었다.

둘 사이에 잠시 고요한 침묵이 흘렀다.

"엄마, 엄마와 아빠가 저희들 방으로 왔던 밤을 기억하세요? 두 분이 헤어지기로 했다고 저와 그렉에게 말했던 밤 말이에요?"

"물론 기억하지. 내가 살아 숨 쉬는 동안에는 결코 그날 밤을 잊을 수는 없을거야."

"그렇게 하는 게 두 분을 위해서 가장 좋은 결정이라고 생각한다고 아빠가 말했었죠. 두 분 다 따로 떨어져서 사는 게 필요하다고 말이에요. 하나님께서 그와 같은 결정으로 두 분을 인도하셨다고 말이에요."

"기억하고 있지."

"엄마, 그거 정말이었어요? 아빠와 엄마가 헤어지는 게 하나님의 뜻이라는 말에 엄마는 정말 동의하신 거예요?"

전화기의 전파 잡음을 뚫고 들려오는 테리의 한숨 소리를 제프는 수천

미터 떨어진 곳에서 듣고 있었다.

"엄마, 정말 아빠와 같은 생각이셨냐구요?"

"아니, 난 동의하지 않았단다."

거의 속삭이듯이 그녀가 대답했다.

"저도 그런 줄 알고 있었어요. 제가 말은 안 했지만 그때 엄마의 얼굴
은 정말 초췌해 보였어요. 뭐라고 말해야 할지도 몰랐을뿐더러 말할 상황
도 아니었지만 아무튼 두 분의 이야기가 옳지 않다는 걸 알고 있었어요.
그 모든 말이 다 끝났을 때 엄마의 눈은 너무 슬프고 움푹 들어간 것처럼
보였던 걸 기억해요. 마치 두 분이 싸우고 난 다음에 늘 그랬던 것처럼 말
이에요."

"미안하구나, 제프야. 확실하게 말해 줄 수 있는 것은 그날 밤이 내 인
생에서 가장 힘들었던 순간이었단다."

"그런데 왜 그렇게 하셨어요? 왜 거짓말을 해야만 했죠?"

"나를 나쁜 엄마로 만드는 말은 하지 않았으면 좋겠구나, 제프."

"저는 단지 엄마가 왜 그렇게 하셨어야만 했는지 알고 싶은 거예요."

"다 말하자면 너무 긴 이야기가 될 거야."

"그런가요, 그럼 짧게 하세요, 엄마. 왜냐하면 전 지금 매우 혼란스럽거
든요."

제프는 왈칵 솟구쳐 오르는 눈물을 참아 내느라 말을 잠시 멈췄다.

"저는 지금 아빠를 잃을지도 모르잖아요. 그런데 아빠에 대해 어떤 감

정을 가져야 할지 조차 모르겠단 말이에요. 아빠에 대해 무엇을 생각해야 할 지 말이에요."

"제프, 너는 아빠를 존경해야 한다. 지금부터 앞으로 몇 분 동안 너의 몸의 모든 감각을 동원하여 아빠에게 경의를 표하거라. 너의 말과 행동, 그리고 모든 생각을 다해 아빠를 존경해라. 지금 이 시간 전 세계의 거의 모든 뉴스 채널에서 우리가 대화하는 내용을 생중계 하고 있다는 사실을 아니? 지금 네가 결정하는 일은 앞으로 살아가는 동안 너를 그림자처럼 따라다니게 될 거야. 어쩌면 지금부터 영원까지 말이다."

"그럼 제가 뭘 해야 하죠, 엄마? 그저 여기 서서 멍하게 바라보는 것 말고 달리 취할 수 있는 것이 없어요."

"나도 모르겠구나. 하지만 무엇인가 해야 할 때가 왔을 때는 주저함 없이 그 일을 해야겠지. 그것이 무엇이든 말이다. 알겠지?"

"알았어요."

그는 웅크리고 앉았던 자리에서 일어나 멀리 수평선을 바라보았다.

"엄마, 전 아직 알고 싶은 것이 있어요. 그날 밤 왜 저희들에게 그 말을 하기로 결정하셨는지 말이에요? 말씀해 주시겠어요?"

제프는 전화기 끝에서 엄마의 고르지 못한 숨소리가 전해져 오는 것을 듣고 있었다.

"너와 그렉을 위해서란다. 그때 엄마는 너무 큰 상처를 받았고 화가 많이 나 있었단다. 너무 절망적이었어. 하지만 언젠가 다시 일어설 수 있는 힘이 내 안에 있다는 걸 알고 있었지. 아빠도 그 일을 너희들에게 말해야 한다는 생각에 마음이 무너졌을 거야. 그리고 그날 밤 엄마에겐 너희 둘을 고통과 상실감으로부터 지켜주는 일보다 더 중요한 일은 없었단다. 엄마가 해줄 수 있는 한 부모와 자식으로서의 관계를 유지하려고 했었어. 네 생각에는 듣기 좋은 사탕발림이나 감정적인 말로 들릴지 모르겠지만… 난 그 일을 너희 둘에게 선물로 한거야."

"선물이라구요?"

"이해할 수 있겠니? 난 너희들의 엄마란다. 엄마와 아들의 관계를 위해서라면 비난받는 것쯤은 감수할 수 있어. 하지만 아빠와는 달라. 부부의 관계가 회복될 수 없을 정도로 손상된 상태에서 아빠와 계속 살 수는 없는 일이었어."

제프는 더 이상 울음이 터져 나오는 것을 억제하지 않았다. 제프는 전 세계 방송사의 시선이 자신에게 집중되어 있다는 사실을 잊고 있는것 같았다.

그날 Chapter 23

새 예루살렘

이야기를 듣고 있던 사람들 중 한 명이 팔을 높이 들고 흔들어 댔다.

"왜 난파된 잠수함 안에 있는 사람들이 영원으로 들어가는 것에 대해 그토록 두려움을 가지고 있었던 거죠?"

젊은 남자가 물었다.

"기억하십시오. 여기에 계신 모든 분들은 각기 다 다른 삶의 이야기들이 있습니다. 여러분들 중에 인생을 충분히 살고 오신 분들은 그 질문에 대한 대답을 비교적 쉽게 말 하실 수 있을 겁니다. 하지만 자신에게 주어진 인생을 다 살아보지 못한 분들은 쉽지 않을 수도 있습니다. 여러분 중 어떤 분은 너무 젊어서 인생의 다른 시간들을 겪어보지 못했거나, 그런 시절을 살아보지 못한 분들은 이 모든 것이 좀 이상하게 보일 수도 있습니다. 하지만 '무저갱'을 통해 우리에게 무엇을 보여주려고 하는 것인지 이해하는

데 도움을 줄 것입니다."

'무저갱' 이라는 말에 리디아는 다시 몸서리를 치며 고개를 돌려 창 너머를 바라 보았다.

"사람들은 여러 가지 이유로 인해 영원으로 들어가는 것에 대한 두려움을 가지고 있습니다."

스토리텔러의 이야기가 계속되었다.

"여러분이 이곳에 오기 전에는 육신의 고통, 그러니까 신체적 고난을 받을 수 밖에 없는 상황에 놓여 있었습니다. 만약 고통을 느껴보지 못했다면 그걸 설명해 드리는 것은 매우 어려운 일이겠지요. 그것은 기쁨의 반대되는 개념이라고 할 수 있으며 염려함으로 뭔가가 빨리 끝나기를 바라는 것이라 할 수 있습니다. 대체적으로 육신이 영을 내보내기 전에는 이와 같은 극심한 고통을 통과하게 됩니다."

"염려라는 게 무엇입니까?"

조금 전에 질문한 젊은 남자가 다시 물었다.

"하던 얘기를 마치고 지금 하신 질문에 답을 해드리도록 하겠습니다. 그럼 이제 사람들이 죽음이라고 부르는 것을 두려워하는 다른 이유에 대해 말씀 드리겠습니다. 사람들은 삶이 끝나는 것을 영적이고 영원한 실제적 죽음과 혼동하고 있습니다. 그것뿐 만이 아니라 인생 여정의 결과가 정확히 무엇인지 모르기 때문에 아주 소수의 사람을 제외하고는 대부분 죽음 이후 그들을 기다리는 것이 무엇인지 확신하지 못하고 있다는 것입니다."

"하지만 생을 마치면 어떤 일이 있을 것인가에 대하여는 하나님의 말씀을 통해 그들도 알고 있지 않습니까?"

"네 그렇습니다. 하지만 그렇다 하더라도 많은 사람들이 혼란스러워 하고 있습니다. 말씀은 모든 것을 있는 그대로 전해주고 있지는 않습니다. 많은 일들이 지나가듯이 흘긋 보여지거나 혹은 비유적인 용어로 묘사되고 있죠. 말씀은 때때로 그것이 가지는 정확한 의미와 상반되는 것을 비추기도 합니다. 오래 전 세상이 전쟁 상태에 빠져 있었을 때 우리의 원수들이 한 일은 말씀의 진실성에 대해 사람들이 의구심을 갖도록 부추겼다는 사실입니다. 원수가 사람들에게 말하기를 '말씀이 의미하는 것이 다 절대적이지는 않다' 라고 말이죠. 그것은 그저 허구에 불과하며 가당치도 않은 이야기라고 말합니다. 어떤 성도들은 심지어 죽음 앞에서도 그들이 직면하고 있는 것이 무엇인지 확실히 알지 못했습니다. 바로 그것이 염려라는 말이 갖는 의미입니다. 무엇인가에 확신이 없다는 것, 그리고 결과에 대해 두려움을 느끼는 것이라고 할 수 있겠습니다. 이 세상에서의 육적인 삶이 사람들이 알고 있는 전부라는 것을 기억하시기 바랍니다. 여러분은 이제 1~2분 후면 그 동안 지내왔던 세상을 영원히 떠나야 한다는 것과, 그리고 사람들이 재미 삼아 읽은 책에서나 나올 법한 세계에서 지내야 한다고 생각해 보십시오. 이런 얘기는 믿음에 견고히 뿌리 내리고 있지 않은 사람들에게는 공포심을 불러일으키기에 충분할 것입니다."

"우리에게 들려 주시려는 게 무서운 이야기인가요?"

다른 젊은이가 물었다.

"그렇다고 말할 수 있습니다."

"저는 이 이야기가 어떤 것인지 알고 있어요!"

젊은 여자가 말했다.

빛나는 푸른색 눈을 가진 여자는 금발머리가 헝클어진 채 스토리텔러의 반응을 기대에 찬 눈으로 바라 보았다.

"그건 바로 벼랑에 메달린 사람의 구조 이야기죠."

"어디서 그런 얘기를 들었죠?"

"그 시대를 살았던 어떤 사람에게서 들었어요."

"그 이야기의 핵심이 무엇인지 아시나요?"

"조난된 사람이 마지막 순간에 구조돼서 이야기가 해피엔딩으로 끝나는 거예요."

"네. 거의 맞습니다. 벼랑 끝에 메달린 사람의 구조 이야기가 주는 핵심이 바로 그거죠. 하지만 제가 말씀 드리려는 이야기는 그것과는 조금 다르게 전개될지도 모릅니다. 구조 이야기는 맞지만 조금 다른 종류의 구조입니다."

"이건 갓 인 더 머신(God-in-the-machine_하나님이 함께 하신다.) 이야기랍니다!"

스토리 텔러 앞에 앉아 있던 젊은이가 자신 있게 말했다.

"네 맞습니다. 다른 분들을 위해 말씀 드리자면 갓 인 더 머신(God-in-the-machine)이란 표현은 데우스 엑스 마키나(deus ex machina)라는 오래된 라틴어에서 유래되었습니다. 이런 종류의 이야기가 가지고 있는 특징이 무엇인지 알고 계십니까?" (역자주: deus ex machine-극이나 소설에서 가망이 없어 보이는 상황을 해결하기 위해 동원되는 힘이나 사건)

"마지막 순간에 하나님이 오셔서 사람들을 심판하시고 모든 일을 하나님의 선하신 뜻대로 이루시는 것 아닌가요?"

"네, 맞습니다. 제이콥. 이러한 극적인 반전이 있는 연극을 처음 만든 사람들은 고대 그리스인들입니다. 그들은 그들의 신들을 무대 위에 등장시켰고 높은 천장에서 정교한 장치로 조정했었습니다. 하지만 극적인 반전이 특별함을 가져다주는 것이 아닙니다."

"극적인 반정에 특별함이 없다면, 그럼 뭐죠?"

소년이 물었다.

"지난 과거의 역사가 하나의 거대한 데우스 엑스 마키나(deus ex machina)입니다. 하나님이 오셔서 홀로 승리를 거두시는 거대한 3막으로 구성된 드라마인 것이죠."

"그럼, 아까 대답한 것이 옳다는 말인가요?"

"아니요"

"무슨 얘기죠?"

"제가 지금 하려는 이야기는 당신이 들어온 어떤 이야기와도 다릅니다."

스토리텔러가 말했다.

"해피엔딩으로 끝나는 이야기인가요?"

스토리 텔러는 말을 멈추고는 입술을 오므리며 어떻게 답변해야 할 지 고심하는 것 같았다.

"글쎄요. 적절한 때가 되면 이 이야기가 어떻게 끝나게 되는지 짐작하는 데 어려움이 없을 것입니다."

잠수함 내부

캐리 놀스는 카메라 렌즈를 응시하며 자녀들에게 마지막 인사를 하기 위해 안감힘을 썼다. 앨런은 그녀의 눈을 바라보았다. 보통 때 같으면 새침해 보이는 얼굴이지만 오늘은 완전히 다른 모습을 하고 있었다. 언제나 미소 띈 얼굴 위에 반짝이던 캐리의 눈은 지금 공포감에 사로잡혀 있었고, 볼은 힘없이 축 늘어져 있었다.

"저한테 섬길 수 있는 기회를 준 교회에 그저 감사할 따름입니다."

그녀가 담담하게 말했다.

"우리 같은 봉사자들을 격려해 주시고 수고를 인정해 주는 앨런같은 목사님을 만난 것도 감사하구요."

그녀는 남편 럼에게 고개를 돌리고 희미한 미소를 지어 보였다.

"이해심 많은 남편을 주신 것도 감사합니다. 남편은 제가 불우한 이웃 돌보는 것을 허락해 주었어요. 저한테 주어진 섬김의 기회를 통해 저는 변화된 사람이 되었다고 생각해요. 그리고 제가 그리스도인으로 살아가는데 있어서 꼭 필요한 것들을 가르쳐 주었다고 생각합니다. 섬김의 과정이 저를 보다 좋은 엄마와 아내로 만들어 주었죠. 럼… 당신 무언가 할 말이 있나요?"

럼은 마치 자신에게 말할 기회가 오리라고는 생각하지 않았다는 듯 눈을 껌벅거렸고 힘겹게 침을 삼키면서 여기저기 살펴보았다. 그런 그의 행동은 할 말을 다 정리하지 못했다는 것을 암시하는 듯 했다.

"토니 그리고 톰, 너희 둘은 아빠 인생에 큰 기쁨을 가져다 주었단다. 난 너희들이 자랑스럽고 정말 미칠듯이 보고 싶구나. 그리고 교회에도 감사를 드려야 할 것 같군요. 매일 몇 시간씩 저에게 평화로운 시간을 가져다 주셨으니까요. 제 아내가 다른 사람을 섬기기 위해 교회에 간 시간 동안 저는 자유를 누릴 수 있었죠."

캐리는 어이가 없다는 듯 머리를 좌우로 흔들어 보이고는 남편의 팔을 장난스럽게 살짝 때렸다.

"저도 말해도 될까요?"

여자의 숨가쁜 목소리가 들려왔다. 앨런은 목소리가 들려온 쪽으로 카메라를 비추었다. 목소리의 주인공은 앨런이 이름을 기억해 낼 수 없었던 나이 든 그 여자 성도였다.

"목사님, 저는 이미 작별 인사를 다 했답니다. 그리고 제가 사랑하는 사람들은 이미 제가 얼마나 사랑하고 있는지 잘 알고 있구요. 사실 주님께서는 이번 여행이 대단한 모험의 시작이 될 거라고 이미 제게 말씀하셨답니다. 주님께서 말씀하신 게 무엇을 의미하는지 처음에는 전혀 알 수 없었는데 이제야 그 의미를 알 것 같습니다. 그저 제 육신의 마지막 순간을 보내면서 그 동안 예배의 자리에 함께했던 사랑하는 성도들에게 전하고 싶은 말이 있습니다. 지금 내 영혼은 아주 평안하다는 것을 말하고 싶어요. 그리고 이 영상을 보게 될 모든 사람들에게 간청하고 싶은 것은 할 수 있는 모든 노력을 기울여서 그들 자신의 영혼도 한 점 의심 없는 평안을 누리게 되기를 바란다는 것입니다."

그녀는 미소를 짓더니 말을 멈추었다. 그리고 카메라의 불이 점점 희미해지기 시작했고 카메라의 작은 모터가 작동을 멈추었다.

그날 Chapter 24

잠수함 내부 잔여 시간 16분13초—덴버

그렉은 CNN 생중계를 여러 시간 시청한 탓에 마음도 지치고 눈도 피로해서 엄마의 침실로 들어갔다. 어두컴컴한 방 안을 비추고 있는 것은 침대 옆에 놓여진 TV화면에서 흘러 나오는 빛뿐이었다. 테리는 TV 앞에서 훌쩍거리고 있었다. 그렉은 두 팔로 엄마의 어깨를 감싸 안았다. 그리고는 TV 화면을 들여다 보았다.

한 줄기 황금 빛에 비추어진 아빠의 모습은 훨씬 젊어 보였다. 제프 형이 지금보다 좀 더 나이를 먹었을 때의 모습일 것 같은 그러한 모습이었다. 얼굴은 부드러웠고 옅은 갈색 머리는 70년대 영화에서나 나올법한 스타일을 하고 있었다. 색이 바래고 기괴하게 찢어진 옷은 집에서 세차를 하거나 배수관 청소 등 집안의 잡일을 할 때 입는 옷처럼 보였다.

카메라는 주위의 바위들과 소나무를 비추기 위해 주변을 선회했고 멀리 있는 산 봉우리들과 빽빽한 숲이 아름다운 배경을 이루고 있었다. 일몰 때가 가까운 산 정상이었다. 비슷한 옷차림을 한 수 십명의 젊은이들이 통나무와 바위 근처에서 웃기도 하고 고개를 끄덕이기도 하면서 무엇인가를 골똘하게 듣고 있었다. 그렉에게는 아빠의 목소리가 정확히 들리지 않았다. 긴 시간 말하고 있었지만 그가 전하는 메시지보다는 아빠의 옷차림과 모습에 더 집중하고 있었다. 카메라 렌즈는 이제 매력적인 한 젊은 여성에게 머물러 있었다. 짙은 갈색 머리를 뒤로 묶고 밝은 미소를 보내고 있는 그녀는 옆에 서 있는 남자와 사랑에 빠져 있음을 알 수 있었다.

"저 여자가 나야."

테리가 텔레비젼을 가리키며 여전히 훌쩍거리는 목소리로 아들에게 말했다.

"1979년도 캘리포니아의 배스 레이크에 위치한 캠프장이야. 너희 아빠는 세계에서 가장 멋지고 좋은 캠프장에서 엄마에게 프로포즈 했단다. 그게 전날 밤이었고 화면 속의 엄마는 마치 천국에 있는 기분이었단다."

"아마도 엄마는 천국이라고 착각하고 있었을 거예요."

그렉이 동정심 어린 목소리로 말했다.

"아니야, 엄마는 정말 천국에 있었단다. 여러 가지 의미에서 그랬어."

"그때 너희 아빠는 정말 최고였어. 선한 사람이었고 자신이 믿는 것에 대한 불타는 열정을 가지고 있었어."

"왜 지금까지 저희들한테 이 영상을 보여주지 않았죠?"

그녀는 그 말에 상처받은 눈빛을 띄고 아들을 바라보았다. 그렉은 자신의 질문이 넘지 말아야 할 경계선을 넘었음을 직감했다. 아빠를 향한 아들들의 냉소에 대해 테리는 대체적으로 참고 넘어갔다. 물론 그러한 빈정거림에도 엄격한 한계는 있었지만 말이다. 그녀는 다시 텔레비전으로 시선을 돌렸다. 그녀의 호흡이 가볍게 떨리고 가슴이 들썩거리는 것을 보고 그렉은 자신의 질문에 대한 답을 추측할 수 있었다. 지난 세월 동안 보지 않고 묻어 두었던 오랜 영상을 더욱이 아들의 앞에서 보고 있는 이유를 알수 있을 것 같았다. 그녀는 작별 인사를 하고 있었던 것이다. 상반되는 감정이 거미줄처럼 얽혀 있는 가운데에서도 여전히 사랑하고 있었던 한 남자를 떠나 보내려 하고 있었다. 다른 의미로 해석하자면 오래 전 그녀에게 슬픔을 안겨다 주었던 그 남자를 말이다. 마침내 그녀는 정지 버튼을 누른 후리모컨을 앞으로 밀어버렸다. 그리고는 다른 비디오 테이프를 꺼내 들고는한동안 제목을 쳐다보았다. 그렉은 제목을 읽으려고 앞으로 몸을 당겼다.

서밋교회 – 2004년 3월 12일, 주일예배

그렉은 놀라서 움찔했다. 그날은 그에게 익숙한 날이었다. 아빠가 충격적인 선언을 하고 난 바로 그 다음 날이었다. 이전의 삶과는 다른 새로운 세계를 여는 어둡고 우울했던 그날 첫 새벽을 그렉은 생생하게 기억하고 있었다. 테리는 아주 천천히 그리고 마지 못해 하듯이 텔레비전 앞으로 다가가서 들고 있던 케이스에서 비디오 테이프를 꺼냈다.

"이거야."

테리는 그렉을 향해 말했다.

"난 이 비디오를 한 번도 본 적이 없단다. 너도 마찬가지고."

머뭇거리며 테리가 말했다.

"저도 알아요."

그렉이 긴장된 목소리로 답했다. 비디오에 테이프를 넣고 시작 버튼을 누른 후 침대로 돌아와 웅크리고 앉았다. 그렉은 엄마한테 가까이 다가가 엄마의 양쪽 어깨를 힘주어 꽉 안았다.

영상이 나오기 시작했다. TV 화면 속의 앨런 라커웨이는 그렉에게 익숙한 모습이었다. 완벽하게 빗어 넘긴 가느다란 머리카락, 갸름하고 까무잡잡한 얼굴에서 나오는 미소, 흠잡을 데 없는 최신 스타일의 정장 차림을 한 앨런은 화려한 조명이 서밋교회라는 글자를 비추고 있는 강대상에 서 있었다. 그가 이룩한 가장 위대한 업적 앞에 당당하게 서 있었다. 하지만 어딘지 모르게 다른 사람처럼 보였다. 그는 어깨를 뻣뻣이 세우고 있었는데 평소의 형식에 얽매이지 않는 여유로운 몸짓은 없고, 그의 두 팔은 접착제를 발라 몸에 붙여놓기라도 한 듯 들러붙어 있었다. 언제나 여유로운 미소와 다정한 격려가 넘쳐나는 그의 얼굴은 핼쑥하고 수심 가득한 얼굴로 변해 있었다. 분명 비디오는 누군가에 의해 편집된 상태였다. 앞에 있었던 경배와 찬양 시간은 이미 끝난 상태였고, 앨런이 설교를 하고 있었다. 그렉은 그 자리에 앉아 골똘하게 그 모습을 바라보았다.

"제가 지금까지 말해 온 이 급진적인 은혜란 무엇입니까? 만약 우리가 인생에서 만나는 예기치 못한 고난을 뚫고 나갈 수 있도록 우리를 도울 수 없다면 이러한 급진적인 은혜는 아무런 의미가 없는 것입니다."

이 표현은 아빠가 반복적으로 사용해 온 것으로서 교회 성도들이 킬킬거리며 흉내를 내곤 했던 말이었다. 완벽하게 준비된 설교 가운데에도 목사가 도저히 피할 수 없었던 몇 가지 말 실수는 있는 법이다.

"오늘의 메시지가 저만을 위해서 준비된 것은 아니지만, 제가 바로 그 문제의 중심에 있음을 고백하지 않을 수 없군요. 제 개인적인 시련을 장황하게 설명하거나 시시콜콜한 내용까지 말씀드려서 여러분을 지루하게 만들 생각은 전혀 없습니다. 저의 문제는 여러분이 가지고 있는 문제와 비교해서 조금이라도 더 심각하거나 무게가 있는 것이 아닙니다. 제가 부탁드리는 한 가지는 여러분의 기도입니다. 저와 테리가 통과하고 있는 지금 이 어려운 시간을 위해서 기도해주실 것을 부탁드립니다."

그는 청중으로부터 답변을 기다리기라도 하듯이 잠시 말을 멈추었다. 약간 주저하는 듯 하던 카메라가 예배당 안의 한 사람의 반응에 멈추었다. 그 사람의 행동에 망설임이 섞여 있긴 했지만 그녀가 느끼는 당혹스러움을 감출 수는 없었다. 잘 차려입은 중년의 부인이 얼굴을 찌푸린 채 고개를 뒤로 젖히고 있었다. 그녀의 얼굴은 그렉에게 희미하지만 어딘지 낯익은 얼굴이었다.

"필리스 노스야."

테리가 말했다.

그렉은 궁금하다는 듯이 엄마를 바라보았지만 테리는 '굳이 알려고 할 필요없어'라는 의미가 담긴 손사래를 쳤다.

"제 앞에 놓여 있는 결정이 매우 어렵고 예민한 것이지만 다른 많은 일들로 인해 감사하고 있습니다."

앨런이 계속했다.

"아마도 상투적인 말이 될지도 모르지만 사실임에 틀림없습니다. 하나님께서는 어려운 시간을 통해 우리를 가까이로 끌어 당기고 계십니다. 우리를 강하게 하십니다. 우리의 마음과 마음에 담은 목적을 정결하게 하십니다. 저의 신중하고도 과묵한 태도는 아마도 앞으로 무성한 소문을 자아내게 될 것입니다."

앨런은 시선을 강대상에 고정한 채 말했다. 하지만 준비된 원고를 읽고 있는 것이 아닌 것은 분명했다.

"제가 그 소문을 잠재울 수 없다는 것을 잘 알고 있습니다. 그리고 많은 분들이 테리와 저와 저희 두 아들을 아끼시기 때문에 그렇게 걱정해 주시는 것을 만류할 생각도 없습니다. 하지만 제가 부탁드리고 싶은 것은 들려오는 모든 소문을 하나하나 검증해 가시는 동안 섣부른 판단은 유보해 달라는 것입니다. 서밋교회에 한동안 계신 분이라면 어느 정도 제 마음을 헤아리실 것입니다. 자신이 어떤 사람인지 있는 그대로 드러내지 않은 채 거듭되는 주일 설교를 전하며 이 강단에 서 있을 수는 없는 것 아니겠습니까? 그의 본심을 말입니다. 그러니까 이곳에 계시는 동안 저에 대해 조금이라도 타당한 견해를 갖게 되신 분이라면 성급한 판단은 자제해 주실 것을 다시 부탁드립니다. 적어도 저한테 직접 얘기를 듣기 전에는 말이죠. 머지않아 이 일에 대한 저의 솔직한 고백을 자세히 듣게 될 것입니다. 사실 교회의 일원으로서 여러분들은 앞으로 닥쳐올 험한 길들을 저와 함께 걷도록 요청받게 될 것입니다. 하지만 그런 요청을 받기 전까지 만일 여러분이 어떤 소문을 듣게 된다면 오늘날까지 주님께서 주신 은혜로 그것을 잘 보관해 주시기를 부탁드립니다. 어떤 일을 섣불리 판단하고 손가락질 해대는 뿌리 깊은 죄된 성향을 자제해 주실 것을 부탁 드리는 것입니다. 하나님의 자비하심을 의지하여 그분의 판단을 유보해 주실 것을 간청하고 있다면 더욱 그렇지 않겠습니까? 모두 제 말씀대로 해 주시겠습니까?"

앨런은 손을 둥글게 만들어서는 자신의 귀에 대고 고개를 뒤로 젖혔다. 그건 청중으로부터 어떤 대답을 들으려고 할 때 앨런이 늘 해오던 습관이었다. 성도들로부터 돌아온 대답은 앨런이 이제까지 들어온 반응들 보다 훨씬 차분한 것이었다. 앨런은 고개를 끄덕이고는 어색한 미소를 지었다.

"그럼 좋습니다. 대단히 감사합니다."

앨런은 자신과 예배당 천장 사이의 거대한 공간을 물끄러미 바라보았다. 그는 눈물을 억제하고 있는 것처럼 보였다.

"감사합니다…."

그가 다시 말했을 때 떨리는 목소리가 그 사실을 입증해 주었다. 그는 감정을 억제하며 인내하는 성품의 전형적인 모습을 보여주고 있는 것 같았다. 테리는 비디오를 껐다.

"그날 이후로 나에게 말을 걸어준 사람은 손가락에 꼽을 정도란다."

무릎에 놓인 티슈 박스를 바라보면서 그녀가 말했다.

"앨런의 결정 때문에 몇몇 사람이 교회를 떠나는 일이 있었다. 하지만 교회 지도자들이 앨런을 감싸게 되자 대부분의 성도를 위한 운명은 이미 정해진 것이나 다름 없었어. 성도들의 선택을 대신 해준 셈이 되었지. 교회의 모든 성도가 그 사실을 알게 되기까지 시간이 얼마나 걸릴 것 같니?"

"글쎄요, 네 다섯 시간이면 충분하지 않을까요? 아무리 멀리 떨어져 있는 성도라고 하더라도 그 정도면 될 것 같은데. 그런데 엄마, 왜 이걸 보고 계세요? 조금도 유쾌하지 않은 걸."

사실 그렉은 이유를 알고 있었다. 그리고 이제 닥쳐올 시련을 끝까지 견뎌낼 준비가 되어 있었다.

"아들아, 그날까지 내 인생에서 예배를 놓친 것은 딱 네 번이란다. 내가 홍역을 앓았을 때와 할머니가 돌아가셨을 때였어. 그리고 그 많은 주일의 절반은 너희 아빠를 바라보면서 보냈단다. 그의 아내로서 말이야. 하지만 그날 아침 이후로 그 모든 것들이 사라지고 말았어. 난 네가 모든 상황을 잘 이해할 수 있기를 바란다."

그렉은 고개를 끄덕였다. 십대가 갖고 있는 냉담함에도 불구하고 그는 눈물이 솟구쳐 오르는 것을 참느라 얼굴이 일그러졌다.

"네. 그건 제 인생이기도 해요."

"지금 네 아빠는 모든 것을 잃으려는 순간에 처해 있단다. 그렉."

마침내 아들의 눈에서 눈물이 흘러 내리는 것을 보면서 테리는 방금 내 뱉은 말을 후회했다.

"그래요, 엄마. 다른 모든 것들과 같이 말이죠."

그날 Chapter 25

탑승부두-바베이도스

기계실로 돌아온 제프는 시계를 흘긋 쳐다보고는 소스라치게 놀라며 뒷걸음질쳤다. 12분32초. 시간도 산소도 아주 빠른 속도로 소진되어 가고 있었다. 깊은 바닷속에 뭉개져 버린 잠수함 안에 있을 아빠와 다른 사람들을 생각하면서 무엇을 어떻게 해야 할지 머리를 쥐어짰다.

'이봐 제프… 생각해내란 말이야!'

탑승부두의 긴급구조 매뉴얼, 관리인이 마지막 남긴 말들, 심지어는 난파 요트의 마지막 이미지까지. 불과 35미터 전방에 여전히 피를 흘리며 둥둥 떠다니는 잘라진 관리인의 발이 제프의 시야에 들어 왔다. 짐작하건대 적어도 관리인은 적절한 다이빙 훈련을 받은 전문가였을 것이다.

그렇다면 한낱 아마추어에 불과한 제프가 전문가도 해내지 못한 일을 어떻게 성공시킬 수 있단 말인가? 하지만 그의 내면에서 무엇인가가 소리치고 있었다. 그냥 이대로 주저 앉아서 바라보고만 있어서는 안된다는 절박한 외침이었다. 필사적인 제프의 시선이 기계실 안의 기기제어판 위를 더듬었다. 제어판에는 엔진 계측기, 두 개의 번쩍이는 스로틀 밸브와 수중 음파 탐지기, 라디오 채널 스크린이 있었다. 바로 그때, 라디오 채널의 숫자가 반짝이고 있는 것이 눈에 들어왔다. 부두 관리인이 잠수복으로 갈아 입기 전에 다른 번호를 입력하고 있던 모습이 기억났다. 그것이 무엇인가를 의미하는 게 아니었을까? 그는 더 자세히 들여다 보았다. '정신차려, 제프. 집중해야 돼. 전화기에 대고 관리인이 마지막으로 남긴 말이 뭐였지? 라디오⋯ 다시 셋팅하다⋯ 신호를⋯'

제프의 눈이 점점 커졌다. 이것일까? 그는 계기판을 하나하나 유심히 보았다. 그리고 한 곳에 시선이 멈추었다. 서브 컴링크. 그것은 잠수함 내부와 연결되어 있는 무전기였다. 선명한 빨간색 전원 표시등에 불이 들어와 있었다. 동그란 토글 스위치가 조정실과 객실이라는 두 가지 셋팅 중 조정실에 위치하고 있었다. 이렇게 간단할 줄이야? 그는 손잡이를 당겨서 객실로 옮겨 놓은 다음 짧게 기도했다.

"아빠?"

칠흑 같은 잠수함 내부에서 앨런 라커웨이의 온몸이 충격 때문에 경련을 일으켰다. 아들의 목소리가 어디에서 들려온 것이란 말인가?

그는 몸을 앞으로 숙이고는 머리를 들었다. 내가 이미 죽은 걸까? 그래서 환청이 들리는 것인가? 어디선가 뿜어져 들어오는 화학물질 때문에 생기는 환각현상인가?

"아빠, 제 목소리 들리세요?"

아들의 목소리가 들리자 놀라움에 웅성웅성 하는 소리가 그의 귀에 들려왔다. 그렇다면 아들의 목소리를 들은 것은 앨런 혼자만이 아니라는 것이 확실했다. 너무 놀란 나머지 앨런은 떨리는 목소리로 말했다.

"제프, 너 어디에 있는 거니?"

"목소리가 이쪽 스피커에서 나오고 있어요!"

앨런의 오른편에 있던 어떤 남자가 말했다.

"제 머리 바로 위에서 나오고 있어요."

"아빠, 저 제프예요! 제 목소리가 들리시면 수화기를 찾아보세요. 설명서에 보니까 잠수함 내부 중간쯤에 수화기가 비치되어 있다고 해요."
중간쯤에? 어둠 속에서 앨런은 고개를 이리저리로 흔들어 보았다.

"중간 쯤에 앉아 있는 사람이 누군가요?"

앨런이 소리쳤다.

"저예요, 목사님."

캐리 놀스의 목소리였다.

"주변에 뭔가 보이거나 전화선 같은 게 만져지나요? 그런 것이 있다면 아마도 외부와 교신하는 장치일 겁니다."

"네, 여기 있어요. 누가 날 좀 도와주시겠어요?"

쿵 하는 소리가 났고 수화기가 바닥에 떨어진 것 같았다. 팔과 손이 주

변에서 움직이기 시작했고 앨런에게 수화기를 전해 주려고 모두가 분주해
졌다.

"저 여기 있어요."

앨런은 자기 왼쪽으로 딱딱하고 차가운 물체가 지나가는 것을 감지하
고 손으로 꽉 쥐었다.

"고마워요, 지금 잡았어요!"

그는 검지로 수화기의 수화 버튼을 더듬어 찾았다.

"제프… ?"

"아빠? 아빠예요?"

"제프니? 아빠야!"

"아빠, 많이 다치셨어요?"

"상태가 좀 심각한 것 같긴 하구나. 제니는 이미 내 곁을 떠났고 헬 뉴
먼과 다른 여러 성도도 떠나갔단다. 여긴 어둡고 춥구나."

"죄송해요, 아빠. 죄송해요. 조금만 더 버텨보세요. 구조대가 곧 도착할
거예요. 헬기가 사고현장을 선회하고 있고 전 세계 방송사에서 이 사건을
다루고 있어요. 적어도 수 백만 명의 사람들이 기도하고 있을 거예요."

"덴버도 말이냐?"

"네, 11시 예배가 긴급 기도회로 바뀌었고 지금도 계속되고 있어요. 제
가 촬영하고 있었던 것 기억하시죠? 잠수함이 충돌했던 순간도 다 찍어 놓
았거든요."

스피커를 통해 흘러 나오는 제프의 목소리가 떨리고 있었다.

"제프, 만약… 만약에 구조가 늦어지게 되면 말이다. 나중에 내 카메라를 꼭 회수해야 한다. 여기 있는 사람들의 마지막 말이 담겨져 있어."

"제발, 그렇게 말씀하지 마세요. 그리고 지금은 산소가 부족한 상태니까 거기 있는 모든 사람이 움직임을 자제하고 꼭 필요한 말 외에는 하지 않는 게 산소를 절약하는 방법이에요.

지상에서

최고 속도 30노트로 코디액(Kodiak)보트가 파도를 가르며 사고 현장을 향해 질주해 오고 있었다. 배 한쪽에서는 여섯 명의 해상 구조대원이 완벽한 장비를 갖춘 상태에서 대기 중이었고 보트가 현장에 근접할수록 가속 장치의 윙윙거리는 소리가 잦아들었다. 배는 갑자기 속도를 늦추었고 목표 지점에 원을 그리며 서서히 접근하기 시작했다.

"구조대가 도착했어요. 구조가 도착했다구요!"

제프는 수화기에 대고 소리쳤다. 크게 손을 흔들며 코디액(Kodiak)보트를 조정하는 조타수의 주의를 끌며 충돌이 있었던 정확한 지점을 손짓으로 알려 주었다.

"바로 거기예요!"

조타수는 고개를 끄덕이더니 배의 엔진을 껐다. 배가 완전히 정지되기도 전에 구조대원들은 이미 바다 속으로 몸을 굴려 입수하고 있었다. 전문가의 구조 작전이 시작된 것이다.

여섯 명의 구조대원들은 지구상의 어떤 곳보다도 맑고 깨끗한 청록색의 열대 해수를 뚫고 잠수해 내려갔다. 하지만 잠시 후 구조팀의 리더가 손으로 아래쪽을 가리켰다. 다른 다섯 명의 구조대원들이 그 자리를 맴돌면서 무엇인가를 응시하고 있었다. 그들이 쓰고 있었던 수중 마스크의 산소 흡입구를 꽉 깨물고 있지 않았더라면 벌어지는 입을 다물 수 없었을 것이다.

해저 15미터 지점에서 그들이 마주친 것은 지금까지 본 적이 없는 거대한 축적물의 그림자였다. 난파된 잠수함은 진흙과 요트의 잔해 그리고 그 사이로 올라오는 공기 방울로 뒤덮여 있었고 밤처럼 깊고 침울한 광경 가운데 간간히 보이는 하얀 색 파편들 사이로 잠수함의 형태가 드문드문 보였다. 거대한 물체는 마치 거센 바람이 닳아 헤진 뭉게구름을 풀어 헤치고 있는 듯한 형상이었다.

구조대 리더는 다른 팀원들만큼이나 놀랐지만 다시 헤엄치기 시작했다. 바다를 뚫고 들어오는 햇살의 탁한 빛줄기가 이내 사라져 버리고 말았다. 부드러운 연청록색이 순식간에 짙은 녹색의 물줄기들로 바뀌면서 방문자들을 지하 세계로 청하며 손짓하는 것 같았다. 구조대 리더는 다시 한 번 전진을 멈추었다.

바닷속 그늘진 곳이 어두움에 자리를 내어 주었고 옅은 갈색이었던 곳이 시커멓게 바뀌었다. 허리에 차고 있던 손전등의 스위치를 켜고 앞을 비추었다. 강력해 보이는 그 빛도 고작 1.5미터 전방을 초승달 모양으로 비춰

주는 게 전부였다.

　수 십 명의 생존자들이 몇 분 안에 질식사할 가능성이 높아 보였다. 그는 힘차게 헤엄쳐 나갔고 그의 손전등에서 나오는 빛줄기가 파편으로 이루어진 벽을 어렴풋이 비추기 시작했다. 팔을 뻗어서 손바닥으로 표면을 닦아내자 하얀색 섬유유리로 된 잠수함의 선체가 보였다. 조금 더 멀리 있는 곳에 다다르자 창문에 해당하는 투명한 아크릴 유리가 나타났다.

　구조대 리더는 흠칫 놀랐다. 공포에 질려 눈이 휘둥그래진 얼굴이 바로 코앞에 있었던 것이다. 고통스러운 웃음을 머금고 그에게 손짓을 하고 있었다. 그는 수신호를 보냈다. 희미한 한 줄기 빛이 그의 산소 마스크를 가로지르면서 다른 구조대원 한 명이 현장에 도착했다. 갑자기 그의 주변에서 요란한 굉음이 그를 둘러싸듯이 사방에서 들려왔다. 그는 뒤로 물러서서 두 팔로 중심을 잡으려고 했다. 정체를 알 수 없는 밝은 물체가 구조대원들을 집어삼킬 듯이 밀고 올라오면서 몸을 난타했다. 손에 들고 있던 손전등을 치켜 올리자 비로소 상황을 파악할 수 있었다. 그것은 부서진 선체의 갈라진 틈에서 새어 나오고 있는 무수히 많은 산소 방울이었다. 오랜 잠수 경력에서도 이처럼 격렬하고 규모가 큰 사건은 본 적이 없었다. 이 산소가 어디에서 새어 나오는지는 몰라도 비축되어 있던 것이 엄청난 속도로 빠져나가고 있는 것은 틀림없는 사실이었다.

　그는 급히 현장을 벗어나려고 했다. 가까스로 부두의 판자들이 무더기로 돌출되어 있는 곳에 다다랐다. 그는 무엇인가가 발을 잡아당기는 것을 느끼자 반복해서 발로 걸어차서 늘어 붙어있던 전기줄을 떼어냈다. 거칠게 밀려드는 파도 사이로 간격이 벌어지자 오른쪽 3미터 지점에 배의 돛대와 프로펠러가 눈에 들어왔다. 현장을 바라보던 그에게 좋은 생각이 떠올랐다. 잠수함을 세게 끌어당길수만 있다면 지금 처박혀 있는 해저 감옥으로부터 수면 위로 떠오르게 할 수 있지 않을까? 그는 조금 전까지 발목을 감고 있었던 전기줄을 쥐고는 앞으로 헤엄쳐 나갔다. 프로펠러가 있는 곳에 도착하자 기둥 부분에 전기줄을 감고 매듭을 지었다. 그는 손가락 사이로 전기줄을 느슨하게 잡고서 가까이 접근하고 있는 두 명의 구조대원에게 손전등을 비춘 후 그를 도우라는 신호를 보냈다. 세 명의 대원들이 각각 전기줄을 잡고 혼신의 힘을 다해 잡아 당겼다. 마침내 무엇인가 부숴지는 소리가 났고, 그 반동으로 잠수부 리더가 깊은 흑암속으로 튕겨져 나갔다. 다른 두 명의 대원들도 깊은 공간 속으로 공중제비를 돌듯이 날라가는 것이 보였다. 그가 상상하고 있었던 수상부양과는 정반대로 잠수함은 동체의 감당할 수 없는 무게로 인해 급격하게 가라앉고 있었다.

그는 공포의 파도 속에 묻혀버리는 것 같았다. 상상할 수 없는 일을 저지르고 말았다. 잠수함을 더 큰 위험 속으로 밀어넣은 결과가 되어 버렸다. 우지끈 하는 소리가 들려왔다. 그는 산소흡입기에 대고 비명을 질렀다. 섬유 유리의 파편들 사이로 피의 흔적들이 떠오르는 것이 보였다. 그리고 엄청난 양의 선박연료가 유막을 형성하고 떠다니는 것을 보면서 무슨 일이 생긴 건지 전체적인 윤곽을 그려낼 수 있었다. 잠수함 선체 삼분의 일이 바다의 거대한 암초에 부딪혀 심각하게 파손되고 말았다.

구조대 리더는 고개를 좌우로 흔들며 자신들의 패배를 인정할 수밖에 없었다.

그날 Chapter 26

탑승부두 – 수면 위

잠수함이 뒤집히는 동안 스피커를 태워버릴 듯이 밀려 들어오는 공포의 아우성을 들으면서 제프는 다시 충격에 휩싸였다. 처참한 죽음을 당하는 사람들의 비명과 신음소리, 울부짖는 통곡소리, 그리고 더 비참한 것은 사랑했던 이들이 가까이에서 고통스럽게 죽어가는 것을 지켜봐야만 한다는 사실이 제프를 뼈 속까지 떨게 만들었다. 그리고 이어서 귀가 먹을 것 같은 금속성의 날카로운 소리를 들으며 그 소리가 전하는 끔찍한 의미가 무엇일까 상상해 보았다. 그는 전화기에 대고 소리를 질러댔다.

"아빠? 아빠? 괜찮으세요? 주님… 무엇이라도 좋으니 도와주세요!"

그는 소음이 사라진 뒤에도 1분 가까이 같은 소리를 반복해서 외쳐댔다. 잠시 후 구조대원의 머리가 수면을 뚫고 올라왔다. 그는 마스크를 벗은 후 구조 작전이 실패로 돌아갔음을 다른 대원들에게 알렸다. 잠시 후 스피커를 통해 요란하게 바닥을 긁어대는 소리가 들려왔다. 잠수함의 수화기가 바닥에 떨어져 긁히는 소리였는데 수화기의 토크 버튼이 눌려져 있었기 때문에 들을 수 있었다.

"제프…"

목소리는 약하고 단조로웠지만 아빠의 목소리라는 것을 알 수 있었다.

"아빠, 저예요! 제가 아빠의 목소리를 계속 들을 수 있다는 게 믿어지지 않아요! 무슨 일이 있었던 거예요?"

"제프?"

"아빠! 제 목소리 들려요?"

"제프야… 이제는 내가 유일한 생존자인 것 같구나."

잠수함의 라디오 채널 수신기능이 훼손되어서 앨런은 더 이상 아들의 음성을 들을 수 없었다.

제프의 목소리를 들을 수 없다는 사실이 그의 내면 깊숙한 곳을 찌르는 비수가 되어 돌아왔다. 잠시나마 주어졌던 위로와 평안도 아들의 목소리와 함께 상실되어갔다. 전화 연결이 이토록 빨리 끊어지리라는 것을 미리 알았더라면 앨런은 무슨 말을 했을까? 아들에게 다시 한번 말할 수 있는 기회가 오기를 절실히 원했다. 끝이 오기 전에 뭔가 말해주고 싶었다.

그는 종이장처럼 구겨진 잠수함 안의 칠흑 같은 어두움을 들여다 보았다. 죽어가는 사람들의 신음을 애써 무시하려 했다. 더 이상 그들을 위해서 할 수 있는 것이 없었기 때문이었다. 지금은 자신을 진정시키고 생각을 집중하는 것 조차 앨런에게는 버거운 일이었다. 그때 앨런의 오른쪽 어딘가에서 보일 듯 말 듯한 깨알같이 작은 불빛이 시야에 들어왔다. 그의 시력이 떨어져 가고 있었기 때문에 불빛이 어디에서부터 오는 것인지 조차 알 수 없었고, 시선을 집중시키려고 해도 주변에 대체 뭐가 있는지 도무지 알 수가 없었다. 그럼에도 불구하고 그 작은 불빛은 여전히 거기에 있었다. 희미한 빨간색이 분명히 빛을 발하고 있었다.

그는 팔을 뻗어서 떨리는 손으로 허공을 더듬어 보았다. 하지만 그가 찾는 불빛은 훨씬 더 멀리 있었다. 그는 앞으로 몸을 숙였다. 여전히 아무것도 잡히지 않았다. 앨런은 넘어질 각오를 하고 위태롭지만 몸을 더 앞으로 당겨보았다. 마침내 무엇인가 손에 잡혔다. 천 조각 같기도 했는데 그에게는 생소한 감촉이었다. 아마도 누군가의 셔츠였을지도 몰랐다. 축축했다. 하지만 그것이 어떤 액체인지 앨런은 상상하고 싶지 않았다.

그럼 불빛은 어디에서 오는 것일까? 그는 주변의 옷가지들을 밀쳐냈다. 작고 둥근 붉은 빛이 이제 더 가까이 보였다. 하지만 그 불빛은 무엇을 의미하는 것일까? 그는 주변에 있는 어떤 것도 식별할 수 없었지만 벽에 연결된 검은색 전선이 눈에 들어왔다. 순간 앨런은 그것이 라디오와 연결된 선이라는 것을 알 수 있었다. 앨런의 심장이 빠르게 뛰기 시작했다. 제프의 목소리는 더 이상 잠수함 안의 객실 스피커를 통해서 들을 수 없었다. 그것은 아마도 잠수함이 마지막으로 전복되었을 때의 충격 때문일 것이다. 그런데 무슨 이유에서인지는 몰라도 라디오는 아직 작동하고 있었고, 그 증거로 빨간색 전원 표시등에 불이 들어와 있었다. '만약… 제프가 내 말을 들을 수는 있지만 대답할 수 없는 상황이라면 어떻게 하지? 내 말이 전달되지 않을 수도 있다는 사실을 알면서도 꼭 전해야 할 말이 있을까?' 스스로의 질문에 대한 답변은 확신에 가득 찬 긍정이었다. 그가 하는 말이 상대방에게 들리지 않을 가능성도 높지만 그냥 누워서 죽음이 그를 데려가기를 기다리고 있는 것보다 훨씬 좋은 선택이라고 생각했다.

그는 자신의 말을 들으며 부두에 서 있을 제프를 머리에 그려 보았다. 그의 말을 듣고 있을지 조차 확신할 수 없지만 그래도 마지막 말을 남기고자 라디오에 연결된 수화기를 들었다.

"제프, 내 목소리를 들을 수 있을지 모르겠구나. 여기에 스위치가 켜져 있어서 아주 희박한 가능성이지만 시도해 보기로 했다. 사실 가능성이 있다는 것만으로도 내게는 족하다. 부탁이 있는데 들어 주겠니? 잠시 후 내가 계속 말을 이어 나갈 때 위성 전화기로 교회에 연결한 후 스피커에 수화기를 대고 있어라. 성도들에게 할 말이 있단다. 알겠지? 하지만 그전에 너한테 할 말이 있단다."

아빠의 목소리를 다시 듣는 순간 제프는 도저히 스스로 제어할 수 없는 감정의 소용돌이 속으로 빨려 들어갔다. 스피커를 통해 아빠의 첫마디가 들려왔을 때 제프는 무릎에 힘이 빠져서 몸을 가눌 수조차 없었다. 속이 뒤틀리는 것 같은 울음이 솟구쳐 올라왔다.

"제프, 넌 아빠에게 너무나 큰 행복을 가져다 주었어… 네가 아빠의 아들이라는 게 항상 자랑스러웠다. 사랑한다, 아들…"

"그만하세요."

제프는 소리를 죽인 채 속삭이듯이 말했다.

"제발, 아빠…그만."

"아빠와 함께 했던 시간들 기억하지? 우리 둘이서 마트에 가기도 하고 산책을 하거나 자전거를 타기도 했잖아. 야구공을 던지기도 했었고… '우리 남자끼리 놀아요.' 여섯 살짜리 순진한 얼굴에 미소를 가득 담은 채 아빠에게 말하곤 했었지. 잠시 동안만이라도 엄마의 모든 잔소리를 뒤로할 수 있는 즐거움이 있는 남자들만의 시간이었단다. 너는 나의 손을 잡고 생긋 웃으며 내 얼굴을 들여다 보았어. 아무런 반감도 반항심도 어색함도 없는 얼굴로 말이야. 그저 아빠와 함께 할 수 있는 시간 때문에 즐거워했었지. 기억하고 있지, 제프?"

"네, 아빠."

눈물을 닦아내면서 제프가 대답했다.

"남자들만의 시간을 가진 게 정말 오래 전이구나, 그렇지? 모든 게 아빠의 잘못이다. 내가 너희 엄마를 떠났을 때 사실은 너에게서도 떠난 것이라는 것을 아무리 부인하려고 해도 헛된 일이었어. 너와 그렉과 아빠가 이제 더 좋은 시간을 함께 할 거라고 너희들에게 말하고 나서 나 자신에게도 합리화하려고 했지만 쉽지는 않았단다. 그때 아빠는 잘못 선택한 결혼의 고통에서 벗어나 이제 하나님의 뜻에 따라 새로운 결혼을 하는 거라고 생각했다. 하지만 그 후로 우리 남자들만의 시간은 결코 찾아오지 않았어. 그렇지? 이제 아빠는 그 몇 분간의 시간을 얻기 위해서라면 무엇이라도 줄 수 있어, 제프."

제프는 기계실 안에서 몸을 바로 세우고 깊은 심호흡을 했다.

"아빠, 지금 우리 남자들만의 시간을 가지고 있잖아요."

그가 말했다.

"우리가 보낸 것 중 가장 좋은 시간을요."

그날 Chapter 27

서밋교회 – 덴버

시간은 벌써 오후가 되었지만 아주 소수의 사람을 제외하고는 아무도 예배당을 떠날 생각조차 하고 있지 않았다. 만약 지금 발생한 이 사건에 대해 모르는 사람이 예배당에 들어왔다면 아마도 가장 혼란스럽고 정리되지 않은 예배라고 생각할 것이 틀림없었다. 여느 때 같았으면 가지런히 정돈되어 있을 의자와 복도가 지금은 무질서하게 어지럽혀져 있었고, 사건 경과를 전달해 주고 있는 방송실 주위에는 성도들이 10여 명씩 그룹을 지어서 엎드린 채 제정신이 아닌 사람들처럼 모여 있었다. 본당 안에는 사람들이 내는 각종 기괴한 소리들이 울려 퍼졌다. 그들이 접해야 했던 예기치 못한 비보의 무게를 견디다 못해 슬피 흐느끼는 소리, 통곡하는 소리, 기도하는 소리와 외치는 소리, 쉰 목소리들이 온통 뒤섞여 예배당 공간을 가득 메웠다.

CNN뉴스 속보의 소리 없는 영상만이 본당의 대형 스크린을 통해 계속 비춰지고 있었다. 천천히 선회하는 헬기에서 조망한 맑고 푸른 카리브 해와 탑승부두, 그리고 물에서 나와 보트에 올라타는 구조대원의 모습들이 보였다.

방송실로부터 들려오는 첫 신호는 큰 심호흡이었다. 이어서 본당의 스피커 시스템을 통해 낯익은 목소리가 흘러나왔다.

"사랑하는 성도 여러분…"

수 천명의 얼굴들이 목소리를 듣는 순간 대형 스크린을 향해 고개를 들었다. 감정에 북받쳐 갈라지는 소리였지만 분명히 담임목사의 목소리였다.

"앨런입니다. 지금 잠수함 안에서 여러분들께 말씀드리고 있습니다. 제 목소리를 들을 수 있으면 좋겠습니다. 여러분들도 아시다시피 저희 팀은 끔찍한 사고로 인해 고통당하고 있습니다."

앨런의 목소리로 인해 촉발된 성도들의 탄식 소리가 거대한 충격파로 돌변해서 예배당의 천정을 뚫고 나갈 것만 같았다. 그리고 일순간, 모두가 입을 다물고 그들의 목사가 하고자 하는 얘기를 들으려 귀를 기울였다.

"몇 분 전에 우연히 라디오가 연결되었습니다. 방금 있었던 또 한번의 사고로 인해 음성신호를 수신하지는 못하지만요. 여러분이 제 목소리를 들을 수 있는지 모르겠습니다. 제프도 제 목소리를 듣고 있는지 모르지만 만약을 위해 제프에게 위성 전화기를 라디오 스피커에 대어 달라고 부탁했습니다. 사실 저는 여러분이 듣고 있으리라고 믿습니다. 왜냐하면 여러분이 저의 이야기를 듣고 계신다는 사실이 지금의 저에게 엄청난 차이를 가져오기 때문입니다. 무엇보다도 여러분들께서 저희들의 구조를 위해 기도해 오신 것을 잘 알고 있습니다. 잠수함에 저와 함께 있는 사람 중 생존자가 있는지는 모르겠습니다. 여기는 완전한 암흑이고, 제가 누군가를 돕거나 위로해 줄 수 있는 상황도 못됩니다. 저는 제니가 떠났다는 사실을 알고 있습니다. 오드리와 헬 뉴먼도 떠났습니다."

앨런의 목소리가 갈라졌다.

"이분들의 가족이나 친구분들께서 지금 제 이야기를 듣고 계신다면 애도를 전합니다. 아무튼 지금 상황에서는 구조될 수 있다는 희망은 가지고 있지 않습니다. 적어도 사람의 손을 통한 구조는 말이지요. 그러니까 여러분 모두 기도해 주시겠습니까?"

래리 콜린스가 앞으로 나와 마이크를 쥐었다.

"하나님, 우리의 형제 앨런과 그 주위의 다른 생존자들이 아직 호흡을 이어가고 있는 동안에 구조가 성공적으로 이루어길 아버지께 간구합니다."

래리는 자신의 감정을 억제하느라 잠시 멈추었다.

"주님, 저희들에게는 앨런이 필요합니다. 그는 우리들의 영적인 목자이고 양떼를 먹이는 리더입니다. 저희들에게 앨런이 필요합니다. 그의 생명을 지켜주시고, 그와 함께 한 사람들의 생명 또한 보전해 주시옵소서. 그들에게 필요한 구조의 손길을 속히 허락하시고 그동안 그들의 생명이 유지되게 하여 주시옵소서. 예수님의 이름으로 기도합니다. 아멘."

예배당 안의 모든 성도들이 계속해서 기도를 이어갔기 때문에 래리가

'아멘'을 한 후에도 긴 침묵이 흘렀다.

"여러분, 앨런입니다."

"여러분들의 기도에 감사드립니다. 이제, 제가 마지막으로 메시지를 전할 수 있도록 해 주시면 감사하겠습니다. 여러분이 제 이야기를 들을 수 있는지 확신할 수는 없지만 지금부터 하려는 말은 여러분 자신의 삶을 어떻게 살아가느냐에 관한 것입니다. 좀 더 정확히 표현하자면 여러분들에게 주어지는 매 순간을 어떤 자세로 살아가야 하는가에 대한 구체적인 삶의 태도와 방식에 대한 이야기입니다. 왜냐하면 마지막 순간이 여러분에게 어떤 식으로 찾아오느냐 하는 문제는 인생에 있어 굉장히 중요하기 때문입니다. 저에게는 이 땅에서 보내는 바로 그 마지막 순간이 지금 찾아온 것 같습니다. 그리고 그 시간을 여러분과 함께 보내고 싶습니다."

그가 말하는 동안 주변에서는 더 큰 울음소리가 들려왔다.

"성도 여러분은 이 땅에서 가장 귀한 분들입니다. 그리고 제가 여러분의 목사가 됐다는 것은 큰 특권이었습니다. 헌신적으로 저를 성원해 주신 여러분들을 결코 잊을 수 없을 것입니다. 무엇보다도 잊을 수 없는 순간은 제가 여러분들 앞에서 가장 이상적인 여인을 만났다고 말했을 때였습니다. 제가 이 말을 하고 있는 지금 이 순간, 그녀는 제 곁에 잠자듯이 누워있습니다. 제가 저지른 과거의 실수를 넘어서 하나님이 저를 위해 준비해 두신 미래를 껴안는 결단은 저의 인생에 가장 중요한 일생일대의 임무였던 것 같습니다. 말하기 어려운 소식을 가지고 여러분들 앞에 섰을 때는 이미 많은 시련을 통과한 뒤였습니다. 여러분들이 제 이야기를 듣고 이해하시고 수용해 주신 사실은 가장 큰 성과였다고 말씀드릴 수 있습니다. 제가 걸어온 힘겨운 여정과 그 시간 동안 제가 발견하고 끌어안은 모든 것들에 대해 설명드렸을 때 여러분은 말 그대로 또 상징적인 의미에서도 저와 함께 해 주셨습니다. 여러분은 저와 제니의 결혼식에 와 주셨고, 저희 두 사람을 위해 기도해 주셨습니다. 여러분들께서 저와 함께 해 주셨기 때문에 그날이 승리와 환희의 시간이 될 수 있었습니다. 저는 결코 잊을 수 없을 것입니다."

앨런은 차분하게 말을 이어 나갔다.

"지금 이 순간 여러분은 저처럼 마지막 순간을 맞이하고 계시지는 않습니다. 여러분 모두가 저보다는 많은 시간을 갖고 계시지만 그리 많은 시간은 아닐지도 모릅니다. 우리에게 남은 삶의 시간은 오직 하나님 한 분만 알고 계십니다. 여러분이 가지고 있는 시간이 얼마남지 않았다 하더라도 그 시간의 분량을 모른다는 이점이 있습니다. 어떤 사람의 경우에는 불이익이 될 수도 있겠지만요. 저는 지금 매우 소중한 선물을 받은 것 같습니다. 제게 남아있는 시간을 제가 가장 좋다고 여기는 방식대로 사용할 수 있다는 것입니다. 그리고 딱 하루 만이라 할지라도 미리 그날을 알 수 있다는 것은 얼마나 큰 축복인지요. 한 시간이라 할지라도 말입니다.

"여러분의 마지막 순간은 어떤 모습일 것 같습니까? 마지막 순간을 어떻게 보내시길 원하십니까? 어딘가 도로 위에서 누군가를 향해 욕설을 하면서 보내시겠습니까? 아니면 병원 응급실의 의사에게 고함치며 이를 갈면서 보내시겠습니까? 아니면 당신의 배우자나 자녀에게 소리 지르면서 보내시 겠습니까? 오직 승진과 성공만을 위해 달려가시겠습니까? 예수님과 동행하 며 사랑하는 가족들과 함께 믿음의 경주를 달려가시겠습니까? 이 모든 것 이 여러분 각자에게 달려있습니다. 저는 여러분을 저의 마지막 순간을 함께 보낼 동역자들로 선택했습니다. 거기엔 저의 두 아들도 포함되어 있습니다. 그리고 여러분의 목사로서 제 소명이기도 합니다. 이 모든 것들이 제 마지 막 순간을 차지할 만한 충분한 가치가 있는 것들이라고 믿습니다. 여러분에 게 주어지는 모든 축복된 순간을 두려움과 떨림으로 맞이하시기를 권고합 니다. 그렇게 하시겠습니까? 저는 어떤 최후의 순간을 맞이하게 될지 알고 있습니다. 그 순간을 지금 맞이하고 있으니까요. 저는 그리스도안에서 믿음 의 형제와 자매들을 만나게 될 것이고 지금 이 소중한 경험들을 나누게 될 것입니다. 그리고 나의 창조자를 만나게 될 것을 기대합니다. 그분과 얼굴과 얼굴을 맞대고 인생의 어려운 질문들을 묻게 될 것입니다. 왜 어린아이들이 학대당하고 죽음을 맞이해야 되는지와 같은 질문들입니다. 마지막 한 가지, 제가 방금 터득한 사실을 말씀드리고 싶습니다. 그것은 여러분의 마지막 순 간이 여러분 자신을 정의하게 될 것이라는 사실입니다. 마지막 순간이 여러 분 삶의 정점인 것 입니다. 여러분의 인생을 견고한 반석 위에 건축했는지 아닌지를 판명해 줄 것입니다. 여러분이 선택하십시오. 여러분이 선택…"

희미하지만 틀림없이 앨런 라커웨이의 목소리가 떨리기 시작했다.

탑승부두 - 바베이도스

제프는 이제 아빠에게 무슨 일이 일어날지 명백해지자 무의식적으로 자리를 박차고 일어났다. 그는 주변을 돌다가 충동적으로 기계실의 벽을 주먹으로 쳤다.

"아들…" 스피커를 통해 부드러운 음성이 속삭이듯 들려왔다.

그날 Chapter 28

　제프는 그의 생애에 최악의 날이 닥쳤음을 직감했다. 아빠는 자신이 있는 곳으로부터 불과 몇 미터 떨어진 곳에 있지만 볼 수도 만날 수도 없는 상황이다. 게다가 산소부족으로 생명이 위태로운 상태에 있다. 하늘에는 끝없이 맑은 공기가 펼쳐져 있지만 제프는 그것을 아빠에게 전달할 방법이 없었다. 무기력한 상황이 가져다 주는 괴로움이 그를 압도했고, 이성적으로 생각할 수 있는 능력까지 빼앗아갔다. 그는 부두 위를 미친듯이 걸어다니며 그를 공격하고 있는 분노와 슬픔을 건물에 전가해 보려는 무의미한 시도를 했다. 바로 그때 바베이도스 해양경비대 소속 군함의 소정이 구조대원들이 타고 온 보트에 접근하고 있는 것이 보였다.

　"승선하시오! 다시 잠수하는 것은 허용할 수 없소!"

　확성기를 통해 단호한 목소리가 들려왔다.

"다시 말하겠소, 승선하시오! 당신들로 인해 마약 밀매의 증거가 인멸되었소!"

제프는 믿을 수 없다는 듯이 고개를 흔들었다. 구조대원들이 1차 구조에 실패했지만 재시도를 위해 다른 구조대를 투입해야 할 것이 아닌가? 하지만 해안경비대 장교는 구조대의 임무를 종료시키고 경비선에 승선하도록 명령하고 있었다. 그것은 구조를 기다리는 생존자들의 열망을 명백히 무시한 처사였다. 제프는 갑자기 제자리에 멈추어 서더니 10초 동안 미동도 하지 않았다. 그의 시선은 바다 위를 향했고 절단된 다리가 둥둥 떠다니는 곳에 머물렀다. 하지만 정작 그의 시선을 끈 것은 타원형의 부유물이었다. 산소탱크… 제프는 순간 신발을 벗어 던지고 기계실로 달려갔다.

"저는 물 속으로 들어갑니다!"

그는 계기판에 놓여 있는 위성 전화에 대고 소리쳤다. 전화선은 아직 연결되어 있었다.

"스쿠버 산소탱크가 있어요. 바다 밑으로 들어가겠습니다. 뭐든지 해야만 해요!"

수화기를 통해 래리의 목소리가 들려왔다.

"제프, 제발 조심해야 돼! 우리들의 기도가 응답되기를 바라지만 너의 안전 또한 중요하니까."

제프는 전화기를 집어 들었다.

"제 안전을 걱정해 주시는 것은 정말 감사합니다. 하지만 바다 밑으로 내려가서 무엇이든지 해보려고 해요. 그렇지 않으면 평생 동안 후회하면서 살게 될 것 같거든요."

"기도하는 것도 중요한 일이야, 제프."

"좋아요. 그럼 기도해 주세요. 저에게도 가급적 많은 기도가 필요할테니까요. 나중에 다시 말하죠."

제프는 잠시의 주저함도 없이 수화기를 내려놓고 기계실에서 뛰쳐나와 바다로 다이빙했다. 차가운 바닷물이 그의 온몸을 에워쌌다. 제프는 체육 시간에 모든 수영 과정을 이수했고 헤엄치는 데 꽤 익숙했다. 또한 다섯 시간코스의 스쿠버 다이빙 훈련도 받은 적이 있는데 그의 충동적인 다른 많은 결정들과 마찬가지로 이 훈련 역시 중도에 포기한 적이 있었다. 그렇게 오랜시간 부두에 서서 사건이 전개되는 모습을 보고만 있을 때는 안타까움에 마음이 타들어 가고 있었는데 바다 속에 뛰어들어 온몸을 움직이며 무엇인가 하고 있다는 생각에 흥분이 밀려왔다. 제프는 산소탱크를 잡은 순간 소스라치게 놀랐다. 산소탱크는 한 쪽 다리가 절단된 채 수면 위에 떠 있는 잠수부의 등에 아직 붙어 있었다. 평소 같았으면 구역질이라도 했을 법한 섬뜩한 장면과 맞닥뜨렸음에도 오히려 새로운 결의가 솟아올라 그의 내면을 가득 채웠다.

잠수부의 몸을 뒤집은 다음 창백하게 부풀어 오른 얼굴에서 잠수 마스크를 벗겨냈다. 산소 호흡기와 부력 보정기, 그리고 산소탱크의 순서로 벗긴 다음 물 속에서 몸의 균형을 유지하면서 가능한 빨리 잠수복으로 갈아 입었다. 그는 산소 호흡기를 깨끗이 닦아내고는 입 안에 집어 넣었다. 탱크 속의 산소가 천천히 그러나 확실하게 흐르는 것을 확인했다. 마지막으로 잠수부의 발에서 한쪽 물갈퀴를 먼저 잡아당겨서 벗긴 다음 자신의 발에 끼워 넣었다. 그리고는 절단된 다리가 떠 있는 지점으로 헤엄쳐 가서 두 번째 물갈퀴도 같은 방식으로 신었다. 드디어 구조에 필요한 최소한의 모든 준비를 마쳤다.

제프는 아드레날린이 솟구쳐 오르는 것을 느끼며 물 속으로 잠수한 후 온 힘을 다해서 물을 차내기 시작했다.

그는 자신을 기다리고 있는 그러나 반갑지만은 않은 목적지를 향해 시선을 아래로 향했다. 물 위에서 내려다 보았을 때는 물 속 깊은 곳의 어둑한 그림자만 보일 뿐이었는데 지금 그의 앞에 펼쳐지는 광경은 너무나 처참하게만 보였다. 그는 필사적으로 잠수함의 흔적을 찾아내려고 했지만 요트 파편과 진흙더미가 뒤엉켜 잠수함의 형체를 분간하기란 여간 어려운 것이 아니었다. 이처럼 누군가의 접근을 허용하지 않을 것 같은 거대한 장애물에 부딪치자 제프의 의지도 순간적으로 약해지는 것 같았다. 그리고 의식하지도 못한 사이에 그는 벌써 마음으로 기도하고 있는 자신을 발견했다.

'하나님, 최근에는 별로 말씀드리지 않은 것 같습니다. 하지만 이 장애물을 뚫고 아빠를 구조하기 위해서는 하나님의 도움이 절실히 필요합니다. 저 혼자서는 불가능합니다. 하나님, 저 좀 도와주세요…'

어떤 응답을 기다리기도 전에 제프는 행동을 취하기 시작했다. 두 손과 팔로 산더미 같은 파편을 헤쳐나가는 동시에 발을 계속 움직여 몸에 추진력을 만들었다. 파편 더미의 가장 안쪽에 위치한 부분은 엔진오일과 가솔린이 섞인 두꺼운 혼합물과 함께 응고되어 있었는데 이 끈적끈적한 부분을 뚫고 나가기가 여의치 않았다. 하지만 제프는 응고된 부분을 잘라내는 일을 멈추지 않았다. 한참을 정신없이 팔을 휘저었다가 순간 손에 전해지는 고통으로 팔을 뒤로 뺐다. 가느다란 피줄기가 손이 움직이는 대로 따라다녔다. 갑자기 치밀어 오르는 분노를 참지 못하고 팔꿈치로 응고된 혼합물을 가격했는데 갑자기 덩어리가 구부러지면서 그 사이로 작은 틈이 만들어졌다. 제프는 서둘러 틈을 비집고 들어가 부력 보정조끼에 꽂혀 있던 소형 전등을 꺼내서 잠수함 내부를 비추었다. 순간 제프는 온몸의 피가 얼어붙는 것 같았다. 잠수함은 이미 죽음의 대기실로 변해 있었고 일그러진 몸통들과 죽은 사람들의 초점 없는 눈들이 즐비했다. 제프는 쌓여진 시체들 사이에서 아빠를 찾으려고 창문에서 창문으로 이리저리 다니기 시작했다.

얼마후 잠수함 우측으로부터 세 번째 창문에서 아빠를 발견했다. 앨런은 라디오를 가슴에 품은 채 입을 덩그러니 벌리고 있었고, 두 눈은 아들을 향해 초점 잃은 시선을 보내고 있었다. 아빠를 구조하기에는 너무 늦은 것 같다는 생각이 들자 깊은 절망감에 사로잡혔다.

그날 Chapter 29

잔여 산소량: 0분 0초.

극심한 고뇌 가운데 제프는 오지에서 생존한 사례를 다룬 다큐멘터리나 소설 속에 소개되는 여러 사건들을 떠올려 보았다. 사람이 죽게 되면 가사 상태에 들어가게 되는데 이러한 상태가 되기까지 어느 정도 시간이 걸린다는 것을 기억해냈다. 10분 안에 산소 공급이 재개되면 때때로 다시 살아나는 일도 일어난다는 사실도 기억해냈다.

제프는 조금 전 창고에서 미친 듯이 뒤적였던 안전 매뉴얼을 머릿속에 그려보았다. 그의 기억에 새겨진 한 단어 – 비상용 산소. 제프는 그 말을 매뉴얼 어디에선가 읽은 것을 선명히 기억하고 있었다. 비상용 산소 그리고 연결밸브! 잠수함 위 어딘가에 상당량의 비상용 산소를 공급할 수 있는 밸브가 있었다. 그는 심지어 밸브의 도형을 본 것까지 기억해 냈다. 그리고 그

위치를 알려주기 위해 선체에 두 글자가 각인되어 있다는 사실도 떠올랐다.

제프는 손전등을 비춰 가면서 정확한 지점을 찾기 위해 잠수함 표면을 손으로 조심스럽게 더듬어 가기 시작했다. 잠시 후 그는 손가락에 전해지는 미세한 흔적을 감지하고 정확한 상황 파악을 위해 옆으로 이동했을 때 잠수함이 뒤집어진 상태에 있다는 것을 알게 되었다. 결론적으로 비상용 산소밸브는 손이 닿을 수 없는 바다 밑바닥에 깔려 있다는 것이다. 다행스러운 것은 선체의 폭을 가로 지르는 이음새가 잠수함 선체의 정 중앙임을 알려주는 역할을 해서 보다 수월하게 밸브를 찾을 수 있게 되었다는 것이다. 그는 여전히 앞에 떠다니는 파편들을 헤치면서 이음새를 따라 내려갔다. 마침내 잔해가 어지러이 널려 있는 바닥에 도착했다.

그는 전복된 잠수함의 지붕 주변에 쌓인 파편 쓰레기들을 치우는 일부터 시작했다. 쓰레기를 대강 치우고 나자 모래가 가장 큰 문제였다. 제프가 미친 듯이 파헤치는 모래는 탁한 먼지를 일으켰지만 그런 것 따위에는 관심 둘 필요조차 없었다. 오직 비상용 산소밸브를 찾아내기 위한 목적만 머리 속에 있었다. 어떠한 밸브던 간에 찾아내기만 하면 한 눈에 알아볼 수 있을 것 같았다.

남아 있는 시간이 얼마 되지 않는다는 생각이 들자 제프는 극도의 긴장감이 온몸을 타고 흘렀다. 무슨 일이 있어도 해내야만 했다. 여기까지 왔는데 밸브 하나를 찾는 일에 실패할 수는 없었다.

제프는 밸브를 찾기 위해 팔을 최대한 뻗어 더듬기 시작했다. 금속 재질의 손잡이가 손가락에 닿는 느낌이 들었다. 비상용 산소 밸브일 가능성이 커 보였다. 그는 남아있는 모든 힘을 동원해서 더 깊이 파 들어갔다. 그런 그의 행동과 모습은 마치 바닷속에 서식하는 오소리 같았다. 파낸 모래 때문에 생기는 공간으로 인해 상황은 더욱 악화되었다. 잠수함이 조금이라도 움직이면 즉사할 수도 있는 생사의 부담감이 제프를 더 긴장하게 만들었다.

제프는 산소 호흡기에 거친 숨을 몰아 쉬었다. 극도의 스트레스와 육체적 소모, 제프는 그 두 가지와 사투를 벌여야만 했다. 한 번 더 모래를 파낸 결과 밸브 손잡이를 확실하게 잡을 수 있었다. 마음이 조급해진 제프는 있는 힘을 다해 힘껏 당겨보았지만 미동도 하지 않았다. 그는 물갈퀴를 벗어낸 다음 최대의 힘을 발휘하기 위해 몸을 굽힌 후 발을 둥근 밸브에 대고 힘껏 잡아 당겼다. 여전히 움직임은 없었다. 마치 밸브를 열지 못하도록 용접해 놓은 것만 같았다. 달리 할 수 있는 일을 생각해내지 못한 제프는 두 팔과 발로 밸브 손잡이를 밀고 당기는 것을 반복했다. 고통스런 신음이 산소 호흡기를 통해 새어 나오면서 팔 근육이 떨리고 두 손에 경련이 일어났다.

밸브는 결코 움직이지 않을 것만 같았다. '그럼 이제 어떻게 하지?'

조금 전에 봤던 아빠의 얼굴이 떠올랐다. 헤아릴 수 없이 많은 유년시절의 추억들을 함께 공유할 아빠의 모습이 이제는 창백하고 초점없는 시체가 되어 다시는 어떠한 대화도 할 수 없게 될지도 모른다는 사실이 그의 생각을 사로잡았다. 다시 시도해야만 했다. 방법을 찾아야만 했다. '다른 방법으로 밸브 여는 것을 시도해볼까?' 두려운 마음이 들었지만 이번에는 다른 방식으로 접근해보기로 했다. 그는 밸브 손잡이를 더 잘 잡기 위해 몸을 최대한 밸브 손잡이 가까이에 고정시켰다.

'제발, 하나님… 도와주세요!'

손잡이가 약간 틀어진 것 같긴 했는데 너무 미미해서 처음에는 그 사실을 알아차리지 못 했다. 손잡이를 쥔 손이 미끄러워서 밀린 것이라고 생각했는데 손잡이를 처음 잡았던 위치에 자신의 손이 그대로 있다는 것을 알았다.

바로 그때 순식간에 수많은 공기 방울이 그를 덮쳐오기 시작했다. 손잡이를 잡고 있던 손을 풀자 몸이 둥둥 뜨면서 잠수함 밑에서 빠져나오게 되었다. 갑작스러운 공포심에도 불구하고 제프는 성공을 자축했다.

'그래, 이제는 포기해도 좋아.' 광란의 춤을 추는 듯한 산소방울을 바라보면서 제프는 속으로 말했다. 처음 충격이 있은 후 잠수함에 공기가 가득 채워지면 정상적인 상태로 될 것이 분명했다. 그런데 한참을 지나도 공기방울이 멈출 기색을 보이지 않았다. 제프는 망연자실하여 멍하니 바라 보았고 그의 의기양양하던 모습이 이제는 혼돈으로 바뀌었다. '갑작스런 폭발로 응급 산소밸브가 손상된 것일까?' '밸브를 여는데 성공한 것이 고작 귀중한 공기를 거대한 바다로 흘려 보내기 위함이었단 말인가?' 그는 가장 가까이에 있는 잠수함의 창문을 향해 내려갔다. 잠수함 내부를 본 순간 그는 안도의 한숨을 내쉬었다. 조금 전까지만 해도 선명하던 창에 옅은 수

증기가 덮여 있었다. 그는 창을 세게 노크했다. 창 가까이에 있는 사람 중에 정신을 차린 사람이 있을지도 모른다고 생각했다. 하지만 아무런 반응이 없었다.

왼쪽 세번째 창, 누군가가 손으로 수증기를 닦아내고 있는 것이 제프의 시야에 들어왔다. 아빠였다! 창백한 얼굴과 게슴츠레한 눈빛에도 불구하고 분명 그것은 아빠의 얼굴이었다! 제프는 가까이 다가가서 얼굴을 창에 들이대고는 아들이 구조하러 왔다는 것을 보여주려고 했다. 아빠는 고개를 끄덕이더니 엄지손가락을 힘없이 들어 올렸다. 그리고 다시 잠수함 안쪽으로 사라졌다. 제프는 소형 손전등으로 잠수함 내부를 비추면서 자세히 들여다보았다.

앨런은 수많은 시신들 사이로 다시 기어 들어가고 있었다. 그는 고통스러울 만큼 느린 동작으로 기어가더니 마침내 등을 곧추세우고 앉았다. 그의 손에는 검정색의 윤기가 나는 물건이 쥐여져 있었는데 그는 제프에게 익숙한 제스처를 하면서 손을 들어 보이고는 입술을 움직이기 시작했다.

앨런은 라디오 무전기를 손에 쥐고 있었고 라디오는 아직 덴버의 성도들과 연결되어 있는 상태였다. '아빠는 다시 설교하려고 하는 것일까?' 그 순간 제프는 아직까지 밸브에서 분출되고 있는 다량의 공기방울을 떠올렸다. 그가 긴급 산소를 잠수함 내에 공급하는데 성공한 것은 사실이지만 어딘가에서 공기가 새고 있는 것이 틀림없었다. 그렇다면 남아 있는 산소가 그리 오래가지는 않을 것이고 아빠가 이 소중한 몇 분을 자신의 교회 성도들에게 마지막 고별 설교를 하는 따위의 일에 시간을 낭비하도록 내버려 둘 수는 없는 노릇이었다.

그는 잠수함 안을 다시 들여다보면서 그의 머리를 단호하게 흔들어 댔다. '안돼요! 안돼요!' 앨런은 걱정스런 눈빛으로 자신을 향해 말을 하고 있는 아들을 보았지만 하던 말을 계속 이어갔다. 그는 입가에 가벼운 미소를 띠고 있었다.

제프는 돌아서서 수면을 향해 얼굴을 내밀었다. 산소 마스크를 벗어던지고 산소탱크도 벗어버리고 하늘을 향해 저주스러운 말을 외치고 싶었다.

'어떻게 이런 일이 있을 수 있어요!' 천신만고 끝에 간신히 얻어낸 결과인데 어떻게 이처럼 허무하게 빼앗아 갈 수 있단 말인가! 그것도 중단된 설교를 계속 하겠다는 아빠 스스로의 고집에 의해서라니, 제프는 믿을 수 없었다. 시간은 흐르고 공기는 계속 빠져 나가고 있었지만 앨런은 개의치 않는 것 같았다.

'도대체 아빠가 전하려는 말씀이 무엇이기에 이 소중한 순간조차도 아까워하지 않는 것일까?'

그날
Chapter 30

서밋교회 – 덴버

CNN 긴급 뉴스가 예배당 안의 대형 스크린에 비춰지고 있었다. 6명의 구조대원들이 실패하고 돌아온 모습, 제프가 충동적으로 바다에 뛰어 들어 죽은 잠수부의 몸에서 잠수 장비를 떼어내는 섬뜩한 장면과 그가 물속으로 사라지는 장면까지 여과없이 방송하고 있었다. 하지만 그 후에 전개된 일에 대해서 방송이 보여줄 수 있는 것은 없었다. 다만 몇 분 후에 발생한 갑작스러운 수중 폭발을 알릴 수 있는 것이 전부였다. 폭발 사고는 무수한 예측을 낳았다. 재난사고가 새롭게 전개될 때마다 각 장면의 해설을 제공하기 위해 방송에 나온 해양 전문가들로 구성된 패널들은 침울하고 비관적인 전망을 전했다. CNN 방송이 중단되고 예배당 안에 전해지는 낯익은 목소리를 어느 누구도 예측할 수 없었다.

성도 여러분, 다시 접니다….”

예배당을 가득 메우는 그 목소리는 놀라움과 긴박함, 안도감이 뒤섞여 있었다.

“제가 다시 여러분에게 말할 수 있다는 사실이 믿어지지 않습니다.”

앨런 라커웨이의 목소리에는 조금 전에 성도들이 들었던 것과는 전혀 다른 분위기가 느껴졌다. 그의 목소리에는 진지함과 긴박감이 서려 있었다.

“성도 여러분!”

앨런은 숨을 깊게 들이마셨다.

“제 말에 귀를 기울여주시기 바랍니다. 저에게 남아있는 시간이 얼마나 되는지 그리고 얼마만큼의 기력과 산소가 남아있는지도 알 수 없습니다. 하지만 방금 저에게 일어난 일을 여러분에게 전해야만 합니다. 아직도 믿을 수 없을 정도로 생생합니다. 죽느냐 사느냐의 문제입니다. 사실은, 생사의 문제보다 훨씬 더 중대합니다. 그것은 바로…”

그는 다시 깊은 숨을 들이마셨다. 그 호흡은 마치 전 성도가 함께 한 것 같았다. 모든 성도들이 라커웨이 목사의 말이 다시 이어지기를 기다렸다.

“이렇게 말씀을 시작했으면 좋겠군요. 저는 조금 전까지만 해도 죽었었습니다. 죽은 몸이었어요…. 처음부터 말씀드리지요.”

잠시 전 지상에서의 시간

믿을 수 없을 정도의 침묵. 영원 만큼 깊은 평화가 앨런 라커웨이를 휘

감았다. 이내 물 속으로 끌어당겨지는 것 같은 급작스러운 정적이 뒤따랐다. 앨런은 지금까지 자신의 삶이 마치 마감 시간을 기다려 온 지루하고도 신경 쓰이는 소동에 불과했다는 생각이 들었다. 앨런은 하늘거리는 바람에 둥둥 떠다니는 것 같았고 그의 마감된 삶이 남기는 가느다란 메아리가 공중에 울려 퍼지는 소리를 듣고 있는 것 같았다.

그는 완벽한 어두움 가운데 있었다. 그는 이 모든 상황을 분석하려는 시도를 멈추지 않았다. 그 잠시 뒤 앨런은 이 암흑과 공허함이 사실은 빛과 소리의 부재, 그 이상의 의미를 가지고 있다는 것을 깨달았다. 모든 것이 정적에 둘러 싸여 있었고 왠지 모를 설레는 기대감이 허공에 매달려 있는 것 같았다. 무슨 일이 임박했음을 직감할 수 있었는데 그것은 결코 말로 형용할 수 없는 것이었다. 꽃줄기가 뚝하고 꺾어지는 것 같은 가벼운 소리가 귓가에 느껴지더니 그는 공중에 뜨기 시작했다. 무엇인가가 그를 위로 끌어올리고 있었다. 잠수함 벽을 통과하고 파편 더미와 바닷물도 지났다. 아무런 힘도 들이지 않는데 계속 위로 올라가고 있었다. 해안선 위 바베이도스의 서쪽 산등성이 위로 빠르게 올라갔다.

어렸을 때 앨런은 하늘을 나는 꿈을 꾼 적이 있다. 의심없는 확신에 차서 그의 팔을 펄럭거리자 공기가 그 밑에 모여들고 이내 몸이 깃털처럼 가벼워지는 것을 보면서 하늘을 날 수 있다는 그의 신념이 보상받는 것 같았다. 앞 뜰이 점점 멀어지더니 상쾌한 여름 바람이 그를 떠안아 올리면서 볼에 촉촉한 키스를 해주었던 기억이 되살아났다. 그의 형과 누이가 시야에서 멀어지면서 앨런을 올려다보고 질투와 경탄의 소리를 질러댔던 경이로운 일들이 생각났던 것이다. 날아가는 것이 가능하다는 사실을 확인한 후 그의 가슴은 한껏 부풀어 올랐었다. 사실 그는 이것이 가능하다는 것을 이전부터 알고 있었다. 그냥 두 팔을 힘차게 펄럭거리고 멈추지 않으면 되는 단순한 논리였다. 곧 수평선이 나타나고 그 위로 구름이 보였다. 그리고는 우주의 끝없이 광대한 광경이 눈 앞에 펼쳐졌다.

그 꿈에서 깨어난 후로 그의 내면의 확신이 흔들린 적은 없었다.

지금 이 순간 공중에 떠오르고 있다는 사실은 앨런이 지금까지 꿈꾸어 오던 바로 그것이었다. 아래를 내려다 보았을 때 쓸쓸한 고통이 밀려왔다. 그의 눈에 비춰진 것은 다름 아닌 그의 몸이었다. 자신이 죽었다는 것을 확실히 깨닫는 순간이었다. 하지만 그런 인식이 주는 고통도 잠시뿐 자신이 몸으로부터 분리되고 있는 생생한 느낌으로 인해 죽음을 애석해 하는 마음은 그 자리를 내어 주어야만 했다. 그런 낯선 느낌은 중력의 법칙을 대신 하여 그에게 찾아 온 새로운 감정이었다.

'바로 이런 느낌이었군!' 그는 들려오는 음악 소리에 귀를 기울였다. 바이올린 연주와 크게 다르지 않은 복잡한 선율의 소리가 들려왔다. 그리고는 현악기의 연주와 함께 여성의 합창소리가 이어졌다. 숨을 크게 들이마시면서 내면의 환희를 억제해 보려고 했다. 이런 생각을 하는 동안 자신이 이미 구름 위를 지나고 있다는 것을 눈치채지 못했다. 카리브해는 짙은 청색으로 된 활모양이 되어 까마득히 사라져 갔다. 한 쪽으로는 지구의 둥그런 모습이 검은색 우주공간에 평화로운 곡선을 남기고 있었고 청록색의 베일이 지구의 가장자리를 휘감고 있는 듯했다. 높은 곳에서는 짙게 드리운 빛으로 인해 순백색의 북극이 희미하게 아른거렸다. 앨런은 경이로운 나머지 탄성을 질러댔다. 북극의 오로라였다.

그가 뒤를 돌아보았을 때 이전에 결코 본적이 없는 눈부시게 빛나는 별들이 마치 하늘에 물을 뿌려놓은 듯 펼쳐진 것을 보았다. 너무도 가까이 있는 것처럼 느껴져서 손을 뻗으면 닿을 것 같았고, 우주공간에 걸려있는 별들을 손으로 딸 수 있을 것만 같았다. 그는 등을 돌려 아래에 펼쳐진 대륙들의 가장자리를 바라보았다. 햇빛이 반사되는 광선 속에서 보랏빛 보석처럼 반짝이는 대서양이 보였다. 다른 쪽으로 방향을 바꾸자 반대쪽 해안이 그늘 안으로 삼켜지는 것을 볼 수 있었는데 유럽이 밤을 맞이하고 있다는 것을 알 수 있었다. 그리고 거대한 도시들이 밝히는 불빛이 어둠을 뚫고 있었다.

앨런은 자신이 원하는 방향으로 움직이려 했지만 자신의 의지와는 상관없이 어떠한 힘에 의해 이끌리고 있다는 것을 알게 되었다. 등 뒤에서 강렬한 빛이 임재하고 있다는 것을 느낄 수 있었다. 그는 몸을 돌려 영광스러운 광휘를 바라보았다. 처음에는 그것이 너무도 광대하고 밝게 빛났기 때문에 햇빛이라고 생각했다. 하지만 곧 인격을 갖춘 천상의 존재라는 것을 직감했다. 그의 앞에 펼쳐지는 광채가 너무도 거룩하고 웅장해서 그 빛을 그대로 바라보게 되면 눈이 영원히 멀게 될 수도 있다는 생각이 들었다. 순간 그는 그 빛을 똑바로 쳐다보고 있는 자신을 발견했다. 이 천상의 빛이 자신을 초대하여 아름다움과 놀라운 기대감을 충만하게 해주려고 하는 것 같았다.

빛이 발산하는 따사로움이 점점 더 가깝게 느껴졌다. 내면의 자아가 눈처럼 녹아내려서 그 빛 안으로 빨려 들어가는 것을 느꼈다. 그것은 앨런의 주변과 내면에서 흐르고 있는 상황에 전적으로 자신을 내어드리는 것을 의미했다. 그가 지상에 서 있었더라면 마치 폭풍 한 가운데 있는 것이라고 생각했을 것이다. 그의 머리카락과 옷이 강한 해풍에 휘날렸다. 그를 둘러싸고 규칙적으로 가해지는 이 힘이 인격을 가지고 있다는 생각을 떨쳐버릴 수 없었다. 그리고 지금 막 떠나온 세상에 머물고 있었더라면 그의 마음을 사정없이 흔들어 댔을 사랑이 물 붓듯 매우 강렬하게 부어지고 있었다. 감격과 환희 가운에 그는 스스로에게 말하고 있었다.

'앨런, 앨런, 왜 그토록 오랜 시간 동안 죽음을 두려워했던 거야?'

그날 Chapter 31

영원

지구와 그 아름다운 광경을 뒤로하고 앨런은 이제 자신의 앞에 어른거리는 빛 안으로 들어갈 수만 있다면 무엇이든 포기할 수도 그리고 그 빛이 발하는 기쁨 안에서 자신이 소멸되어도 상관없을 것 같았다. 그 빛은 감정과 색깔, 에너지와 생명을 모두 지니고 있는 것처럼 보였다. 그러한 현상은 앨런이 지금까지 보아온 것 중 가장 역동적이고 흥분되는 것이었다. 또한 동시에 그를 뒤덮고 있는 불길한 예감 감지할 수 있었다. 무엇인가 잘못되어 가고 있다는 생각이 들었다.

정체를 알 수 없는 공포심이 그를 사로잡기 시작했다. 이런 변화가 온전하고 건강한 모습으로 다시 가족과 땅 위에서의 안락한 삶으로 복귀하는 것을 의미한다고 할지라도 이제는 그런 결과조차 앨런에게는 재앙으로 다가오고 있는 것만 같았다. 앨런은 그 거대한 불빛 안으로 들어가고 싶은 열망으로 가득했다. 그의 머리카락과 옷자락이 바람에 흩날렸다. 그런데 이전에 알고 있었던 것과 같은 모습의 머리카락과 옷이 아니었다. 더이상 육신을 가지고 있지 않다는 생각이 들자 오싹하는 느낌과 함께 어디론가 추락하고 있음을 본능적으로 알 수 있었다. 추락은 숨이 멎을 듯이 급박하게 아래로 떨어지면서 차가운 바람에 의해 이러 저리로 흔들렸다. 지금 이곳에는 공기도 없다. 추락하는 느낌은 엄청나게 높은 벼랑이나 흔들 다리에서 실족한 것보다도 더 실제적이고 무서운 것이었다.

그렇다. 앨런은 지금 추락하고 있는 것이다. 그것은 바닥이 보이지 않은 추락이었다. 이런 상태로 영원히 추락해야 하는가? 끝없는 추락은 눈에 보이는 추락이 가져다주는 충격보다 더 괴로운 것이었다. 그 누구도 몇 초 이상은 경험하고 싶지 않은 불쾌한 것이었다. 방금 전까지만 해도 보이지 않은 힘에 의해 기쁨과 아름다움의 빛이 풍기는 온화함을 향해 이끌려가고 있었던 것에 비하면 이 극적인 반전은 너무나도 갑작스러운 것이었다.

앨런은 이제 조금 전에 있었던 곳으로부터 상당히 멀리 내려왔다. 답답하고 어두운 어떤 홀 같은 곳을 지나갈 때 갑자기 그의 머리가 들려졌다. 폐쇄공포증과 같은 공포가 그를 압도했다. 영원과도 같은 긴 추락에 이어 뚫고 나갈 수 없을 것처럼 보이는 흑암이 나타나기 시작했다. 이 빈 공간으로 추락해 오는 동안 그는 방향 감각을 완전히 잃어버렸다. 위에서인지 아래에서인지는 알 수 없지만 희미한 불빛이 눈에 들어왔다. 그를 향해 다가오는 것은 어두움이 감해지거나 빛의 강도가 증가되는 것 어느 쪽도 아닌 것 같았다. 그를 향해 다가오고 있는 것, 영적인 존재였다.

앨런은 자신 말고 다른 영적인 존재가 있다는 것이 너무 반가웠다. 그러나 그것도 잠시 낯선 우주의 광대한 공간 안에 홀로 버려졌다는 쓸쓸한 절망감이 추락에 의한 충격이나 심지어 황홀하고 아름다운 빛이 사라지는 것보다도 그의 영혼을 더 잔인하게 내리쳤다. 이 영적인 존재가 주는 느낌이 점점 불길해졌다. 사망 직후 무엇인가가 그를 위로 끌어올리는 느낌을 가졌던 바로 그곳에서 이제는 무엇인가 확실한 힘이 그를 강하게 밑으로 끌어내리고 있음을 느낄 수 있었다. 자신을 감싸고 있는 것이 마치 보이지 않는 커다란 손 같다는 생각이 들었다. 지금 앨런이 있는 공간은 단순한 진공 상태가 아니라 숨이 막힐 듯한 답답함으로 가득한 곳이었다. 그리고 그 존재는 말로 정확히 묘사하기 어렵지만 더럽고 추한 것임에는 의심의 여지가 없었다. 갑자기 소름이 끼쳤고, 마음은 혐오스러움과 공포심으로 인해 움츠러들었다. 비명을 지르려고 했지만 목에서는 소리가 나오지 않았다. 그리고는 오랫동안 그가 느껴왔던 감정이 갑자기 모두 정지되어 버린 것 같았다. 대신 공간의 공허함이 만들어내는 현기증이 알 수 없는 특별한 느낌의 그 자리를 차지했다.

이러한 여유도 잠시, 그는 용광로에서 뿜어져 나오는 것 같은 맹렬한 열기를 느꼈다. 이러한 상황에 그의 몸이 어떻게 버티고 있는지 상상할 수 조차 없었다. 이때 그는 그가 이미 몸을 떠나 있다는 사실을 기억해냈다. 그에게 주어진 몸은 인간의 육체처럼 타는 것이 아니었다. 그렇지 않았더라면 그의 몸은 엄청난 열기에 타서 흔적도 없이 녹아 없어졌을 것이다. 지금 그에게 보이는 것은 흑암뿐이지만 확실한 것은 다른 존재가 분명 이곳에 있다는 사실이었다. 그곳은 그의 모든 감각을 한번에 공격할 수 있는 사악한 존재가 있는 흑암이었다. 그 존재가 다가왔을 때 앨런은 어둑한 배경에 비친 형태만 가까스로 파악할 수 있었다.

그는 실눈을 뜨고 앞에 놓여진 상황을 파악하려 했지만 끝없이 피어오르는 잿빛 안개가 도처에 두껍게 깔려 있었기 때문에 이내 포기하고 말았다. 그는 위를 올려다보았다. 어떠한 종류의 빛도 존재하지 않고, 오직 어둠만이 끝없는 대해를 이루고 있는 것 같았다. 이때 거리를 가늠할 수 없는 먼 곳에서 깜빡거리는 빛이 보였다. 그 넘실대는 모습은 화염만이 이곳의 유일한 빛의 근원이라는 것을 말해주고 있었다. 다른 어떤 색깔이나 생명도 이곳에는 없었다. 오직 검정색과 회색으로만 이루어진 곳이었다. 자신이 이런 곳에 있다는 사실이 상상하기 어려울 정도의 두려움과 공포를 자아냈다. 그는 아래를 내려다 보았다. 그의 발 아래 지면은 짙은 색의 돌과 흩어진 재, 회갈색의 먼지들이 쌓여 있었다. 그 혼합물들이 수평선을 따라 끝없이 뻗어져 있는 것을 안개 속에서도 어렴풋이 볼 수 있었다. 코를 찌르는 냄새가 났다. 수억 개의 성냥을 한꺼번에 그어낸 것 같은 냄새였다. 유황이었다. 그곳의 대기는 열기에도 불구하고 습하고 답답했다. 낮게 부는 무더운 바람이 또 다른 냄새를 가져다 주었는데 쓰레기 같은 것이 썩는 냄새였다. 그리고 바람과 함께 들려온 소리, 마치 죽어가고 있는 수백만 명이 목구멍에서 한꺼번에 뱉어내는 것 같은 단음 조의 한숨 섞인 신음이 짙게 메아리쳐 왔다. 신음소리는 깊은 절망과 외로움, 고통 같은 절망을 실어 나르는 것 같았다. 흐느끼는 울음소리가 그들의 탄식을 두드러지게 했고, 장송곡 같은 울음이 쉼 없이 이어졌다. 그 소리들은 마치 날카로운 칼처럼 앨런을 난도질했다.

절망의 그늘 가운데에 있는 그에게 사람의 형체를 한 물체가 그의 눈에 들어왔다. 다가오고 있는 존재의 정체가 무엇인지 분별하지 못한 것 때문에 그는 숨조차 쉴 수 없는 공포에 사로잡혔다. 말라붙은 것 같은 얼굴에 너덜너덜 붙어 있는 피부에는 아무런 색깔도 없었다. 사람의 형상처럼 보이는 물체는 투명했고 그 육신은 물로 씻어낸 듯한 옅은 회색을 띠고 있었다. 눈이 있어야 할 자리에는 삐죽하게 튀어나온 검정색 덩어리가 자리를 차지하고 있었고, 입이 있어야 할 곳에는 가느다랗게 흘러내리는 액체 같은 것이 보였다. 얼굴은 축 처지고 생기가 없는 모습이었다. 그 괴물 같은 존재가 풍겨내는 것들이 앨런을 더 큰 절망과 좌절로 몰아갔다. 마치 죽은 것 같은 몸통이 기계적인 발걸음으로 느릿느릿하게 앞으로 걸어 올 때마다 긴 몸이 흔들거렸다. 발을 질질 끌며 다가오는 괴상 망측한 괴물을 바라보면서 앨런은 침울한 고통으로 숨이 막힐 듯 했다. 그 괴물은 앨런에게서 3미터도 안 되는 거리에 있었지만 앨런의 존재를 알아차리지 못한 것 같았다. 아니, 앨런을 보지 못하는 것 같지는 않았지만 단지 그의 존재 자체에 무관심한 것 같았다.

앨런의 두 눈이 목격하고 있는 것들은 이곳에 도착했을 때부터 그의 의식이 인정하고 싶지 않았던 무엇인가를 웅변적으로 말하고 있는 것 같았다. 사실상 이 평지는 흉측한 존재들로 우글대고 있었고 앨런이 이 사실을 깨달았을 때 그것들이 내는 신음이 세상에 속하지 않은 짐승의 포효하는 소리와도 같이 들려왔다. 그는 이 모든 소음으로부터 해방되고 싶었지만 저들이 내는 천둥과 같은 탄식 소리로부터 자신을 구해낼 방도는 없었다. 그 존재들이 가지고 있는 투명성 때문에 주변의 안개와 구분하는 것이 쉽지는 않았지만 그의 시력이 환경에 적응하면서 헤아릴 수 없이 많은 존재들이 이 저주받은 대지 위를 방황하고 있는 것을 보게 되었다. 그것들은 마치 셀로판지로 만들어진 마네킹처럼 이리저리 방황하고 있었다. 아무런 말도 하지 않았고 아무도 서로를 쳐다보지 않았다. 그냥 끊임없이 의미없는 걸음을 옮기고 있었다. 또한 떡 벌어진 입에서는 참을 수 없이 시끄러운 신음 소리가 흘러나왔다. 그 소리에는 바람이 이는 소리와 지독한 악취 그리고 앨런을 그 대열에 합류하도록 하는 강제성을 띤 고독감이 뒤섞여져 있는 것처럼 느껴졌다.

정처없이 그에게 가까이 다가왔던 첫 번째 괴물로부터 등을 돌렸다. 앨런은 그 자리에서 도망치고 싶었지만 두려움으로 얼어붙어 움직일 수 조차 없었다. 그 괴물이 가까이 다가올수록 썩는 악취가 점점 심해졌다. 앨런과 마주친 괴물의 무표정한 얼굴에서는 찡그리는 것조차 찾아 볼 수 없었다. 사실 어떤 표현도 할 필요가 없었다. 표현 없는 시선이 충분한 의사를 전달하고 있었기 때문이었다.

'우리 둘 다 이 저주받은 곳에 버려진 거야. 그리고 우리가 할 수 있는 일이란 없어. 아무것도 없어. 영원히. 그냥 익숙해 지도록 해.'

앨런이 그 괴물을 쳐다봤을 때 순간적으로 자신을 불쾌하게 만들고 있는 그 괴물과 조금 비슷해지고 있는 자신을 느끼게 되었다. 그 괴상망측한 괴물이 이 장소에 아주 오랜 시간 동안 존재하고 있었다는 사실을 무의식적으로 알 수 있었다. 그래서 자신에게 아무런 관심도 보이지 않았다는 것을 알게 되었다. 이제 곧 앨런 자신도 저렇게 될 것이었다. '나도 유령 같은 존재가 되어 이곳에서 많은 세대를 거치게 될 것이 분명해.'

그는 자신으로부터 생동감이 모두 빠져나가는 듯한 실제적인 느낌을 경험했다. 그리고 이 장소에 처음 들어왔을 때 왜 질식할 것 같은 기분이 들었는지 그 이유를 알 것 같았다.

앨런은 부모를 잃은 아이처럼 너무 당혹스러웠다. 이런 절망적인 기분을 얼마나 더 참아낼 수 있을지 고심했다. 신음이 절로 나왔다. 그리고 앨런의 내면에서 절망이 다시 고개를 쳐들었다. 그는 극심한 공포에 사로잡혔다. 자신이 어디에 와 있는지 알아버렸기 때문이다. 있을 수 없는 일이 그에게 현실이 되어 나타났다.

오, 하나님….

하나님의 이름을 떠올린다는 것 자체가 이 장소에서는 낯설고 어울리지 않는 것 같았다. 하지만 그는 자신이 처해진 상황과 상관없이 하나님을 생각했다. 그리고 그를 조롱하면서 찔러대는 수 천 가지의 질문 속에 갇혀 버렸다.

　'제가 왜 여기에 있는 거죠? 천국에 가는 길에 들리는 어떤 견학 코스인가요? 많은 불쌍한 영혼들이 어떠한 고통 속에 있는지 보여 주시려는 것인가요? 잃어버린 바 된 자들이 감내해야 하는 고통을 맛보게 해 주시려는 것인가요? 어쩌면 누군가를 찾기 위해 이곳에 보내졌나요? 제가 사랑했던 어떤 영혼을 찾아서 무엇인가 말해 주라는 뜻인가요? 그래서 제가 어떻게 느끼는지 말해주고 그 사람에게 한 번 더 회개할 기회를 주시려는 것인가요? 하지만 저는 하나님의 종이잖아요….'

　그는 등을 돌려 다시 평지를 바라보았다. 그곳에는 방황하는 수많은 영혼이 바다를 이루고 있었다. 어떤 특별한 한 사람을 찾아낸다는 것 자체가 무모한 과제인 것처럼 보였다. 더군다나 그 사람이 누구인지조차 모르는 상황이 아닌가? 그러나 어쩌면 그 한 사람을 찾아내어 그가 보내진 임무를 완수한다면 이 불쾌한 곳으로부터 탈출할 수 있는 기회를 얻게 되는 것이 아닐까?라고 생각했다.

　앨런이 평지를 향해 걸어가려고 했을 때 새로운 공포가 그를 엄습했다. 그가 이전에 세상에서 처럼 걷는다는 것이 불가능했다. 눈을 아래로 향하고 자신의 다리를 바라보았다. 조금 전까지 보았던 걸어 다니는 시체들처럼 생명도 빛깔도 없는 길고 보기 흉한 몸 안에 갇혀있는 자신을 보았다. 잠시 동안 충격에 휩싸였고 앨런은 이 사실을 받아들이지 싶지 않았다.

'하나님, 이 일들이 너무 심하다고 생각하시지 않나요?'

그는 자신에게 중얼거리듯 말했다. 그리고 다른 존재들에게 다가가려고 최선의 노력을 기울였다. 하지만 걷는 것조차 불가능했다.

"나는 앨런 라커웨이 라고 합니다! 혹시 누군가 나를 알고 있습니까?"

그의 외침이 무의미하다는 것은 그가 지르는 소리가 유황으로 뒤덮인 광대한 공간 속으로 희미하게 사라지는 것만큼이나 선명한 것이었다. 그는 다시 걸음을 내디디려 했지만 여지없이 넘어져서 딱딱한 바닥에 부딪치고 말았다.

'이건 옳지 않아!'

'이건 내가 예상했던 게 전혀 아니야. 이 끔찍한 견학 코스를 예비한 게 누구인지 알 수 없지만 이쯤에서 끝내주시면 좋겠군요. 이제 좋은 곳으로 저를 안내해 주세요! 하나님의 영광과 광채로. 저는 이제 하나님을 만나고 싶어요. 그래서 이 모든 것을 말끔히 잊고 싶어요. 여기서 제가 만나야 할 사람이 누군지 모르지만 빨리 만나고 다음 단계로 이동하면 안될까요?'

그날 Chapter 32

앨런은 자신에게로 다가오는 일련의 형상들을 바라보았다. 그는 지금 자신의 눈 앞에 보이는 것들이 더 이상 보이지 않게 시선을 다른 곳으로 돌리는 자비를 베풀어 달라고 간청하고 싶은 심정이었다. 하지만 그의 사고 기능이 그러한 것을 의식하는 것 조차 거부하고 있었다. 앨런은 그의 앞에 놓인 상황 앞에 육체적으로 정신적으로도 무릎을 꿇고 말았다. 전의를 완전히 상실하고 만 것이다. 그를 둘러싸고 있는 끔찍한 상황에 대해 자신을 추스르며 헤쳐나갈 아무런 힘도 남아있지 않았다. 그저 고통 속에 자신을 맡긴 체 소멸되고 싶었다.

앨런의 눈앞에 나타난 새로운 존재들은 극단적이고 다양한 형상을 하고 있었는데 모든 것들이 사악하고 기괴하며 악마 같은 모습을 하고 있었다. 그것들은 사람과 동물의 모습이 왜곡된 형태를 갖추고 있었는데 사지가 끊임없이 뒤틀리고 있었다. 사실 그 모습들은 온전한 형태라기 보다는 악 자체로부터 분출되는 공포스러운 비명이 자아내는 일그러진 형상이라고 할 수 있었다. 그것들은 길이와 형태가 전혀 다른 수족을 흔들어 대면서 대칭이나 비율이 전혀 조화를 이루고 있지 않은 모습을 그대로 보여주고 있었다. 가장 가까이에 있던 짐승 형상의 존재는 몸은 비늘로 뒤덮여 있었는데 마치 천 년의 세월 동안 살이 데쳐져 온 것 같은 모습을 하고 있었다. 턱은 물고기의 아가리처럼 찢어져 있었고, 눈은 머리 중간까지 걸쳐 있었는데 탐심과 분노로 불 타오르고 있었다. 앨런이 보고 있는 가운데 그것이 몸을 숙이더니 한 팔로 불에 고통받고 있던 한 사람을 낚아채서 공중으로 휙 던지고는 30센티미터 정도되는 구부러진 턱을 뻗어서 그 비참한 사람을 자기의 목구멍 중간쯤에 걸치게 물어 버렸다.

괴물이 그 사람의 몸을 씹어댈 때마다 질러대는 비명은 이전에 결코 들어본 적이 없는 것이었다. 이제 그는 구덩이의 가장자리와 그의 뒤에 지옥의 평지 전체에 걸쳐서 수백, 아니 수천의 괴물들이 있는 것을 보았다. 그 광경으로부터 뒷걸음질 치면서 울부짖으며 소리쳤다.

"하나님, 죄송합니다!"

하나님께 부르짖고자 하는 이와같은 충동이 어디에서 나온 것인지 앨런은 알 수 없었다. 그가 여기서 깨달은 것 중 하나는 바로 이곳에 하나님이 계시지 않는다는 것이었다. 하나님의 성령도 이곳에는 계시지 않았다. 앨런은 그의 마음에서 하나님을 떠올릴 수가 없었다. 가장 원초적인 방식으로도 하나님을 상상할 수조차 없었다. 그리고 이것이 슬픔과 고뇌에 찬 하나님을 향한 비명이 되어 급한 물살처럼 터져나왔다.

"저… 정말 죄송합니다!"

앨런이 있는 곳이 세상이었다면 그의 목소리는 계곡과 골짜기를 지나 비참한 메아리가 되어 돌아왔을 것이다. 그는 주변의 지옥 평지를 다시 둘러보았다. 수백만의 깡마른 괴물들이 끝없는 행진을 목적도 없이 하고 있었다.

앨런은 자신의 눈을 빼내버리고, 머리카락을 뽑아내고 그의 수족에서 살을 뜯어내고 싶은 충동과 맞서 싸웠다. 그는 감당할 수 없는 분노로 자신을 원망했다. 그것도 잠시 앨런은 탐심에 가득 찬 약탈자가 자신을 향해 다가오고 있는 것을 직감했다. 엄청난 두려움이 앨런을 일순간에 뒤덮었고, 그 자리로부터 도망치고 싶은 마음에 몸을 돌렸다. 그런데 그의 눈에 들어온 것은 지금까지 이곳에서 본 그 어떤 공포스러운 것보다 더 전율하게 만들었다. 투명한 존재들의 사이로 길을 내며 100미터 전방에서 앨런을 향해 달려오고 있는 괴물은 너무나 혐오스러웠다. 안개 사이로 거대한 머리를 위아래로 흔들어대며 다가오는 괴물은 둥글게 생긴 뿔과 두 개의 곁눈, 그리고 딱딱한 피부를 가지고 있었는데 마치 흑 멧돼지와 부패된 사람의 시체를 섞어 놓은 듯한 형상과도 같았다. 등은 둥글게 구부러져 있었고, 등 위로 뼈가 돌출되어 있었으며 배는 볼록하게 부풀어져 있었다. 비늘로 덮혀 있는 팔은 앨런을 향해 탐욕스럽게 흔들어대고, 손가락은 구부러진 발톱과 같은 모양을 하고 있었다. 이 짐승이 가까이 올수록 엄청난 악취가 그를 덮치듯 밀려왔고 눈은 앨런의 영혼을 가장 혐오스러운 방식으로 집어삼키려는 탐심에 불타고 있었다. 그는 이제 이곳에 보내진 영혼들이 어떻게 마지막 한 줌의 희망까지도 남김없이 빼앗기는지 알게 되었다. 그들은 악마의 노리갯감이 되어 있었다.

생존하고 싶은 일말의 의지조차도 소멸되는 것 같았다. 저항하는 것이 부질없는 일이라는 것을 알면서도 앨런은 본능적으로 도망치기 시작했다. 그는 비명을 지르며 저주받은 몸을 움직이려고 사투를 벌였다. 녹초가 되어버린 다리는 가능한 빨리 움직이려 했고 회색 빛깔을 띤 창백한 발이 잿더미 속으로 미끄러지듯이 파묻혔다. 앨런이 고개를 들어 앞을 봤을 때 검은 빛깔의 깎아지른 듯 가파른 바위가 그를 향해 손짓하는 것을 보았다. 앨런은 재빨리 바위로 된 탑 쪽으로 방향을 바꾸면서 몸을 피할 수 있는 피난처가 되길 간절히 바랬다. 바위 탑은 높게 치솟아 오르다가 안개 속에서 모습을 감추어 버렸다. 앨런은 필사적으로 몸을 내던지듯이 뛰어 올랐다. 앨런을 뒤쫓던 괴물이 코 앞까지 이르렀고 뒤틀린 몸이 안개 사이로 흔들대고 있었다. 수많은 사람들의 무리가 그 괴물을 피하려고 몸부림쳤다. 흉측스럽게 생긴 괴물은 만찬을 즐길 수 있다는 확신으로 인해 머리를 가로지르는 눈이 음흉한 시선으로 변해갔다.

두려움으로 인해 몸은 점점 마비되었고 자신을 덮쳐오는 괴물의 만찬으로 제공되기 위해 이곳에 온 것 같았다. 이제 극심한 고통이 시작되기까지는 몇 초 밖에 남지 않았다는 것을 앨런은 알고 있었다. 다가올 고통에 비하면 지금까지 그가 보아온 것들은 마치 작은 바늘로 한 번 찌르는 것 같은 아주 미미한 것에 불과했다. 그의 눈은 자신을 향해 다가오고 있는 혐오스러운 괴물에 시선을 고정시키는 것 외에 다른 어떤 것도 거부했다. 그의 인지능력도 돌아가던 맷돌이 멎은 것처럼 정지해 버렸다. 자포자기의 심정으로 무릎을 꿇으려는 순간 자신을 구원하고자 하는 갑작스러운 충동에 앨런은 비명을 질렀고 괴물은 그 자리에 멈추어 섰다. 괴물이 잠시 그 자리에 멈춰서 있는 동안 앨런은 괴물의 육신에서 풍겨나는 역한 냄새와 콧구멍에서 뿜어져 나오는 썩는 듯한 습한 기운을 맡을 수 있었다. 끊임없이 뒤틀리는 창백한 입술에는 피가 범벅이 되어 있었는데 만찬을 즐길 기대감에 입맛을 다셔댔다.

그리고 앨런이 인지하지 못하는 어떤 일이 일어나기 시작했다. 갑자기 괴물의 모습이 경련으로 인해 기괴하게 일그러지는 것과 동시에 한 줄기 밝은 빛이 어둠 속에 깔린 안개를 뚫고 들어왔다. 괴물은 눈을 가늘게 뜨면서 얼굴을 찡그리더니 몸을 돌려 걸음을 옮기기 시작했고 앨런은 괴물을 물리친 자가 누구인지 볼 수 있었다. 석고를 온몸에 바른 것 같은 모습을 한 남자가 다가왔는데, 그의 출현으로 인해 앨런의 내면이 밝아지는 것 같았다. 낯선 존재의 얼굴은 다소 엄격한 듯한 분위기를 풍겼고 이곳의 상황과는 어울리지 않는 자태를 하고 있었다. 그 자가 앨런을 향해 다가오더니 강한 어조로 말했다.

"앨런, 나와 함께 갑시다."

그날 Chapter 33

　낯선 존재는 아무런 말도 하지 않았다. 그는 무시무시하고 끔찍한 무리를 뒤로 한 채 바쁜 걸음을 재촉하기 시작했다. 앨런은 이 장소에서 단 1초도 머물고 싶은 생각이 없었기에 망설임 없이 그를 따라나섰다.

　창백한 얼굴의 남자는 지옥의 평지를 지나 바람에 옷자락을 펄럭이면서 앞에 보이는 언덕을 향해 나아갔다. 그 언덕은 그늘에 가려져 깊이를 알 수 없는 깊은 계곡 쪽으로 이어져 있었다. 낯선 존재는 언덕의 비탈이 급경사로 바뀌기 직전에 멈추어 서서 앨런이 따라오기까지 기다렸다. 그는 앨런을 향해 손을 뻗으면서 눈은 비탈길의 갈라진 틈을 주시하고 있었다. 앨런은 주저하지 않고 그의 손을 잡았다.

　"따라오는 것이 힘들지 않나요?"

　낯선 사람이 물었다.

"네, 괜찮습니다."

앨런이 대답했다.

"내가 하는 대로 따라하시오."

그는 발걸음을 크게 내디뎠고 앨런도 그와 똑같이 따라 했다. 그들은 벌어진 틈 사이를 지나 계속 걸어갔다.

"왜 제가 그 끔찍한 곳에 갔어야만 했지요?"

앨런이 남자에게 물었다.

"당신은 거기서 대기하고 있었던 겁니다."

낯선 남자가 말했다.

앨런은 남자를 더 면밀히 뜯어 보았다. 자신이 살던 세상을 떠나온 이후로 앨런에게 모든 것이 달라진 것은 사실이지만 그래도 이 남자는 특별히 더 달라 보였다. 그의 주변에 떠도는 빛이 달랐는데 그것은 마치 따뜻한 '사랑'이라는 가치를 발산하고 있는 것 같았다. 앨런이 이런 생각에 잠겨 있는 동안 낯선 안내자의 걸음이 훨씬 가벼워진 것만 같았다. 그리고 자신의 몸을 내려다보았을 때 이전에 세상에서 입고 있었던 것과 비슷한 육신을 입고 있는 것을 보게 되었다. 게다가 나를 안내하고 있는 남자의 옷이 순결하고 눈부시게 변해있었다. 너무나도 빛나서 그 옷을 바라볼 수 없을 정도였다.

"당신은 누구십니까?"

"아직은 나의 이름을 밝힐 수가 없습니다."

"당신은 천사인가요?"

그는 미소지었다.

"백보좌에서 만물을 다스리시는 분을 섬기는 영광스러운 일을 하고 있습니다."

"그게 바로 제가 기다리고 있던 것인가요? 백보좌 앞에 나아가는 것 말이에요?"

낯선 안내자는 고개를 끄덕이고는 이내 걸음을 멈추었다. 앨런은 평소에 계시록에 깊은 관심을 기울이지 않았기 때문에 백보좌라는 말을 들었을 때 다소 불편한 감정이 느껴졌다. 그런데 그 불편한 감정이 엄청나게 증폭되면서 이제까지 회오리바람과 함께 했던 빛이 갑자기 사라졌다. 그리고 앨런의 눈 앞에 전혀 다른 광경이 펼쳐지면서 거대한 입구가 나타났다. 앨런은 고개를 들어 그 거대한 문을 한 눈에 보려고 했다. 120미터는 족히 되어 보였는데 반투명의 보석을 통째로 깎아서 만든 거대한 입구였다. 거대한 구조물은 다리와 연결되어 있었고 다른 협곡을 지나 길게 뻗어 있었다.

안내자는 앨런이 앞서 가도록 손짓으로 알려 주었다. 앨런은 안내에 따라 다리를 건너기 위해 앞으로 나아갔다. 다리를 건너면서 교각의 경간을 바라보았다. 까마득한 아래에서 물살이 교각을 빠르게 스쳐 지나가는 소리가 들려왔다. 다리 건너편에 다른 천사가 서서 큰소리로 말했다.

"당신은 지금 백보좌 심판이 열리게 될 대강당 안으로 들어가야 합니다. 잠시 후면 당신을 창조하신 왕을 뵙게 될 것입니다. 물론 당신은 그분을 직접 뵌 적이 없지만 그분은 당신을 처음부터 보아왔습니다. 그분이 당신의 마음을 주시하여 살펴왔고, 당신의 믿음의 열매를 분별해 왔습니다. 그분은 당신의 사역뿐만 아니라 가장 깊은 내면의 욕구와 동기 그리고 생각과 감정을 다 알고 계십니다. 그분 앞에서 감출 수 있는 것은 아무것도 없습니다."

앨런은 급한 마음에 문을 밀어 열려고 했지만 그를 안내하는 천사는 앨런의 행동을 자제 시켰다.

"당신의 이름이 불려질 때 앞으로 나아가게 될 것입니다. 금으로 된 난간이 있는 곳에서 무릎을 꿇으십시오. 그곳에서 만왕의 왕이시고 가장 존귀하신 하나님의 아들을 뵙게 될 것입니다. 만약 당신이 말할 용기를 낼 수 있다면 아니, 말을 할 수만 있다면 무엇인가 아뢸 수도 있을 겁니다. 하지만 그분께 무엇인가를 아뢴다고 해도 판결에 영향을 미칠 수는 없다는 점을 기억하십시오. 질문이 있습니까?"

"저는 아직 잘…모르겠는데요."

앨런은 몸을 파르르 떨면서 간신히 말했다.

"그러니까 이게 최종적인 거란 말인가요? 이 판결로 천국 아니면…?"

"기록되어 있는 대로입니다."

천사가 대답했다.

"이 시간은 당신이 맞이해야 할 가장 중요하고도 고독한 순간입니다. 왕의 보좌에서 내려질 심판에 대한 말씀을 읽어보지 않았습니까? 우리가 주의 두려우심을 알므로 사람을 권하노니라고.”

앨런은 갑자기 속에서 솟구쳐 오르는 공포심과 다시 싸워야했다. 그는 무릎이 당장이라도 무너져 버릴 것처럼 몸안의 힘이 모두 빠져나가 버리는 것 같았다. 천사는 앞으로 나가서 빛을 발하고 있는 자물쇠를 들어올렸다. 그리고는 육중한 문을 밀어서 열었다.

“당신의 이름이 발견되기를 바랍니다.”

“뭐라구요?”

앨런이 깜짝 놀라서 되물었다.

“생명의 책에서 말입니다. 그 책에서 당신의 이름이 발견되기를 바랍니다.”

“아…네.”

앨런이 이제 알아들었다는 듯이 말했다.

“그러니까 행운을 빈다는 말이군요. 저는 목사인데요, 교회 세미나 여행 중에 사고로 죽었답니다.”

천사는 대답도 않은 채 안으로 들어가면서 무표정하게 바닥을 보았다. 마치 이전에도 그런 말을 들은 적이 있는 것 같아 보였다. 앨런은 눈부신 광채에 눈을 감은 채로 천사를 따라 걸어 들어갔다. 찰나의 순간에 그는 무릎을 꿇고 있는 자신을 발견했다. 그의 세계는 온데간데 없이 사라져 버렸다. 그가 구사하는 언어는 사람과 세상의 경험을 표현하기 위해 만들어진 것인데 이제 눈앞에 보이는 전혀 다른 차원의 놀라운 영역을 세상의 것으로는 도저히 표현할 수 없었다. 그의 앞에 보이는 공간은 광대하고 장려하며 아름답고 환하게 빛나고 있었다. 하지만 그가 꿈 속에서 볼 수 있었던 어떤 곳 보다도 두려움을 주는 공간이었다. 순간, 앨런은 이전에 있었던 모든 일들을 한순간에 잊어버린 것 같았다. 만약 '어느 시대에 살다가 왔느냐' 라거나 '어느 나라 사람이냐' 고 질문 받는다면 매우 긴 시간 동안 힘들게 기억을 해내야만 할 것 같았다. 앨런이 세상을 뒤흔들었다고 생각했던 모든 일들이 무의미한 일이 되어 하나의 점처럼 축소되어 버렸다.

그날
Chapter 34

앨런은 자리에서 일어나 보좌에 좌정하신 분의 광채를 바라보려 했지만 그 빛이 너무 강렬해서 자신의 존재가 녹아 없어져 버릴 것만 같았다. 순간 느껴지는 거룩한 두려움, 그는 그 두려움을 억제하기 위해 안감힘을 썼다. 존귀하신 하나님의 아들을 똑바로 쳐다보지도 못한 채 앨런은 그가 중요하다고 여겼던 모든 일들 그리고 무게 있는 사안들이라고 판단하고 목사로서 심사숙고 했던 모든 것들이 가장 사소하고 볼품 없으며 어리석은 행동이었다는 것을 깨달았다.

보좌 주변에 서 있을 뿐인데 돈 걱정, 직장에서의 업무 능력, 자녀들의 성적, 자신의 용모, 집의 정리 정돈 상태, 자동차, 허리둘레 사이즈, 머리카락 색깔, 세계 경제의 상황 등 모든 것들이 우리의 주의를 산만하게 만든 부질없는 것들임을 알게 되었다. 그가 정말 주의를 기울여야 했던 것은 바로 지금 이 순간이 아니었던가. 앨런에게 주어진 시간을 소비하게 만들었던 모든 것들이 사실은 이 한순간을 위해서 존재했던 것이 아닌가. 그는 이 순간의 만남을 위해서 자신의 삶을 준비했어야만 했다.

앨런은 그를 만드신 창조주를 한 번 더 올려다 보려고 시도했지만 그분의 임재 앞에 다시 움츠러들고 말았다. 그는 보좌로부터 흘러나오는 급류와도 같은 사랑의 흐름에 완전히 압도되었고, 누구든지 홀 안으로 들어오는 사람은 그 흐름 속에 빠져 버릴 것 같다는 두려운 마음이 들었다. 역설적이지만 거룩한 두려움이 그분의 임재에 다가가는 사람의 마음을 즉시 사로잡을 것 같았다. 그뿐만 아니라 그분으로부터 발산되는 광채는 태양 중심의 백열보다도 밝다고 느껴졌고 번갯불의 섬광이 우르르하는 굉음과 함께 자신에 대한 모든 것을 밝히 드러낼 것만 같았다. 앨런이 백보좌 심판이 있는 거룩한 홀 안으로 더 깊이 들어갈수록 자신이 지녀야 할 경외심을 표현하기 위해서는 형언할 수 없이 많은 묘사들이 필요할 것이라고 생각했다.

앨런은 정신을 놓지 않기 위해 홀 자체의 모습과 그 안에 있는 존재들에게 집중해야겠다는 판단을 내렸다. 그는 천장을 올려다 보았다. 정확히는 알 수 없었지만 높이가 대략 1,500미터는 족히 되어 보였다. 통상적으로 용적과 크기를 측정하는데 유용한 빛과 어두움이라는 세상의 척도가 이곳에는 존재하지 않는다는 사실도 깨달았다. 이곳의 빛은 외부로부터 창을 통해 흘러 들어오거나 위에서 어떤 빛의 근원이 있어서 나오는 것이 아니었다. 빛은 보좌로부터 흘러나와 모든 곳을 골고루 비추고 있었다. 앨런은 홀의 반대쪽 끝에 있는 존재들의 위치를 파악함으로써 전체의 크기를 짐작해 보려고 했지만 이 방법 역시 효과가 없었다. 그는 가장 가까이 있는 벽을 바라보았는데 대략적인 크기 그리고 표면이 어떠한 재질로 되어 있는지 파악할 수 있는 재료의 질감이나 어떤 흠집도 찾을 수 없었다. 그는 홀의 구조나 위엄을 파악하려는 시도를 포기하고 안쪽으로 들어갔다. 앨런은 옆에서 함께 걷고 있는 안내자를 흘끗 바라보았다. 순간 천사의 키와 그가 발하는 광채가 모두 증폭되어 있음을 보고 깜짝 놀랐다. 홀 안에 있는 수많은 천사들과 같은 모습으로 변화되어가고 있었다.

앨런은 천사 옆에서 헤아릴 수 없이 많은, 평범해 보이는 인간의 모습을 발견할 수 있었다. 그들은 한결같이 풀이 죽은 채 몸을 심하게 떨고 있었는데 충격으로 인한 그들의 심적인 상태를 말해주고 있었다. 일련의 영상들이 떨어져 내리는 폭포수처럼 빠른 속도로 마음의 눈을 통해 앞에 펼쳐졌을 때 앨런은 충격으로 그 자리에서 쓰러질 뻔했다. 그 영상들은 짙은 색깔의 머리를 한 여인의 일생을 다양한 연령대로 보여주고 있었다. 어린 여자아이부터 성인에 이르기까지 생의 전 단계가 빠른 속도로 진행되었다. 행위와 말, 마음의 생각 그리고 동기에 이르기까지 모든 것이 드러났다. 몇 가지 이미지는 당혹스럽고 불쾌감을 주는 것이어서 앨런은 눈살을 찌푸렸다.

"무슨 일이 벌어지고 있는 거죠?"

그가 천사에게 물었다.

"당신은 한 여인의 생애를 보고 있는 것입니다. 이 단계는 심판의 과정

중 하나입니다. 사람의 행위가 재연되고 왕께서 심판하시게 됩니다."

"이 사람들 모두 말인가요?"

"그렇습니다. 여기에 있는 모두가 영상이 재연되는 것을 목격하게 될 것입니다."

"하지만…."

그 순간 천둥소리보다도 장대한 목소리가 들려왔다.

"로사의 이름이 어린양 의 생명책에 기록되어 있는가?"

"기록되어 있지 않습니다. 주님."

큰 소리로 대답하는 또 다른 목소리가 들려왔다.

"없습니다."

"로사, 너는 나의 구원의 선물을 거절했다. 이제 손과 발이 묶인 채로 바깥 어두운데 버려져 거기서 울며 이를 갈게 될 것이다."

심판의 판결이 끝나기 전에 불안정하고 이상한 느낌의 불빛들이 그 장소를 휩쓸고 지나갔다. 그것은 빛에서 나오는 반짝임이 아니고 빛의 속도로 시간이 이동하면서 발생하는 섬광이었다. 그리고 앨런은 거대한 눈이 깜박이는 것 같은 것을 보았다. 그것은 마치 구식 프로젝터에서 슬라이드가 보여지기 전에 바로 앞의 슬라이드가 내려지면서 약간 비스듬한 각도로 걸쳐지는 것 같은 모습이었다.

"저것은 무엇인가요?"

앨런이 천사에게 물었다.

"시간 이동입니다."

"우리는 지금 시간의 전체 틀 안에 있고 그 안의 복도를 통해 다니고 있는 겁니다. 사도 요한이 기록한 계시록에서 경험한 것처럼 각기 다른 중대한 사건들 사이를 옮겨 다니는 것과 같습니다. 당신이 보고 있는 이미지들은 다른 방식으로는 보여질 수 없는 것들입니다. 이것이 당신의 심판은 아니지만 특별한 이유에 의해 당신에게 보여지고 있는 것입니다. 잠시 후에 당신은 그 이유를 알게 될 것입니다. 자신의 순서를 준비하십시오."

"헬 뉴먼."

굵고 장대한 목소리가 다시 들려왔다.

"너의 청지기로서의 삶을 진술해 보아라."

"뭐라고?"

앨런이 속으로 소리쳤다.

그는 아래를 내려다 보았고 비로서 옛 친구의 작은 체구를 발견했다.

"헬!"

앨런이 소리치자 안내자가 말했다.

"그 사람에게는 당신의 소리가 들리지 않습니다."

"헬, 당신은 괜찮을 거요."

천사의 말에 상관없이 앨런은 소리질렀다.

"당신은 우리 교회에서 가장 경건한 사람 중 하나였지 않소. 당신이 받아들여지지 않는다면 내 인생 전부의 사역이 무의미해지는 것이란 말이요!"

다른 안내자가 헬의 어깨에 큰 손을 살며시 얹고 그를 앞으로 나가도록 안내하기 시작했다. 헬을 앞으로 이끌고 있는 손길에는 온화함과 거절할 수 없는 단호함이 함께 섞여 있었다. 조금 전 확신에 찬 격려를 보냈지만 앨런은 오랜 친구가 심판대 앞으로 걸어가는 것을 보자 두려움이 파도처럼 자신에게 밀려왔다.

"저는 당신을 섬겨왔습니다. 주님."

헬의 목소리가 공간 안에 메아리 쳤다.

"저의 인생은 당신의 이름을 위한 섬김의 연속이었습니다. 그리고 당신의 자녀들을 위해서도요. 그것은 저에게 크나 큰 영광이었습니다. 주님."

"가브리엘, 헬 뉴먼의 이름이 생명책에 기록되어 있는가?"

멀리 뒤에서 바라보던 앨런은 스스로에게 말했다.

'내 교회에서 열심히 섬기던 하나님의 신실한 종이 그의 상급을 받는 장면을 목격할 수 있다는 것은 얼마나 큰 축복인가!'

"없습니다."

그 소리는 마치 지진처럼 떨리는 반향을 일으키고 있었다.

"기록되어 있지 않습니다. 주님."

전기 충격과 같은 전율이 앨런의 머리부터 발끝까지 요동쳤다. 그의 눈앞에서 헬은 무릎을 꿇고 있었다. 기도하기 위해서가 아니고 조금 전의 답변이 믿기지 않아서였다.

"헬 뉴먼, 너는 나를 부인했다. 너는 불못에 던져져서 영원을 보내게 될 것이다. 그 곳은 사탄과 마귀들과 나를 부인한 자들이 있게 될 곳이다."

"하지만, 주님!"

햘은 울부짖듯 소리쳤다.

"제가 어떻게 주님을 부인했다는 거죠? 저는 소년 시절에 주님을 영접했고 전 생애를 그리스도인으로 살아왔습니다! 성실하게 십일조 헌금을 드렸고, 모든 행사와 사역에 재정을 넘치도록 드렸습니다. 청년캠프, 멕시코와 아이티 선교여행, 전 세계 각지의 선교사들을 위한 후원과 불우한 아이들을 보살폈고, 성가대에서 주님을 찬양했습니다. 저는 특히 교회 창립 초기에 물질적 지원을 아끼지 않았던 유일한 성도입니다. 그런데 어떻게 제가 주님을 부인했다는 거죠?"

그의 목소리가 흥분으로 갈라졌다.

"너는 말씀에 기록된 것을 읽어보지 못했느냐? 나를 안다고 말하면서도 삶의 방식에서는 나를 부인하는 자들을 경계한 것을 말이다."

"저의 삶이 어떻게 주님을 부인했다는 말씀인가요?"

갑자기 빛을 발하는 이미지들이 앨런의 시야에 다시 살아 돌아왔다. 그 이미지들은 빠른 속도로 깜박거리기 시작하면서 생생하게 되살아났다. 햘은 경악을 금치 못하며 벌어진 입을 손으로 틀어 막았다. 햘이 일삼았던 은밀한 행위들은 결코 다른 사람들에게 보여지지 않으리라 그가 확신했을 만한 것들이었다. 장면 속의 시간이 흘러서 성인이 되었을 때의 모습이 비춰지자 햘은 두 팔로 머리를 감싸고는 바닥에 주저앉았다. 영상에 나온 남자들이 사악하고 당혹스러운 행위들을 거리낌 없이 표현하고 있었다. 성적인 죄와 눈으로 짓는 죄, 청년기의 방탕한 삶이 보여졌다. 하지만 헬을 가장 정죄한 것은 그의 생애 중 마지막 25년 동안 벌어진 행위들이었다. 주택 건축업자와 부동산 개발업자로서 사람들을 속이고 덫에 빠뜨리는 영상들이 보여졌다. 그리고 헬 뉴먼이 걱정스러운 표정을 하고 있는 젊은 부부 앞에 서서 그들의 질문에 답하는 장면이 이어졌다.

"저를 믿으세요."

"이미 토질 검사를 마쳤기 때문에 걱정할 것은 아무것도 없습니다. 제가 다 조사해 놓았다니까요. 집을 건축하기에 가장 좋은 땅이라고 자신 있게 말씀드릴 수 있습니다."

다음 이미지는 주택의 지하였다. 박스와 장난감들이 어질러진 것으로 보아 이미 사람이 거주하고 있던 것이 확실했다. 바닥은 심하게 갈라져 있고 표면은 한쪽으로 기울어진 영상이 보였는데 건물이 점진적으로 붕괴되고 있는 모습이었다. 다음은 헬이 건축업자를 향해 소리 지르고 있는 장면이었다.

"그게 소방서가 늘 하는 소리야! 벽난로 크기가 작아진다고 한들 상관 없어. 당신은 내가 구입한 것을 거실에 설치하기만 하면 되는 거야. 당신이 만약 이 공사를 원한다면 말이야!"

다음 장면은 헬 뉴먼이 목재와 지붕 틀이 잔뜩 쌓여진 곳에서 어떤 남자에게 말하고 있는 장면이 보였다.

"이것봐, 이 세상을 안전한 곳으로 만들겠다는 쩨쩨한 공무원들을 만족시키려고 파산하는 따위의 일은 하지 않겠어. 이 정도 등급이면 충분해. 규정 따위는 상관하지 않아. 이걸 사용한다고 해서 누가 다치거나 해를 입지는 않을 테니까. 괜찮으니까 물건을 팔기나 해!"

다음은 핼이 컴퓨터 앞에 앉아있는 남자의 어깨에 손을 얹고 말하는 장면이 나왔다.

"그게 아니고 가장 훌륭한 전통 양식의 장인정신이라고 쓰란 말이야. 그게 소비자들이 듣고 싶어하는 말이라구. 이봐! '질을 생각하십시오. 최고 등급의 건축 자재만 사용합니다' 라고 쓰란 말이야. 그래, 바로 그거야!"

이번에는 공사 현장에서 핼이 픽업 트럭의 엔진후드 위에 펼쳐진 대형 측량지도를 보면서 부하 직원에서 소리치는 장면이었다.

"이곳이 홍수가 범람하는 지역이지만 말이야 … 맙소사! 땅을 한 번 봐. 30년 동안 홍수 한 번 없었어. 그리고 우리가 건물을 지은 다음에도 홍수가 범람하는 일은 절대 없을 거야. 자, 이제 내가 시키는대로 하면 돼. 도시 계획과의 마틴 알지? 그 사람에게 이걸 가져다 줘."

핼은 두껍게 채워진 봉투를 주머니에서 꺼내서 부하 직원에게 주었다.

"사무실 말고 그의 집으로 찾아가. 그리고 주변을 잠깐 산책하자고 청해서 그의 손에 봉투를 쥐여주란 말이야. 이 봉투로 불필요한 지질조사 따위는 없어야 해! 확실하게 해. 알아들었어?"

이런 비슷한 영상들이 계속 이어졌다. 영상의 내용은 갈수록 더욱 심해져서 부패와 탐심과 중상의 지루한 이야기로 채워지고 있었다. 그리고 주일날에 헬은 말쑥한 양복을 차려 입고 다른 사람들에게 동정과 헌신을 표하면서 서밋교회의 성도들에게 존경 받는 성도로서 생활했던 것이다. 마침내 그 이미지들은 끝났고 홀에 있는 모든 사람들은 보좌를 향해 주목하고 있었다.

"헬, 이 모든 행위들도 내가 용서해 줄 수 있다."

주님께서 말씀하셨다.

"내가 십자가에서 죽은 이유가 바로 죄사함이기 때문이다. 만약 네가 이 모든 행위를 뉘우치고 통회하는 마음으로 나에게 나왔다면 난 이 모든 죄악을 기꺼이 씻어줄 수도 있었다. 또한 너의 이런 행위들로 인해 네가 정죄 받는 것도 아니다. 네가 정죄 당하는 진짜 이유는 내가 너를 도무지 알지 못한다는 사실 때문이다. 그렇기 때문에 너의 본성이 죄악된 상태로부터 변화되지 않은 것이다. 그리고 이와 같은 행위들은 내가 너를 모른다는 사실을 입증하고 있는 것이다. 헬 뉴먼, 넌 두 종류의 삶을 살아온 거야. 하나는 부패한 사업가로서이고, 다른 하나는 사람들로부터 찬사와 칭찬을 탐닉한 교회 성도로서의 삶이다. 두 가지 다 나를 아는 일과 나의 길을 걷는 일과는 상관이 없구나. 극악한 죄인이 죽음에 임박하여 진심으로 회개하고 겸손하게 나에게 나온 것과는 달리 너는 마음과 영혼에 진심으로 나를 초대한 적이 없다. 너는 수십 년 전에 영접 기도를 하기는 했지만 그건 큰 의미가 없다. 그리고 그러한 사실이 너의 인생 가운데 증명되고 있다. 네가 한 영접 기도는 마음이 담기지 않은 피상적인 것이었기 때문에 너의 일상생활 속에서 나를 따르도록 너 자신을 이끌지 못한 것이다. 슬프게도, 어른이 된 다음의 너의 기도 역시 진정한 것은 아니었다. 사적인 자리에서나 공적인 자리에서 행해진 너의 기도는 아름다운 표현으로 이루어지긴 했지만 그것은 그저 듣는 사람들에게 감동을 주기 위한 것이었다."

"하지만 제가 행한 모든 일들을 주님의 이름으로 했습니다."

헬 뉴먼은 거의 흐느끼듯이 말했다.

"왜 너는 나를 '주여, 주여' 라고 하면서도 내가 너에게 명한 것을 하지 않았는가? 심판에 임하여 많은 사람들이 나를 일컬어 '주님' 이라 부르면서 말하기를 '우리가 당신에 대하여 전했고 그들을 도울 때 당신의 이름으로 하였나이다' 라고 말한다. 매우 슬프지만 나는 그들에게 이렇게 답변하지 않을 수 없다. '너는 한 번도 나에게 속한 적이 없다. 내게서 떠나 가라. 너의 행위가 악하구나!' 그러므로, 그의 손과 발을 묶고 여기서 데리고 나가 바깥 어두운데 버리라. 거기서 슬피 울며 이를 갊이 있으리라. 청함을 받은 사람은 많지만 택함을 받은 사람은 적으니라."

앨런은 이 광경을 지켜보면서 그의 영이 거룩한 두려움 안에서 흠뻑 젖어드는 것을 느꼈다. 그 거룩한 두려움은 그가 얼마 전 경험한 일들로 인해 그에게 더욱 생생하게 다가왔다. 그의 오랜 친구는 천사에 의해 결박 당한 후 비명을 지르면서 바깥으로 끌려나갔다. 그는 끌려나가면서 거룩한 홀의 뒤쪽을 향해 저주를 하더니 이내 앨런의 시야에서 사라지고 말았다.

"저는… 이 일을 믿을 수가 없어요."

앨런은 숨을 헐떡이면서 말했다.

"이것은 제가 꾸어 본 악몽 중 가장 끔찍한 것입니다. 교회에서 평생을 지내온 사람이 구원을 받지 못하다니…"

"조금 전의 광경을 보았나? 앨런."

천사가 말을 끊었다.

"그가 끌려나가면서 어떻게 하나님을 저주하고 너까지도 저주했는지를."

그리고 천사는 등을 돌려서 보좌를 향해 똑바로 쳐다보고 있었다.

"네 친구의 진정한 자아가 드러난 것이다. 그의 본성 밑에 깔려있었던 거지."

"그렇군요."

앨런이 중얼거렸다. 다음 사람의 이름이 불려졌을 때 앨런의 충격은 더 심해졌다. 보좌로부터 들려온 소리가 홀 전체에 메아리쳤다.

"캐리 놀스…."

그날
Chapter 35

서밋교회 – 덴버

예배당 안의 성도들이 앨런의 이야기를 들었을 때 그들이 받은 충격은 가히 핵 폭탄이 터진 것과도 비슷한 반향을 불러일으켰다. 성도들은 울부짖거나 몸을 구부리며 뒤틀거나 혹은 서로 꼭 부여잡거나 어떤 이들은 전쟁으로 인한 스트레스 증상과도 같은 반응을 보였다. 또 어떤 이들은 무표정한 얼굴로 복도 한쪽에 무리지어 서 있었다. 울음과 통곡 소리가 예배당 안의 모든 곳에서 들려왔다. 한편, 음향실에서는 래리 콜린스와 음향기사인 톰 스컬리 사이에 고함이 오고 가는 중이었다. 톰은 앨런 목사로부터의 음성을 완전히 차단하려고 하고 있었다. 그는 앨런이 환각 상태에 있다고 생각했고, 그가 전하고 있는 말이 교회에 깊은 상처를 줄 수 있을 뿐만 아니라 유족들을 자극하게 될 것이라고 판단했다.

"이건 망상이 아니야!"

래리는 이를 갈면서 쏘아붙였다. 그의 얼굴이 붉어지면서 심하게 일그러졌는데 어떤 결정을 지켜내야 할 필요가 있다고 판단할 때마다 이런 반응을 보이곤 했다.

"이것은 이 교회에 전달된 메시지 중에서 가장 중요한 말씀이야. 난 자네를 잃고 싶은 생각은 없지만 스위치를 끌 생각이라면 일을 그만 둘 각오를 해야 하네."

"좋습니다."

"하지만 당신이 이것을 지시했다는 내용을 서면으로 써 주세요. 저는 앞으로 그것을 액자에 넣어 가지고 다니면서 누구든지 나한테 접근하여 그 끔찍한 호언장담을 방송한 사람이냐고 물어 올 때마다 보여줄 작정입니다."

"어떤 일이 일어날지 미리 얘기 해 줄까? 사람들이 자네한테 찾아와서 용기 있는 행동을 칭찬할걸세."

래리는 말을 마치고는 뒤돌아서서 바로 사라졌다.

탑승부두—바베이도스

남아 있는 산소를 유지하기 위해 말을 중단하라는 자신의 요청을 아빠가 거절한 사실은 제프에게 있어서 그가 상상해 낼 수 있는 가장 잔인한 악몽이 최고조에 이르렀을 때에 해당하는 것과도 같았다. 그는 10여 분 동안 창에서 창으로 옮겨 다니며 유리창을 두드리기도 하고 아빠를 향해 거친 행동을 해 보이기도 하면서 말을 중단하고 전화기를 내려놓으라고 간청했다. 그는 집게손가락을 입에 대기도 하고 손을 목에 대고 자르는 동작을 해 보이기도 했다. 또 공기방울이 새어 나가는 모습을 흉내 내기도 했다. 앨런은 몇 번 제프와 눈을 마주쳤고 아들의 몸짓이 무엇을 의미하는지 알았지만 가볍게 미소 짓고 다시 하던 말을 계속 이어갔다.

제프는 비록 아빠의 목소리를 들을 수는 없었지만 간간이 울먹이는 모습과 눈이 빨갛게 충혈되는 것을 볼 수 있었다. 이 모든 것들이 산소결핍으로 인한 정신질환적 반응의 산물인지, 아니면 중요한 어떤 메시지를 전하고 있는 것인지는 알 수 없었다.

어떤 목표를 향한 흔들리지 않는 결단과 믿음이 안에서부터 그 힘을 점점 잃어가고 있었다. 분명 그는 최선을 다했다. 그는 잠수함 내부에 산소를 공급하기 위해 고군분투 했고, 아빠를 죽음의 문턱에서 일으켜 세웠다. 아빠가 지금 하고 있는 일은 머리가 혼란스러워진 나머지 지각이 마비된 상태에서 제프의 희망을 좌절시키고 있지만 지금까지 최선을 다했다는 사실로 스스로를 위로했다.

제프는 수면 위를 바라보았다. 해상 구조작업이 제대로 이루어지지 않고 있는 사실에 격분했다. 제프는 수면 위에 비춰진 형상으로 상공에 헬리콥터가 맴돌고 있음을 짐작할 수 있었는데 마치 만화경을 통해서 보는 거대한 곤충 같았다. 그 헬리콥터는 군사용도 아니고 멀리서 보기에도 구조 작전용 같지도 않았다. 그는 수면을 향해 주먹을 불끈 쥐었다. '사고 이후 당

국은 구조 작전을 완전히 포기한 것인가?'

그럼에도 불구하고 한 가지 긍정적인 소식이 있다면 그것은 잠수함 잔해에 질식시킬 것 같은 위세로 눌러 붙어있었던 갈색의 덩어리가 마침내 소멸되기 시작했다는 것이었다. 물론 상당량의 잔해가 남아 있었지만 종전에 가지고 있던 하나의 덩어리로서의 견고한 결속력은 더 이상 없었다. 제프는 좌절과 안타까움에 자신의 머리를 흔들어대며 중얼거렸다. '바로 지금 구조 대원들이 이곳에 온다면 임무를 완수할 수 있을텐데.' 미쳐버릴 것 같은 마음을 진정시키려고 안전 설명서를 마음속에서 한장 한장 넘겨보았다. 그는 비상용 산소를 발견해 냈다. 그렇다면 그 외에 다른 것은 없는 것일까? 어딘가에 또 다른 우연이 존재할 것만 같은 생각이 끊임없이 고개를 들었다. 탑승 부두 관리자가 물로 뛰어들기 전에 남긴 말 중에 단서가 될만한 것이 있을 것 같았다.

단서가 될만한 것이 뭐가 있을까? 제프는 기억을 더듬으면서 속으로 소리쳤다. 하나님, 제발 한 번 더 도와주세요! 그러나 머릿속에는 아무것도 떠오르지 않았다. 실망감과 좌절로 인해 치밀어 오르는 분노를 억누르면서 그는 아빠를 한 번 더 확인해 봐야겠다고 생각하고 창쪽으로 선회했다. 바로 그 순간 쨍! 하는 소리가 들려왔다. 그가 방향을 바꾸었을 때 그의 등에 붙어 있는 무엇인가가 선체에 닿은 것 같았다. 그는 손을 뻗어서 그 장비를 잡으려 했다. 무엇인가 평평하고 딱딱한 물체가 클립같은 것으로 고정되어 있었다. 그것은 자석이 부착된 필기용 글자판이었다. 그는 잠시 동안

처다보더니 머리 속에 무언가 좋은 생각을 떠올렸다. 서둘러 글자판에 무엇인가를 긁적거리더니 아빠에게서 가장 가까운 창으로 급히 헤엄쳐 갔다. 그리고 판을 창가에 대고 손가락으로 글자를 가리켰다. 아빠는 눈을 찌푸리면서 글자에 집중하려고 몸을 가까이 당겼다. '산소가 새고 있어요! 아무 말도 하지 말고 가만히 있어야 살 수 있어요!' 라고 쓰여 있었다.

아빠는 미동도 하지 않았다. 그의 눈은 글자판의 메시지에 고정되어 있었다. 아빠의 눈에서 눈물이 흘러 볼을 따라 흘러내렸다. 앨런은 창 밖에서 애타게 바라보는 아들의 눈을 잠시 들여다 보더니 고개를 가로저었다.

앨런은 비상용 산소가 얼마 남지 않는다는 사실을 잘 알고 있었다. 그가 생존할 수 있는 마지막 기회가 될 수도 있지만 그는 메시지 전달하는 것을 중단하지 않았다. 거기서 중단할 수는 없었다. 그는 팔을 머리 위로 둥글게 뻗어서 아들을 위해 사랑한다는 제스처를 해주었다. 그리고는 다시 천천히 라디오 전화기를 집어 들고 계속 말을 이어갔다.

앨런은 지금처럼 자신의 의지를 강하게 밀어붙인 적이 없었다. 그가 방금 전에 목격한 영광과 충격에 자극이 되어 한마디 한마디를 정확히 전달하는 일에 온 힘을 기울였다. 그는 약해지는 몸과 마음의 슬픔, 침침한 눈, 현기증, 산소 부족이 초래한 폐와 심장의 통증 그리고 점차 커지는 두려움과 싸우면서 산소가 완전히 고갈되기 전에 해야 할 말을 마치려고 안간힘을 썼다. 악화된 상황으로 라디오로 연결된 위성 전화가 제대로 작동하고 있는지 심각하게 고민하기 시작했다. 그의 메세지가 누군가에게 전달되고 있다는 사실이 현실적이지 않은 것처럼 생각되었다. 하물며 5,000 킬로미터나 떨어진 덴버의 교회 성도들에게는 어떠하겠는가? 그럼에도 불구하고 계속해야 한다고 앨런은 스스로에게 말했다. 이것이야 말로 그가 세상에서 보내는 마지막 순간을 가장 의미 있게 사용하는 방법이라고 생각했다.

"저는 캐리의 이름이 불려졌을 때 안도의 숨을 내쉬었습니다. 헬에게 내려진 판결은 물론 저에게도 엄청난 충격이었습니다. 그렇지만 캐리야 말로 천국행 티켓을 당연히 확보해 놓았을 법한 성도였습니다. 그 즈음에 저는 그 기념비적인 질문에 '네' 라는 대답을 들을 수 있기를 갈망했습니다. 그래서 캐리에게 '잘했다' 라는 칭찬이 들려지고, 천국으로 안내되기를 고대했습니다. 저는 캐리가 그녀의 인생을 결산 받기 위해 앞으로 걸어나가는 것을 보았습니다. 천사들이 그녀를 둘러싸고 있었고, 보좌에서 흘러나오는 빛으로 인해 그녀의 모습이 거의 보이지 않았습니다. 교회 로비를 걷고 있는 그녀의 모습을 얼마나 많이 보아왔던지요. 때로는 우는 아이나 겁에 질린 유아의 손을 잡고 있기도 했고 성경공부를 가르치기 위해 교재를 한뭉치 들고 가는 모습도 보았지요. 저를 스쳐 지나가면서 보내는 미소를 지난 수 년 동안 아마도 수천 번은 보았을 것입니다. 그녀가 시작한 긴 여정이 이제 막 끝나려는 순간이었습니다. 저는 그녀가 하나님을 만나는 그 순간을 위해 얼굴에 가득한 미소를 남겨두기를 원했습니다. 그녀는 자신을 기다리고 있는 상급에 걸맞은 헌신의 삶을 살아왔던 것입니다. 캐리와 그녀를 안내한 천사들이 보좌 앞에 도착했을 때 서로 아무런 말도 하지 않았습니다. 그리고 캐리의 인생을 펼쳐 보이는 영상이 저에게 즉시 밀려오기 시작했습니다. 저는 모든 감각이 과부하 상태가 된 것 같았고 쓰러질 것만 같았습니다. '어떻게 이런 이미지를 보여주는 것이 가능할까' 하고 생각했습니다. 각 사람의 인생의 모든 순간을 보여주는 것 같지만 걸리는 시간이란 고작 3~4분에 불과했기 때문입니다. 그때 저는 천사가 해준 설명이 기억났습니다. 이곳에서 시간이란 개념은 마치 천상의 복도 같은 곳을 지나면서 여행하는 것과 같은 것이라고 했습니다. 저는 다시 캐리의 인생 여정을 담은 영상에 집중했습니다. 그리고 저의 기대는 다시 한 번 여지없이 깨지고 말았습니다."

그날 Chapter 36

"라커웨이 목사 소식 들었어? 테리를 버리고 그 쓰레기 같은 찬양팀 싱어하고 눈이 맞았다잖아."

"험담하려는 건 아닌데요, 혹시 저 여자를 유치원 교장으로 임명하려고 생각중이라면 그 전에 당신이 알아야 할 것이 있어요…."

"저는 그저 걱정이 되어서 이 이야기를 하는 건데요. 어찌됐든 그녀는 교회 사역팀의 일원이니까 우리가 정말 기도해주어야 할 것 같아요…."

"아, 정말 죄송해요. 저는 모두가 알고 있는 줄 알고 그만 얘기해 버렸네요…."

"글쎄말이야. 카이로의 어느 은신처에서 단 둘이 밤을 지냈다는 사실은 모두가 알고 있는 거잖아…."

"아무한테도 말해서는 안돼. 잘못하면 두 사람의 결혼이 끝장날 수도 있으니까…."

"네, 감사해요. 그럴 의도는 아니었는데요. 하지만 연공 서열로 따지자면 당연히 제가…."

"이봐요. 누군가가 선례를 보여야 하는거야…."

캐리 놀스의 인생을 담은 영상이 끝나자마자 앨런 라커웨이의 내면의 시야로부터도 순식간에 사라져버렸다. 조금 전에 눈 앞을 스쳐 지나간 캐리의 험담 통해 앨런은 자신의 스캔들을 포함한 교회의 다양한 소문들에 대해 더 자세히 알게 되었을 뿐만아니라 수십 년 동안 교회의 리더십의 자리에서 파악했던 것보다 더 심층적으로 알게 되었다. 또한 캐리에 대한 충격적인 사실도 또한 알게 되었다. 그리고 테리가 평소에 캐리의 봉사활동에 대해 높이 평가하지 않았던 것도 기억해냈다. 테리가 그 이유를 말한 적은 없었는데 아마도 그녀의 민감한 레이더 장치가 캐리에게서 이상 신호를 감지했기 때문이었을 것이다. 앨런의 관점에서 보면 캐리 놀스 같은 여자 성도는 목사가 항상 필요로 하는 성도임이 틀림없었다. 섬김에 열심이고 자발적으로 일하며 규칙에 잘 따라주는 성도. 게다가 손도 많이 가지 않는….

"캐리 놀스, 너의 청지기로서의 삶에 대해 진술해 보아라."

캐리는 양 어깨를 움찔하더니 어색한 미소를 지어보였다.

"주님, 조금 전에 보여진 영상 속의 말들은 전체적인 맥락에서 보셔야 합니다. 제가 한 말들은 내가 어떤 사람인지를 보여주기에 충분하지 않습니다. 저는 제 시간을 도움이 필요한 사람들을 위해 투자했습니다. 아이들은 제게 기쁨을 주었고, 동시에 저의 가장 큰 관심 대상이었습니다. 저는 21년 동안이나 아이들을 돌보는 일을 섬겨왔습니다."

"캐리, '신앙이 있는 것처럼 보인다고 해서 모두가 다 경건한 사람인 것은 아니다' 라고 한 나의 말을 들어보지 못했는가? 그들이 비록 나를 '주님' 이라고 부르지만 천국에는 이르지 못할 것이다. 왜냐하면 그들은 내 아버지의 계명을 따르지 않았기 때문이다."

"하지만 저는 계명을 전부 지켰습니다."

"너의 행위가 다르게 나타나고 있다. 천사여, 캐리 놀스의 이름이 생명책에 기록되어 있는가?"

"없습니다. 주님."

"뭐라고?"

갑자기 캐리의 목소리가 화난 앵무새처럼 날카로워졌다.

"하지만, 주님. 저는 제가 기억하는 한 오랜 시간을 교회에서 충실한 종으로 섬겨왔습니다."

"너는 이미 섬김의 대가를 받아 누렸다, 캐리."

"고작 그게 다란 말인가요?"

그녀가 소리쳤다.

"그 긴 시간동안 아이들 코 닦아주고 기저귀 갈아주고 다른 사람들을 도와주었어요. 그리고 저는 이 모든 일을 주님을 위해서 했어요."

"캐리, 내가 미워하는 일곱 가지에 대한 말씀을 읽어보지 못했는가? 그 일곱 번째 가증한 일이 형제 사이에 불화를 심는 것이다. 그리고 말씀에 기록한 바, 나는 이웃을 중상하는 사람을 용납할 수 없다."

그녀는 눈을 들지 않은 채 분에 겨워 으르렁거렸다.

"제가 기도하지 않았나요? 내 죄를 용서해 달라고 간구하지 않았나요?"

"그래, 네가 기도한 것을 기억한다. 하지만 너의 기도는 죄를 구체적으로 고백하는 간구도 아니었고 진실한 뉘우침도 없는 기도였다. 그 기도들을 누구에게 한 것인지 나는 도무지 알지 못하노라. 다만 내가 너에 대해 알고 있는 바는 나의 성령, 나의 생기가 네 안에 없었다는 것이다. 비록 네가 예수 그리스도를 안다고 말하지만 넌 구원받기 위해 겸손한 뉘우침으로 나에게 나아온 적이 단 한 번도 없었다. 그래서 나의 생기가 너에게 전달된 적이 없었던 것이다. 너는 너의 행위가 나와의 친밀한 관계에서 나온 산물인 것처럼 네 행위를 신뢰했다. 그러나 나는 율법으로는 의롭다함을 받을 육체가 없다고 이미 말씀에 명확하게 기록해 두었다. 만약 네가 진실로 너의 삶을 나에게 의탁했다면 너의 본성은 변화되고 너의 삶에 의로운 열매가 맺혔어야만 했다. 또한 내가 사랑하는 것을 사랑했을 것이고, 내가 미워하는 것을 미워했을 것이다. 바로 그것이 진정으로 나를 아는 사람의 표징이며 나의 성령이 그 안에 내주한다는 증거인 것이다. 캐리, 나는 너를 도무지 알지 못하겠구나. 그러므로 너는 나를 떠나 나를 거절한 사람들을 위해 예비된 곳에서 영원한 형벌에 처해져야 한다. 청함을 받은 사람은 많되 택함을 받은 이는 적도다."

그녀는 거룩한 성소에서 끌려나가면서 비명을 지르고 저주를 퍼부었다. 전체 회중 앞에서 그녀의 악한 본성이 여실히 드러났다. 앨런은 충격으로 인해 몸을 떨며 아무 말도 하지 못하고 서 있었다. 그가 늘 믿어왔던 모든 것들이 지금 그를 완전히 배신하고 있는 것 같았다. 이제 그는 논리적인 사고를 하는 것이 불가능했다. 그는 무엇을 해야할지 몰랐다. 아니 무엇인가를 한다는 것이 가능한 일인지 알 수 조차 없었다. 하지만 이런 그의 망설임도 오래 지속되도록 허용되지 않았다. 시간과 공간을 밀고 당기는 또 한 번의 움직임이 그를 놀라게 했다. 그리고 어떤 이유에서인지 자신이 몹시 긴장하고 있다는 것을 느꼈다.

"앨런 라커웨이."

큰 소리가 울려퍼졌다. 이어지는 몇 초 동안 앨런은 매우 놀라운 일을 목격했다. 그것이 놀랍고 무서운 일이긴 했지만 창조주 하나님에 의해 그의 이름이 불려진다는 것은 또한 스릴 넘치는 일이기도 했다. 그를 지으신 창조주께서 부르고 계신 것이다. 올 것이 오고야 말았다. 그는 앞을 똑바로 바라보고 천사들이 모여있는 사이로 난 좁은 길을 따라 내려갔다. 내려가는 걸음이 영원처럼 느껴졌다. 앨런은 드디어 금으로 만들어진 난간이 있는 곳에 도착했다.

앨런은 지금 가장 중요하고 결정적인 장소에 홀로 서서 우주의 중심만이 아니라 모든 실재하는 것의 가장 중심에 자신이 서 있다는 것을 알 수 있었다. 그는 자신이 무한히 크게 느껴지는 동시에 무한히 작아지는 것 같았다. '이것이야 말로 인간이 생각할 수 있는 가장 외로운 순간이로군.' 그는 스스로에게 말했다. 누구에게도 상의할 수 없고 중재자나 상담자도 존재하지 않으며 마음을 달래줄 부모도 없는 순간이었다.

지금 맞닥뜨린 상황이 가지고 올 끔찍하고 암담한 전망에도 불구하고 그는 자신이 하나님의 사람이라는 것을 스스로 떠올렸다. 만약 그의 목사로서의 경력이 가지는 장점이 있다면 그것은 동요하지 않고 백보좌 앞에 다가갈 수 있다는 능력과 자신감일 것이다.

그는 엄습하는 두려움을 누르며 위를 올려다보려고 노력했고 그게 가능하다는 것도 알았다. 하지만 그가 바라볼 수 있었던 것은 예수 그리스도의 보좌뿐이었다. 앨런이 곁눈으로 올려다 본 광경만 해도 그가 수용하기에는 너무나 벅찬 것이었다. 눈부신 빛의 작열, 태양에서 분출되는 것 같은 열기, 용암처럼 솟구치는 힘이 시간보다 깊은 지혜, 통렬한 아름다움, 그리고 앨런이 추구해왔던 어떤 갈망보다도 지순한 사랑과 역설적인 융합을 이루고 있었다. 이 모든 것들은 더 이상 어떤 감정적인 산물이 아니라 중력과도 같이 실제적이며 손을 뻗으면 만질 수도 있을 것처럼 느껴지는 본질적인 요소로 변형되어 있었다. 엄숙한 목소리가 앨런의 귀에 들리기 시작했다.

"앨런, 너의 청지기로서의 삶을 진술할 시간이 왔다."

그 소리는 마치 보이지 않는 파도처럼 다가와서 앨런으로 하여금 각각의 신적 속성을 첨예하게 인식하지 않을 수 없도록 몰아 붙였다. 광대하게 울려 퍼지는 목소리의 음색이 그를 지으신 창조주 하나님의 심정을 가까이에서 느낄 수 있도록 해주는 것 같았다. 앨런은 깊은 숨을 들이마시고는 자신의 이야기를 시작했다.

"주님, 감사합니다. 저… 저는 사실 할 말이 많은 것은 아닙니다. 주님도 아시겠지만 저는 생애의 대부분을 목사로서 섬겼습니다. 거의 30년이 되는군요. 저는 많은 사람들이 당신을 구주로 영접하는 기도를 할 수 있도록 인도했습니다."

"그래, 그런데 너는 어떻지?"

"저요? 제가 뭐요? 주님."

"너는 나를 구주로 영접했는가?"

"저… 그건 말할 필요도 없이…."

"아니, 앨런. 말할 필요도 없는 게 아니다. 너는 어떤 인생을 살았는가?"

그는 이 질문에 답변을 하려고 생각을 정리해 보았지만 그의 마음속에 떠오르는 것이 아무것도 없었다. 그는 할 말이 없다는 사실을 깨닫자 침묵 가운데 고개를 떨구고 말았다. 이제 임박한 운명이 번개처럼 그를 내리치기만을 기다리고 있는 것 같았다.

"천사장!"

무거운 목소리가 들려왔다.

"앨런 라커웨이가 내 왕국에 들어갈 준비가 되어있는가?"

앨런은 다시 깊은 숨을 들이마셔야 했다. 답변을 기다리는 몇 초가 영원처럼 느껴졌다.

"없습니다. 주님, 그의 이름이 생명책에 없습니다."

앨런의 뇌가 방금 들은 말을 정확하게 처리하기 위해서는 머리 속에서 여러 번의 반복적인 정리가 필요했다. 그의 눈 앞에 펼쳐진 광경이 갑자기 온통 하얀색으로 바뀌었다. 그리고는 다시 회색이 되었다. 그의 머릿속 어딘가에서 불평하듯 윙윙거리는 소리가 들려오기 시작했다. 그리고 모든 사고가 멈추었고 모든 감각에 자물쇠가 채워지는 것 같았다. 그의 머리 속에서 누군가가 마치 훈련 조교처럼 딱딱하게 얼어붙은 앨런의 자아를 향해 고함을 지르고 있는 것 같았다.

'무엇이든 말해라! 너를 변호해라!'

마침내 앨런의 입이 움직이기 시작했다.

"하지만… 주님. 저는 당신을 섬겨왔습니다. 저는 당신의 이름으로 사람들을 치유했고 세례를 베풀고 기도해주고 당신의 말씀을 가르쳤습니다. 당신을 위해 나의 삶을 드렸습니다…."

"여기에 너의 행위가 있다. 앨런."

앨런은 고개를 돌리고는 구멍이라도 파서 그 안으로 기어 들어가 숨고 싶은 심정이었다. 더 이상 피할 길이 없었다. 그는 보여지는 영상들로 인한 당혹감을 감출 수가 없었다. 그의 내면에서 밝게 보여지는 것들이 홀에 운집해 있는 모든 참석자들의 시야에는 수 천 배쯤 확대되어 보여졌다. 그가 기억하는 모든 부끄러운 행동들과 기억의 심연으로 가라 앉았던 많은 일들을 보여주는 영상이 계속 이어졌다. '아무도 내가 하는 일을 눈치채지 못할

거야' 라고 자신에게 소곤거리며 저질렀던 행동들이었다.

깊은 곳으로부터 탄식이 흘러나왔다. '누군가가 내게 경고해주었더라면' 그러나 누군가가 지금 이 순간의 현실에 대해 그에게 말해 주려 했다 할지라도 그 자리에서 일축해 버리고 말았을 것이라는 사실을 앨런은 인정하지 않을 수 없었다.

청소년기는 특히 고통스러운 시기여서 모든 음란한 행동들과 성적으로 자극적인 물품들을 가지고 행한 부끄러운 모습들이 드러났고, 고교시절 파티가 열리는 곳에서 여학생들을 상대로 이와 같은 욕구를 해소하려 했던 일들과 각양 각종의 선정적이고 외설적인 행태 가운데 자신을 방임하며 다른 이들을 속이고 상처 입혔던 일들이 재현됐다.

이런 것들과 더불어 좋은 모습도 보여지고 있었는데 성경공부, 청년캠프에서의 모닥불, 경배 찬양, 교회 수련회 등이 그것이었다. 하지만 이런 것들도 결국에는 불가피하게 퇴행적인 행동으로 이어졌다. 친구 차 뒷좌석에 몸을 싣고 집으로 돌아오는 길, 그는 만취 상태여서 다른 사람의 부축을 받지 않고는 차 문을 나설 수 없을 정도였다. 주먹다짐을 하다가 젊은 친구의 코를 부러뜨린 일. 한밤중 대로에서 자동차 경주를 시도하다가 자신과 여자 친구의 목숨을 잃어버릴 뻔한 일.

만약 앨런이 자신에게 내려진 판결로 인해 정신을 빼앗기지만 않았더라면 소급해서 보여지는 그의 삶을 담은 장면에 경악을 금치 못 했을 뿐만 아니라 그것들이 보여주는 것들로 인해 혐오감을 느낄 수밖에 없었을 것이다. 그가 다시 마음의 창을 올려다보았을 때 가장 중요한 문제가 다루어지고 있었다.

앨런은 아내를 떠나야 했던 이유에 대해 교회의 장로 한 명에게 설명하고 있었다.

"다른 사람들처럼 저에게도 필요한 것들이 있습니다. 예수님도 저의 필요를 이해하고 계실거예요. 그 분이 저를 만드셨으니까요…."

또 그는 설교를 하고 있었는데 목소리만 들려왔다.

"유년 시절, 여러분들이 하나님에 대해 품고 있었던 복수심에 때문에 화가 나 있는 모습 따위는 잊어버리십시오. 이런 것들은 여러분이 겪은 부정적인 경험에서 기인하는 것입니다. 저는 은혜를 전하기 원합니다. 예수 그리스도는 오늘 여러분에게 은혜를 주시려고 합니다!"

그는 그와 같은 설교를 했던 기억이 났다. 힘 있게 전하는 그의 말씀을 듣고 있던 회중 뿐만이 아니라 앨런 자신도 마치 최면에 걸려드는 듯한 느낌이었다. 그의 설교를 듣던 성도들이 발로 바닥을 치면서 공감했을 때 뼛속까지 전달되었던 짜릿한 느낌을 기억해냈다.

"이 따사로운 봄날 창밖을 한 번 내다보시기 바랍니다."

또 다른 주일예배 설교였다.

"로키 산맥을 창조하신 하나님이 그 분의 피조물 중 가장 고귀하고 사랑스러운 존재인 당신이 인습과 규정이라는 작은 틀 안에 갇혀서 살기를 원하시겠습니까?"

다음은 동료 목사와의 개인적인 대화가 보여졌다.

"그 교회는 너무 극단적이어서 받아들일 수 있는 선을 넘었어. 도대체 어쩌자는 것인지. 그들은 은혜 안에 담긴 뜻이 무엇인지 상상조차 하지 못하고 있으니 말이야…."

그리고 이번에는 은혜의 쿠데타였다. 서밋 교회의 중앙 복도를 따라서 제니가 눈부신 하얀 웨딩드레스를 입은 모습으로 걸어 내려오고 있었다. 앨런의 새로운 신부였다. 교회는 예상했던 대로 절반 정도 자리가 채워진 상태였지만 무대 위는 국내 각지에서 앨런의 결혼을 축하하고 지지를 표하기 위해 참석한 목사들과 교계 인사들로 입추의 여지가 없이 꽉 들어차 있었다.

"주님, 이 두 사람이 오늘 결혼식에 이르기까지 길고도 달콤한 여정을 인도해 주셨음을 인해 감사드립니다."

남부에서 온 목사가 기도하고 있었다.

"그리고 더욱 아름다운 진실은 당신께서는 저희들의 마르지 않는 레몬으로 레몬에이드를 만드실 수 있는 분이시라는 사실입니다…"

이미지가 희미하게 사라지고 다시 보좌로 돌아왔다.

"앨런, 너는 이 모든 일들을 나의 이름으로 행했다. 하지만 나는 너를 도무지 알지 못한다. 네 안에는 나의 생명이 없다. 너는 스스로를 드러내고 성공시킬 말씀만을 전했다. 너는 생명이 없는 말로 내 백성들의 귀를 간지럽혔고, 그들로 하여금 나를 아는 지혜가 없이도 그들의 인생을 안전하게 살 수 있다는 허상을 심어주었다. 그래서 그들은 나의 뜻에 인생을 내어주지 않았고 결국 내 임재를 느끼며 성장하고 열매 맺는 삶을 잃어버리고 말았다."

"아닙니다⋯."

"앨런, 너도 알지 못하는 사이에 성도들로 하여금 나와 함께 걷되 일정한 간격을 유지하도록 가르친 결과가 되었다. 마치 네가 그렇게 해왔던 것처럼 말이다. 나를 진정으로 따른다는 것이 무엇을 의미하는지 가르치는 일에 게을렀다. 마음을 다해 진정으로 나를 사랑하고 나의 길을 걸으며 내 말이 그들 안에 거하고 그들이 나에게 늘 붙어있는 것이 진정한 축복이라는 것을 가르치지 않았다. 너는 심지어 교회 앞에서 너의 간음을 과시하고 너의 가정이 무너지는 것을 부끄러워하지 않았다. 이 모든 일을 나의 이름으로 정당화 하기까지 했다. 이것은 실로 내 앞에 가증한 일이다."

주님의 마지막 말은 실제로 앨런을 몸을 강타한 것과도 같은 충격을 주었다.

"만약 내가 준 생명이 네 안에 있었다면 간음에 관한 나의 말에 대해 그토록 대담하게 행하지 못했을 것이다. 마태복음에 명확히 기록한대로 '누구든지 음행한 이유 외에 아내를 버리고 다른 데 장가드는 자는 간음함이니라.' 나는 또 말씀에 기록하기를 나를 진정으로 아는 사람은 나의 계명을 지키리라. 진정으로 나를 아는 자라면 나의 계명을 범한 때라도 자신의 죄를 고백하고 회개할 것이다. 앨런, 너는 나의 계명에 스스로 반항하고도 네 죄를 고백한 적이 없다. 오히려 그것을 정당화한 것은 네 안에 나의 성령과 말씀이 없었기 때문이다. 사도 바울은 고린도 교회의 성도들에게 명확하게 경고하기를, '불의 한 자가 하나님의 나라를 상속받지 못하리라는 것을, 여러분은 알지 못합니까? 착각하지 마십시오. 음란한 자나, 우상을 숭배하는 자나, 간음하는 자나, 남창 노릇을 하는 자나 동성연애를 하는 남자나, 도둑질하는 자나, 탐욕을 부리는 자나, 술 취하는 자나, 남을 중상하는 자나, 남의 것을 약탈하는 자들은, 하나님의 나라를 상속받지 못할 것입니다 라고 언급했다.'

"하지만 주님, 다윗 왕도 이혼했지만 당신은 그를 용서하셨잖아요."

"그렇다. 하지만 다윗은 마음을 쏟아내면서 전심으로 회개했다."

엄숙한 답변이 돌아왔다.

"바로 그렇기 때문에 오늘날 그는 그가 받을 상급을 누리고 있는 것이다. 하지만 너는 달라. 너는 너의 행위를 정당화하기 위해 끊임없이 말씀을 왜곡해 왔다. 더 나쁜 것은 내가 너에게 맡긴 양들에게 그것을 가르쳤다는 점이다. 그게 다윗과 네가 다른 점이야."

"하지만, 저 역시 속았어요."

최종적인 판결이 마치 올가미처럼 그를 거세게 묶기 시작하는 것을 감지하자 앨런이 다시 간청했다.

"저도 길을 잃고 있었어요. 제가 아는 것을 전한 것 뿐입니다. 제가 배운 것을 가르친 거라구요!"

대답 대신 다른 이미지 하나가 그들 위에 떠올랐다. 테리였다. 그녀의 이미지는 앨런이 감당하기 어려운 정신적 고통으로 다가왔다. 그녀가 입을 떼기도 전에 앨런은 무슨 말을 하려는지 알고 있었다.

두 사람은 이전에 살던 집의 부엌에 함께 있었다. 그곳은 돈과 명성이 그들을 안락하고 좋은 환경의 집으로 옮겨주기 전에 살던 작은 목사관이었다. 테리는 좀 어색한 모습을 하고 있었다.

"앨런, 전 당신의 설교를 몇 년째 듣고 있잖아요? 그런데 지난 십수 년 동안 '죄'라는 말을 해 본 적이 있는지 묻고 싶군요. 아니면 혹 '의'나 '정의'는 어떻고요. 한 가지만 말해주세요. 우리 교회에서는 어떻게 예수를 구주로 영접하게 되는지…. 당신은 서밋교회가 믿음을 간수하기에 안전한 곳이라는 말만 하고 있잖아요. 하지만 그것은 형식적인 점검을 통과하기에 급급한 것 아닌가요? 불쌍한 영혼들이 자신에게 절실하게 필요한 것들을 어떻게 공급받으라는 거죠? 죄를 회개하라는 경고도 없고 어떻게 그리스도를 찾을 수 있는지 그리고 그분을 따르라는 자세한 설명도 없어요."

"테리, 난 이 일로 당신과 논쟁하고 싶지 않소."

자신이 테리에게 답변하는 장면이 비추어졌다.

"당신이 어떤 논점을 가지고 있든지 난 상관없어. 중요한 것은 당신은 뭘 모른다는 거요. 당신은 시대에 뒤떨어진 율법적인 교리에 완전히 사로잡혀 있어. 당신은 나의 사역이 무엇인지도 모르고 또 알려고 하지도 않잖소."

"정말 그런가요, 앨런? 당신의 사역이 무엇인지 알고 싶어서 제가 지금 당신한테 질문을 하고 있잖아요. 그런데 당신은 답변을 거부하고 있어요.

과연 관심없는 사람이 누구인가요?"

다음 장면을 볼 필요도 없었다. 다음 장면에 나올 말들을 그는 모두 다 기억하고 있었기 때문이다. 그는 테리로부터 등을 돌렸다. 사실 그녀의 말이 옳았다. 앨런은 자신의 목회 비전을 그녀에게 설명하려는 시도조차 하지 않았었다. 당연히 자신의 편에 서 있을 것이라는 믿음과 자신의 아내였기에 일일이 설명할 필요가 없다고 생각했었기 때문이다.

"앨런, 너는 알고 있었다."

영상이 희미하게 사라져갈 때쯤 다시 주님의 목소리가 들려왔다.

"너는 아내의 입을 통해 나의 경고를 전달 받지 않았느냐. 말씀에 '선생 된 자들아 너희는 더 엄히 심판 받을 줄을 알라'고 기록된 것을 읽지 못하였느냐?"

"네, 주님. 읽었습니다. 그리고 저는 사역자로서 제가 부름받은 줄로 여겼습니다."

"네가 사역자로서 부름받은 것은 맞다. 그러나 너의 인생과 사역을 나에게 전적으로 내어 주었다면 네 삶은 분명 다른 모습이 되었을 것이다. 이제 너는 나를 떠나야만 한다. 네 안에는 내 생명이 없었기 때문에 너의 이름도 생명책에 기록되어 있지 않다. 천사장! 그의 손과 발을 묶은 후 가장 깊은 어두움 속으로 던져 넣어라."

"왜 제가 가장 깊은 곳으로 던져져야 하지요?"

간청하는 그의 질문이 자신의 귓가에 공허하게 울렸다.

"내가 너희에게 이른 말 중에 '누구든지 나를 믿는 이 작은 자 중 하나를 실족하게 하면 차라리 연자 맷돌이 그 목에 달려서 깊은 바다에 빠뜨려지는 것이 나으니라'라고 한 것을 기억하느냐? 그런 이유로 인하여 가장 깊고 고통스러운 곳이 너를 위해 준비되었느니라. 천사장! 저 자를 데리고 가라."

주님의 목소리가 견딜 수 없는 슬픔이 되어 들려왔다. 천사의 손이 그의 팔을 잡아당기는 순간 체념과 함께 피할 수 없는 암울함이 그를 덮쳐왔다. 그는 속에서부터 나오는 자신의 처절한 비명 소리를 들었다. 그리고 잠시 동안은 모든 것이 흐릿해졌다. 하나님의 임재가 순식간에 떠나가고 있는 것을 느꼈고, 영원 가운데 그것이 마지막 일 것이라는 생각이 불현듯 찾아들었다. 하나님의 부재가 왠지 낯설지 않게 느껴졌다. 그도 그럴 것이 종전에 지옥의 평원에서 느꼈던 숨 막힐 것 같은 절망과 동일한 감정이 그에게 찾아온 것이다. 그것은 어디에서도 볼 수 없는 가장 냉혹하고 무서운 고통이었고 이제 앨런의 영원하고도 영원한 운명이 되어버렸다. 무엇과도 비교할 수 없는 두려움이 엄습했다. 이내 앨런의 의식은 그 안에서 희미해져갔다. 정신을 차렸을 때 앨런은 새로운 곳에 와 있었는데 이전에 경험한 고통보다도 더욱 강하고 생생한 공포가 그곳에 존재하고 있었다.

그는 자신의 모습을 살펴보려고 했지만 소용없는 일이었다. 그가 있는 곳은 완벽한 어둠에 덮혀 있었고, 그 어둠은 너무나 강렬한 나머지 마치 빛의 근원이 폐쇄되어 그 무엇도 식별할 수 없는 상태인 것만 같았다. 앨런은 저 멀리 보이는 빛을 향해 몸을 돌리면서 '차라리 보이지 않는 것이 낫지 않을까' 라고 생각했다. 빛으로 가까이 다가가 아래를 내려다 보았을 때 빨간색과 오렌지 색의 화염이 혓바닥을 낼름거리는 것 같은 광경을 보고 그는 두 눈을 감고 말았다. 지옥불이었다.

수백 미터쯤 떨어진 곳에 평원의 끝자락이 있었는데 그 건너편 구덩이에서 불길이 치솟고 있었다. 피어오르는 연기는 춤을 추 듯 흔들거리는 불 때문에 마치 거대한 구름처럼 비추어졌다. 그 가장자리가 더욱 가까워지면서 불의 강렬함도 거세졌다. 불이 내는 낮고 굵은 소리가 신음 소리들을 집어 삼키고 있었다. 그곳에서 뿜어져 나오는 열기는 언젠가 도자기 굽는 가마 앞에 섰을 때 느꼈던 것보다 훨씬 더 강렬했다. 아니 오히려 태양의 표면과 마주한 것 같은 엄청난 느낌이었다. 그것은 참을 수 없는 공포였지만 이상하게도 고통을 당해야 한다는 사실이 이곳에서는 당연하게 생각되었다. 그의 살갗이 타들어가는 것만큼이나 듣고 보고 느끼는 것도 고통으로 다가왔다. 그는 가장자리로 가서 구덩이를 들여다보았다. 그것은 자신이 목격했던 어떤 분화구보다 커서 수 킬로미터에 걸쳐져 있었고, 그 바닥의 깊이를 알 수 없었다. 불로 이루어진 거대한 바다였다.

앨런은 그 광경에서 눈을 뗄 수가 없었다. 혈관의 모든 피가 얼어붙는 것 같은 느낌이 들었을 뿐만 아니라 그의 영혼이 갈갈이 뜯겨져 무시무시한 구덩이 속으로 녹아 들어가는 것만 같았다. 구덩이 안에는 자욱한 연기 사이로 무수한 손과 팔들이 구부정한 모습으로 고개를 쳐들고 있었다. 끝없이 펼쳐진 불바다 한가운데에는 헤아릴 수 없이 많은 고통 당하는 육신들이 타오르는 불길 안에서 공포의 춤을 추고 있는 것도 보였다. 잠시 주어진 시간 동안 그 광경을 목격할 수 있었고, 이제 그의 고통은 최고조에 달했다. 무언가 으스러지는 소리가 귀에 들렸고, 공포의 비명도 함께 들려왔다. 구덩이 안에 있는 자들의 몸은 계속 타들어갔고 입에서도 비명이 터져 나왔다. 그들의 수족은 공포로 인해 제멋대로 뒤틀렸지만 그들의 육신은 소멸되지 않고 있었다. 그것은 바로 끝없는 고통이었다. 눈앞에 펼쳐지는 대참사에서 눈을 떼지 못한 채 앨런은 신경질적으로 몸을 떨면서 뒤로 물러섰다.

순간 알 수 없는 손이 그를 앞으로 밀었다. 마침내 불못의 중력이 그 힘을 발휘하기 시작했다. 앨런은 자신이 아래로 추락하고 있음을 느꼈다. 뜨거운 바람이 그를 강하게 치고 휘감으며 아래쪽의 깊고 깊은 용광로 속으로 끌어당겼다. 짐승이 울부짖는 것과 같은 고함소리가 그를 맞이했다. 말로 형용할 수 없는 절망감이 저주받은 사람들이 있는 구덩이로 떨어지고 있는 그를 사로잡았다. 앨런은 자신을 절망과 공포에 내어 맡길 수밖에 없었다. 그런데 그런 체념조차도 그에게는 위안이 되지 못 했다. 이것이야말로 영원을 통해 맞이해야 할 그의 운명인 것을 절감했다.

새 예루살렘 – 수년 후 예전의 열방 교회

"앨런이 체험한 이 묘사들은 여러분 모두에게 친숙하리라 믿습니다."

스토리텔러가 주위에 모여 있는 사람들에게 침울한 어조로 말했다. 모든 사람들이 멍한 시선을 한 채 그의 얼굴에 고정되어 있었다. 각자가 공포스러운 체험을 떠올리고 있는 것 같았다. 그리고 누구라고 할 것 없이 모두 공감의 표시로 고개를 끄덕였다.

"네. 저도 그 장면을 잘 알아요. 저도 그걸 봤지요…."

리디아는 깊은 상념에 잠긴 채 얼굴에 수심이 가득한 기색을 띠고 있었다.

"그러니까 여러분이 목격한 게헤나 구덩이는 앨런이 떨어져 들어간 동일한 구덩이를 똑바로 볼 수 있게 해주는 창과 같은 것이었습니다. 그곳에 있는 마귀들은 모든 면에서 여러분들이 본 대로 혐오감을 불러 일으키는 존재들입니다. 이제 그들은 하나님의 어린 양을 따르지 않은 자들과 함께 고통당하고 있습니다. 그 고통은 여러분들이 목격한 것 이상으로 끔찍할 수 있습니다. 왜냐하면 그것은 쉼도 없고 끝도 없이 이어지기 때문입니다. 한 번 그곳에 들어가면 돌아나오는 길은 존재하지 않습니다. 그 고통은 끝없이 이어집니다."

그는 깊은 숨을 들이마시고는 가벼운 미소를 지어 보였다.

"한 가지 바라는 것이 있다면 우리가 이 이야기를 마쳤을 때 대체 왜 여러분들이 이 공포스러운 광경을 목격해야만 했는지 완전히 이해할 수 있었으면 좋겠습니다."

그날
Chapter 37

불 못에서 고통 당하면서 앨런은 표현하기 조차 어려울 정도로 자신을 저주했다. 이보다 더 한심한 것이 세상에 있을까? 그는 자신에게 격노했다. 전 생애를 교회에서 보냈을 뿐만 아니라 복음을 전하는 일을 했던 사람이 정작 자신의 인생에서는 그것이 진리가 되게 하지 못했다는 것을 상상이나 할 수 있을까? 이제 그가 할 수 있는 일은 아무것도 없었다. 그런 생각이 가져오는 공포심이 후회하는 마음과 함께 그를 완전히 덮어 버렸고 좌절과 절망으로 비명을 지르지 않을 수 없었다.

'왜? 난 무엇을 기다리고 있었던 거야? 왜 나는 하나님과의 사이에 간격을 두고 있었던 거야? 왜 나는 나의 자존심에 교리를 가져다가 섞어 버렸지? 왜 나는 저급하고 얄팍한 반 토막짜리 진리를 받아 들이고 전했던 것일까? 왜 나는 나의 인생과 나의 가장 내밀한 자아를 그분께 내어 드리라는 주님의 요청을 거절했던 것일까? 왜 나는 주님을 따라가는 것이 내 인생의 목표라는 가장 단순한 진리를 받아들이는 일에 실패한 것일까?

그는 고개를 돌리고 말았다. 이런 생각들을 더 이상 참을 수가 없었다. 휴식도 자비도 없었다. 그는 주변을 돌아보고 다른 사람들과 그리고 더 혐오스럽게 느껴지는 마귀들도 똑같이 고통 당하고 있는 것을 보았다.

불 못에서 보내는 시간은 단순히 생각할 수 있는 것 이상으로 시간 자체가 고무줄처럼 길게 늘어날 수 있기 때문에 도대체 얼마 동안이나 그곳에 있었는지 알 수가 없었다. 앨런은 자신을 망각에 던져 넣으려는 시도를 했다. 가능하다면 어떤 영적인 자살을 자행해서라도 이곳에서 자신을 지워버리고 모든 상황으로부터 벗어나고 싶었다. 하지만 부질없는 생각이었다. 지속적인 고통으로부터 자신을 풀어낼 방법은 존재하지 않았다. 그런데 그때 위쪽에서 밝은 빛을 내면서 내려오고 있는 것이 느껴졌다. 그는 위를 올려다보고는 놀라움에 울음을 터뜨리고 말았다. 그의 수호천사가 다시 돌아오고 있었다. 광채를 발하는 얼굴이 앨런에게로 가까이 왔다. 흑암뿐 아니라 그의 모든 고통과 좌절을 몰아내려는 것 같았다. 천사는 손을 내밀었다. 앨런도 자신의 손을 뻗어서 잡으려고 애를 썼다. 마침내 맞잡은 두 손을 꽉 쥐고 처음 그의 운명을 바라보고 있었던 불 못의 가장자리 언덕으로 끌어 올려졌다.

"앨런, 나를 따라오시오."

불의 폭풍 속에서도 목소리를 알아들을 수 있었다.

"이제…어떻게 되는 건가요?

그가 말을 더듬었다.

"앨런, 너는 이미 육체를 떠났다. 너는 심판을 받았고 불못의 가장 깊은 지역에서 시간을 보냈다. 하나님 아버지께서는 너 자신과 다른 사람들을 위해 이곳을 직접 보고 경험하도록 허락하신 것이다. 방금 네가 경험한 것들은 실재이며, 만약 지금 이 순간 세상에서 너의 생명이 끊어졌다면 이것이 너의 영원한 운명이 되었을 것이다."

"그럼 무슨 일이 있었던 거지요?"

앨런이 떨면서 물었다.

"너의 아들 제프가 너를 죽음에서 구했다. 제프가 너를 죽음에서 구하지 않았더라면 네가 경험했던 것이 영원히 지속되었을 것이다. 하지만 성령님의 인도하심에 지속적으로 순종한 너의 아들로 인하여 너는 건짐을 받게 된 것이다. 자, 이제 하나님께서는 네가 이곳에서 경험한 일들을 세상에 전할 수 있도록 기회를 허락하실 것이다. 그분은 너에게 또 한 번의 기회를 주신 것이다. 너와 네 동료들이 하나님의 백성들에게 전해왔던 균형 잃은 가르침을 바로잡고 진리를 전할 수 있도록 유예기간을 주는 것임을 명심해야 한다."

앨런은 천사의 말이 들리는 순간 생기가 돌아오는 것을 느꼈다. 이곳에서 발생하는 엄청난 열기와 정신적 고통이 사라지는 것을 느낄 수 있었다.

"그리고 바로 그 순간이었습니다."

"가장 고통스럽게 영원을 보내야 한다는 좌절감에 주저앉아 있을 때 멀리서 희미한 생명이 나를 향해 오고 있는 것을 보았습니다."

위태롭게 호흡을 이어가면서 그가 계속했다.

"제프가 조금 전에 잠수함 안으로 흘려보낸 것은 산소였습니다. 그리고 하나님 아버지의 뜻에 순종한 저의 아들이 용감하게 장애물을 헤쳐 주었기에 제 영혼이 다시 몸으로 돌아올 수 있었던 것입니다. 제 마음과 영혼에는 아직도 무서운 체험의 느낌과 무너져 내리는 좌절감이 두껍게 자리잡고 있습니다."

앨런은 잠수함 창쪽을 향하고는 아들을 향해 손을 흔들었다. 제프는 미소를 지었지만 여전히 그만하라는 제스처를 보내기 위해 또 다른 방법을 동원하고 있었다.

"제프는 제가 지금 이 말을 하는 동안 남아있는 산소를 다 소모하게 될 거라고 경고하고 있습니다. 하지만 여러분에게 이 말을 전하는 것이 훨씬 더 중요합니다. 저는 이 무서운 일에 대해 여러분과 교회에 경고해야만 하며 동시에 여러분께 용서를 구해야만 합니다. 저는 이제까지 반쪽짜리 복음을 전해왔습니다. 진실의 중요한 부분과는 비슷하나 가장 치명적인 부분에 대해서는 간과해 왔던 것입니다. 저는 은혜에 전적으로 집중해 왔는데 그것은 진짜가 아닌 받아들이기 용이한 값싼 은혜였습니다. 그것은 우리가 하나님과 함께 걷고 있는지에 대한 여부가 가지는 절대적인 중요성을 덮어버린 채 겉만 번지르르하게 치장한 은혜였습니다. 또한 그것은 하나님에 대한 경외함과 공의와 정의로우심 그리고 새로운 생명이 우리 안에 들어오심으로 말미암아 나타나는 선한 행실로 증거되는 우리의 변화된 삶이 가지는 중요성을 무시하는 은혜였습니다. 그리고 무엇보다도 천국과 지옥, 그리고 심판이라는 영원의 실재를 무시하는 은혜였습니다. 심판은 실재로 있습니다. 저는 이제 그것을 경험으로 알고 있습니다."

그리고는 잠시 말이 멎었다. 그것으로 끝인 것 같았다. 하지만 깊고 떨리는 호흡을 하고 난 다음 앨런이 다시 말을 이어갔다.

"저는 끝으로 한 가지 더 회개해야만 합니다. 저의 이혼과 재혼에 관한 진실입니다. 제가 하나님에 대한 반역과 간음의 행위로써 저의 결혼생활을 파괴했다는 것이 명백해졌습니다. 거기에 더하여 저의 죄가 가져올 책임을 피하기 위한 방편으로 하나님의 말씀을 왜곡함으로 저의 간음을 정당화하려고 했습니다. 이 모든 행위들은 하나님 앞에 가증한 것이었음을 고백하며, 여러분 모두 앞에서 회개하고 용서를 구합니다. 주님, 그리고 성도 여러분, 저를 용서해 주시기를 간청합니다. 여러분이 저와 같은 운명으로 고통받지 않게 하기 위해 저의 생명을 바칩니다. 오늘날 교회에 범람하고 있는 거짓 은혜와 진실을 담지 않은 설교로 인해 진정 그리스도와 동행하는 길에서 멀어지지 않도록 하십시오. 함께 기도하시겠습니까⋯?"

서밋교회 예배당 – 덴버

예배당에 남아 있던 성도들은 앨런의 고백에 완전히 압도된 나머지 일제히 그들의 얼굴을 바닥에 대고 교회 중심에 걸려있는 대형 십자가를 향하여 그들의 팔을 뻗었다. 그것은 전혀 예측하지 못했던 상황의 전개에 대한 자발적인 반응이었으며 예배당을 폭풍처럼 휩쓸고 지나간 엄숙한 경외감과 함께 발생한 일들이었다.

래리 콜린스는 현재 나타나고 있는 초자연적인 능력과 압도적인 힘을 성도들과 함께 체험하고 있었는데 그것은 바로 성령의 임재였다. 그러면서 그는 태평양 연안 북서 지방의 오순절 교파에 속한 교회에서 자신의 유년시절에 경험했던 희미한 기억들을 떠올렸다. 그 기억들은 세련되고 현대적인 서밋교회의 성도들에게는 결코 일어나지 않을 거라고 생각했던 일들이었다.

마치 전기 회로가 끊어져 버리듯 갑자기 래리의 의지가 다리와 허리와 팔로부터 단절되어 버렸다. 극심한 열병에 걸린 것처럼 자신의 몸을 주체할 수 없었다. 그의 팔다리가 바닥에 힘없이 주저앉았을 때 래리는 주변의 모든 사람에게 같은 현상이 일어나고 있는 것을 목격했다. 그의 입가에 미소가 번졌고, 두 눈에서는 기쁨의 눈물이 흐르기 시작했다. 래리는 예배당에 하나님의 위엄하신 성령께서 찾아오신 것을 알고 있었다. 고요와 정적이 예배당 안에 흘렀고 시간은 마치 멈추어버린 듯했다. 무릎을 꿇은 채 래리가 뒤를 돌아보았을 때 예배당 안에 가득 빛나고 있는 경이로운 광경이 눈에 들어왔다. 최근에 래리는 자신이 섬기고 있는 이 교회가 성령님의 진정한 운행하심에 휩쓸리는 일이 과연 일어날 수 있을까 하는 의구심과 좌절을 맛보고 있었다. 그는 초청 설교나 특별 집회에서 성령의 임재를 가끔씩 경험할 뿐이었다. 래리가 기억하기로는 그런 기름 부으심이 있었던 설교자들

중에 앨런 라커웨이는 포함돼 있지 않았다.

사실 래리는 성도를 말씀으로 먹이고 양육하는 일에 앨런을 좋은 교사로 여기고 따르는 것을 거의 포기하려는 단계에 와 있었다. 그런데 조금 전의 그의 고백으로 인하여 성도들 안에 회개의 불이 붙었고 성령님의 임재가 임하는 것을 목도하면서 잠자고 있던 그의 영도 깨어나기 시작했다. 지금까지 앨런은 열정적이고 세련된 청중의 기호에 편승하는 목사로서 강단에서 하나님의 은혜만을 말해 왔었다. 매 주일마다 하나님의 기쁨과 웃음만을 지속적으로 전해왔던 것이다. 그런 그가 거룩한 성령님에 대하여 오늘 이처럼 강력한 말씀을 전한 적은 단 한 번도 없었다.

성도들 한 가운데에 서서 래리는 큰 웃음을 터뜨렸다. 하나님께서 일하려고 결정하시면 그 어느 누구도 그분이 하실 일을 예측하지도 막지도 못한다는 것을 경험하는 순간이었다. 바로 그때, 라커웨이 목사의 목소리가 스피커를 통해 다시 들려왔고 예배당 분위기는 일순간 반전되었다. 앨런이 한마디 한마디 내뱉을 때마다 그의 목소리는 점점 힘을 잃어갔다.

"제가 이번 크루즈를 시작했을 때 침례식을 운운하면서 경솔하게 이야기했던 것을 기억합니다."

"그 말들이 단순히 생각 없이 한 말들이 아니기를 바랍시다. 그 말들이 진실이 되도록 합시다. 우리의 마음을 열고 우리 모두에게 오늘이 새로운 시작의 날이 되게 합시다. 각 개인과 교회와 인류 전체의 새로운 시작 말입니다."

그의 목소리는 점점 숨이 가빠지면서 낮아졌다.

"저와 함께 기도해 주십시오… 하나님 아버지, 저의 죄와 반역과 교만을 용서해 주세요. 제 아들 제프를 통해 저희들에게 허락된 이 마지막 순간들을 사용하셔서 성령님이 우리들 마음에 들어오시고 내주하셔서 우리를 당신의 자녀로 삼아 주세요. 당신의 뜻이 이루어지길 소망합니다. 주님, 저희들을…"

이제 그의 목소리는 미세한 소리로 잦아들었다.

"용서해 주세요."

앨런 라커웨이의 마지막 말은 거의 들리지 않았다. 잠시 후, 서밋교회의 성도들은 기도로 하나님을 부르짖으며 그분의 자비하심을 간구하기 시작했다.

그날 *Chapter* 38

잠수함 바깥 바닷속─바베이도스

제프는 마주 보이는 창을 통하여 공기 방울이 작아지는 것을 보았다. 산소가 거의 소진되어 가고 있다는 신호였다.

"안돼! 안돼!"

그는 산소 흡입기를 입에 문채로 소리지르며 주먹으로는 잠수함의 창을 세게 두드렸다. 제프는 지금 벌어지고 있는 일을 받아들일 수 없었다. 오늘 있었던 모든 기적적인 일들이 아빠를 죽음으로부터 구하지 못한다는 사실을 도저히 받아 들일 수가 없었다. 필사적인 노력이 꺼뜨릴 수 없는 희망으로 꽃피었고, 승리를 향한 끝없는 갈증으로 결실을 맺은 오늘 하루였다. 포기란 있을 수 없는 선택이었다!

'하나님!'

그는 기도했다.

'오늘 정말 저를 많이 도와주신 것 잘 압니다. 감사드립니다. 하지만 당신의 도움이 조금 더 필요합니다. 아빠를 구조해야 하거든요. 제가 알기로 하나님은 구조에 전문가이시잖아요. 그러니 절 좀 도와주세요. 기적이든 아이디어든 뭐든지 주세요! 지금 이 상황을 해결해야만 합니다.'

제프는 필사적으로 주변을 미친 듯이 살피기 시작했다. 잠수함, 떠다니는 잔해들, 그리고 부두 관리인의 안전 매뉴얼을 머리에 떠올리기도 했다. 그러다가 갑자기 잠수함의 선체 쪽을 향해 장애물을 헤치면서 헤엄쳐 가기 시작했다.

잠수함의 반대쪽, 그의 왼편의 수 미터 전방에 있는 무엇인가를 흘끗 쳐다 보았다. 선체에 페인트로 써 있는 글씨가 눈에 들어왔다. 긴급 산소 통풍구였다. 제프는 다시 한 번 매뉴얼을 머리 속에 떠 올렸다. 긴급 부상 이라는 용어가 머리에 떠 올랐다. 그것은 긴급한 상황에서 잠수함을 신속하게 물 위로 떠오르게 하는 조치였다. 밸브를 풀어주면 수 톤에 달하는 공기가 물의 압력을 떠밀어 올려서 잠수함의 육중한 체구가 물 위로 올라가게 만드는 것이다. 그는 믿기 어려웠지만 한 번 더 그의 간절한 기도가 응답되었음을 실감했다. 제프는 손을 뻗어서 둥근 밸브를 꽉 잡고 있는 힘을 다해 돌렸다. 꿈쩍도 하지 않았다.

'이러면 안돼!' 머리를 좌우로 흔들며 다시 한번 시도했다. 산소흡입기에서 제프의 신음소리가 흘러 나왔다. '난 포기하지 않을꺼야!' '이 밸브는 원래 돌아가게끔 만들어진 거야. 난 이 밸브를 열고 말겠어!' 용접이라도 된 것처럼 꼼짝도 하지 않던 밸브가 마침내 아주 조금 움직였다. 이어 거대한 선체가 마치 옷처럼 입고 있었던 잔해더미로부터 몸을 움직이기 시작하는 굉음이 들려왔다. 햇살이 반사되어 황금빛으로 어른거리는 물 위를 향하여 부상하기 시작하려는 것이다. 그를 치고 지나가는 물의 강한 압력으로 인해 산소 마스크와 흡입기가 벗겨졌고, 제프는 물살에 떠밀려나지 않으려고 남은 한 손으로는 밸브 핸들을 필사적으로 붙잡았다.

참을 수 없는 기쁨이 솟구치면서 그의 온몸이 전율했다. 잠수함의 부력이 제프의 팔을 사정없이 끌어당기고 있었지만 제프는 수면위로 올라가는 내내 웃음을 그칠 수 없었다.

"하나님, 감사합니다!"

돌고래처럼 물위로 차고 올라왔을 때 제프는 입에 가득한 바닷물을 꿀꺽 삼키고는 소리쳤다. 잠수함의 머리 부분이 하늘로 솟구치며 물보라를 일으키더니 수면 위로 모습을 드러냈다. 이를 악물고 늘어지는 제프의 끈질긴 호소에 하나님께서도 모험의 끝자락까지 함께 해주셨던 것이다.

제프는 머리 바로 위에 떠 있는 뉴스 전용 헬기로부터 들려오는 고함과 환호성을 들었다. 손을 흔들어 보이며 자신도 환호로 답했다. 부상하는 압력으로 인해 팔에 통증이 있었지만 아랑곳하지 않고 아직 물이 빠져 나가고 있는 잠수함 위를 향해 마치 암벽 등반가처럼 기어오르기 시작했다.

그때 군함 트라이엄프호가 접근하더니 갑자기 엔진을 멈추었다. 그 때문에 잠수함 측면으로 거대한 파도가 생겨났다. 제프는 하마트면 파도에 밀려 물속으로 빨려 들어갈 뻔 했지만 다행히 선체를 잡고 있던 손을 놓치지 않고 있었다.

"거기서 내려오시오!"

군함의 갑판에서 누군가가 명령했다.

"즉시 잠수함 위에서 내려오시오!"

마지막 경고가 들려왔을 때는 제프가 잠수함 위로 기어 올라가는 것을 마쳤을 때였다. 그는 자신을 노려보고 있는 장교를 향해 고개를 돌리고는 손을 흔들어 보였다. 그리고 위에서 들려오는 응원 소리에 고무되어 잠수함 전망탑으로 기어올라가 해치를 열고 잠수함 안을 들여다보았다. 그를 맞이한 것은 상상조차 할 수 없는 비참한 광경이었다. 잠수함은 말 그대로 죽음의 대기실이었다. 마구 뒤엉킨 사람들로 가득 채워진 선체 안에는 피로 얼룩진 낯익은 얼굴들이 보였다. 여전히 눈을 뜨고 있는 사람의 얼굴에서 그들이 느꼈을 공포와 고통을 볼 수 있었고 팔과 다리가 기괴한 각도로 뒤틀린 모습들은 사고 당시의 참상을 생생하게 전하고 있었다. 헬 뉴먼과 제니의 모습도 보였다. 그들도 이미 사망한 것 같았다. 제프는 시신들을 밟지 않으려고 주의하며 조심스레 내려갔다.

그는 제니가 누워있는 곳 가까이에서 흐느끼는 것 같은 신음 소리를 들었다. 조심스럽게 제니의 등을 밀었다. 아빠였다. 얼굴을 찡그리며 그를 올려다보고 있었는데 감사하게도 앨런은 아주 조금씩이긴 하지만 호흡을 하고 있는 것 같았다. 제프는 몸을 앞으로 숙여서 아빠를 팔에 안았다.

"아빠, 저예요. 제프예요. 지금 물 위에 올라왔어요. 이제 의사를 불러야겠어요."

앨런은 두 눈을 감았다. 아들의 목소리를 들으면서 미소 짓고는 부들부들 떨리는 팔로 제프의 목을 감싸 안았다.

"네가 자랑스럽구나, 아들."

그가 속삭이듯 말했다.

"아빠도요. 조금만 참아요, 조금만요. 아시겠죠?"

"제프, 내가 오늘 성도들에게 한 말을 기억하겠다고 약속해라. 약속하는 거지?"

"네, 아빠. 평생 기억할 거예요."

손으로는 아빠의 이마를 가리고 있는 머리카락을 치우면서 울먹이며 말했다.

"그들이 오고 있는 게 보이는구나, 제프야."

"안돼요, 가지 마세요!"

제프가 애원했다.

"그들이 나를 마중하러 오고 있구나…."

아들을 향한 그의 얼굴에 미소가 점점 커졌다. 그리고 앨런의 숨이 멎었다.

그날 Chapter 39

새 예루살렘 – 이전 열방교회

들고 있던 사람들은 점점 참을성을 잃어가고 있었고 많은 이들이 질문을 하기 위해 손을 들기 시작했다. 스토리텔러는 그의 이야기가 결말로 향하지 못한 채 너무 긴 시간을 끌었음을 깨달았다. 듣는 이들에게는 더 이상 기다릴 수 있는 인내심이 남아있지 않았다.

"그래서 결국 어떻게 되었지요?"

리디아가 질문했다. 이 사람들의 모임에 합류한 후로 그녀가 처음 던진 질문이었다.

"말씀드리죠. 잠수함에 타고 있던 모든 사람들은 그날 육신의 생명을 잃어버렸습니다. 몇몇 사람들에게는 그것은 정말 비극적인 결과를 초래했습니다. 핼 뉴먼은 영원으로 들어가 상상을 초월하는 고통 가운데 처해 있습니다."

"다른 사람들은 어떻게 되었나요?"

젊은 남자가 물었다.

"캐리 놀스도 같은 곳으로 갔고, 오늘까지도 그곳에 있습니다."

스토리텔러가 대답했다.

"저는 이해가 되지 않는군요."

다른 이가 말했다.

"그토록 긴 시간을 복음과 함께 한 사람들이 어떻게 하나님을 모를 수가 있다는 거죠?"

"좋은 질문을 해주셨습니다."

스토리텔러가 말했다.

"그 시대에는 하나님께서 땅 위에 실재로 모습을 드러내시지 않으셨습니다. 오직 우리에게 주신 말씀과 창조 세계에 보여지는 계시를 통하여 영이 감동을 받는 것이었지요. 그 시대의 인간의 삶이란 아침 안개와도 같은 것이었습니다. 여러분 중 몇 분은 그 시대를 살았을 것입니다. 물론 그 기억은 이제 희미해지셨겠지만요. 사람들은 믿음과 뒤섞여 있는 의심이라는 안개를 통해 하나님의 흔적을 더듬으면서 그들의 인생을 보냈던 것입니다. 사람들은 의심의 굴곡과 끝없이 전개되는 육적인 유혹 앞에서 동요했습니다. 그러나 여러분이 기억해야 할 것은 그들의 세상은 악한 원수의 포화와도 같은 공격에 노출되어 있었다는 사실입니다. 그들의 육신은 질병으로 고통당했고 다가오는 죽음을 늘 염두에 두지 않을 수 없었습니다. 그들의 마음은 쓰레기 같이 주변에 어지러이 널려진 세상 풍조와 함께 있었고, 그들의 영혼은 타락하고 싶은 유혹에 쉴 새없이 시달려 왔습니다. 그런 환경에서는 모든 것을 끊임없이 겸손하게 구하지 않으면 진리를 놓치기 쉽습니다."

"그렇겠군요. 하지만 저는 아직도 그들이 하나님의 교회에 그토록 오랫동안 있었으면서도 증거를 완전히 놓치고 있었다는 사실이 쉽게 납득되지 않습니다."

다른 이가 계속 답변을 추궁했다.

"네 정말 안타까운 일이지요. 저도 압니다. 너무도 가슴 아픈 일들이 매 순간 반복하여 심판의 보좌 앞에서 일어나고 있습니다. 자신을 '그리스도인'이라고 주장하던 사람들이 실상은 이름만 그리스도인이었던 것으로 판명되는 것이지요. 혼돈으로 가득한 세상에서의 삶을 사는 동안 수많은 사람들은 하나님과의 진정한 동행을 유보하는 일이 너무 쉽고 타당한 것처럼 생각하지요."

"하나님과 함께 걷는다는 것이 정말 어려운 일인가요?"

"아니요. 전혀 그렇지 않습니다. 그 일은 하나님 앞에서 진정으로 통회하는 것으로부터 시작됩니다. 율법을 깨뜨리고 하나님과 분리된 삶을 살아온 것에 대해 깊이 슬퍼하는 것 말입니다. 그런 슬픔은 예수 그리스도의 전적인 주권에 우리를 맡기도록 자연스럽게 요구하게 됩니다. 그분의 성령께 우리의 삶과 의지를 완전히 내어드리는 것이지요. 그리고 겸손하게 하나님이 우리의 마음에 들어오시기를 간구하는 것입니다. 그렇게 함으로 대부분의 사람들이 비참한 운명을 피하고 하나님과 함께 영원을 누리게 되는 것입니다. 물론 우리와도 함께이지요. 하지만 많은 사람들이 '교회'라는 이름의 피상적인 유익만을 누리는 것을 선택합니다. 그것이 가져다주는 것들로써는 마음이 맞는 좋은 사람들과의 교제와 가끔 접하게 되는 영감 있는 가르침, 아름다운 음악, 그리고 다양한 교외 활동과 행사들이지요. 하지만 이쯤에서 저는 진짜 해피엔딩을 말씀드리고 싶군요. 잠수함에 승선했던 몇몇 사람들에게는 그들의 육신의 생명이 끝남으로 가장 위대한 승리를 안겨다 준 결과가 되었습니다. 그들의 이전 삶은 안개와 아지랑이 같은 그림자에 불과하고 지금 그들이 누리고 있는 부요함과 아름다움에 비할 바가 못 된다는 점에서 그렇습니다. 오드리 뉴먼은 남편의 형제가 저지른 죄를 묵인하고 덮어버린 죄가 있었음에도 불구하고 예수 그리스도를 신실하게 따랐습니다. 그녀의 이름은 어린양의 생명책에 기록되어 있었습니다. 제니 라커웨이는 앨런이 가정을 떠나기로 결정하는 일에 결과적으로 도움을 주는 죄를 지었습니다. 하지만 잠수함 안에서 보낸 마지막 순간에 앨런이 자기의 죄를 고백하는 것을 들으며 자신의 죄를 회개했습니다. 그녀의 이름이 생명책에 기록되어 있었으며 지금은 주님과 함께 거하고 있습니다. 철없이 살았던 젊은 여자 캐시도 주님 안에서 새로이 발견되었고 지금은 그분의 빛 가운데로 인도되었습니다. 하나님께서는 그녀를 용서하셨을 뿐만 아니라 그녀가 약물중독으로 인해 임신 중에 잃었던 아들에게서도 용서를 받았습니다. 천국의 바닷가에서 아들은 그녀를 기다리고 있다가 얼굴에 가득한 미소를 띠고 두 팔을 벌려 반겨 주었습니다."

"앨런 목사가 이름을 기억해 내지 못했던 그 여자 성도는 어떻게 되었나요?"

스토리텔러는 미소를 지으며 감사의 뜻으로 고개를 끄덕여 보였다.

"그녀의 이름은 벨마 에퍼슨이었습니다. 32년간 교회의 성도였고, 거의 동일한 기간 동안 교회 내의 유치원 자원봉사자로 섬겼습니다. 그녀는 봉사할 때 남의 눈에 잘 띄지 않게 했고 자신을 주목하지 않도록 배려하는 특별한 기술의 소유자였습니다. 그녀는 정해진 시간에 나타나서 정해진 봉사를 하고 자신의 집으로 돌아갔습니다. 하지만 그녀가 백보좌 심판의 거룩한 홀에 들어섰을 때 일순간에 모든 것이 바뀌었습니다. 홀 전체가 큰 환호와 우뢰같은 박수 소리로 가득했습니다. 벨마는 어떤 종류의 찬사라 할지라도 받는 것에는 익숙치 않았기 때문에 자신도 박수를 치면서 환호하기 시작했습니다. 모든 것이 다른 어떤 사람을 위한 것이라고 생각했던 것이지요. 그리고는 주위를 돌아보았을 때 정작 축하받고 있는 사람이 자신이라는 것을 비로서 알게 되었습니다. 그런 그녀의 모습 때문에 한참 동안이나 거룩하고 따뜻한 웃음이 이어졌답니다. 심지어 주님도 그 모습을 보시고는 기쁘게 웃으셨을 정도였으니까요. 당신도 아시겠지만 그분이 크게 웃으시는 모습을 가까이에서 보고 듣는다는 것은 가장 즐겁고 기쁜 일이랍니다."

마침내 주님께서 물으셨다.

"벨마, 너의 청지기로서의 삶을 말해 보아라."

"글쎄요. 할 말은 많지 않습니다. 주님."

그녀는 부드러운 음성으로 말했다.

"저는 제시간을 봉사하는데 많이 쓰려고 했습니다. 제가 주님께 늘 말씀 드린 대로 입니다. 주님은 정말 저의 좋은 친구셨습니다. 아시겠지만요…."

다시 웃음이 터져나왔다.

"너도 역시 나의 좋은 친구였다. 내 딸아, 나도 너와 함께하는 시간이 무척 즐거웠다."

"저도 즐거웠습니다. 주님."

그리고 나서 주님은 말씀하셨다.

"벨마, 어서 와서 왕국을 소유하거라. 이것은 세상이 창조될 때부터 너를 위해서 예비된 것이란다. 내가 주렸을 때 너는 내게 먹을 것을 주었고, 목말랐을 때 나에게 마실 것을 주었으며, 내가 나그네 되었을 때 너는 나를 영접하였고, 헐벗었을 때 입을 것을 주었고, 병들었을 때 돌보아 주었고, 감옥에 갇혔을 때 찾아 주었느니라."

벨마는 의아하다는 듯이 그녀의 머리를 위로 들고는 대답했다.

"주님 제가 언제 주께서 주리신 것을 보고 드실 것을 드리고, 목마르신 것을 보고 마실 것을 드렸는지요? 제가 언제 주님이 나그네 되신 것을 보고 영접했으며 헐벗으신 것을 보고 입을 것을 드렸나요? 그리고 제가 언제 주님이 병드시거나 감옥에 갇히신 것을 보고 찾아갔었는지요?"

"예수님께서 대답하시길, '네가 여기 내 형제 자매 중 지극히 작고 보잘 것없는 사람 하나에게 한 것이 곧 나에게 한 것이니라. 침대에 누워 있는 한 작은 아기에게 한 것이 곧 나를 위하여 한 것이 되느니라! 벨마, 너는 믿을 수 있는 충성된 종이다. 너는 내가 맡긴 작은 일에 충성하였으므로 내가 너에게 상으로 열 도시를 다스리는 자리에 임명하노라!' 라고 하셨고 벨마 에퍼슨은 지금 하나님 아버지의 보좌가 있는 방에서 도시를 다스리는 자리에 앉아 있습니다. 벨마는 자번 콰드런(Javan Quadran)의 총독입니다."

"그렇다면 지디아(Jidia) 총독을 말하는 것인가요?"

론다가 물었다.

"그녀가 그 지디아 총독이라니 믿기지가 않아요. 그녀는 너무나도 강하고 아름다워 보이는 걸요!"

"그리스도의 주변에 거한다는 것이 바로 그런 것이랍니다. 그녀는 이곳에 온 이후로 광채를 발하는 아름다운 여인으로 변화되었습니다. 우리 모두가 이곳에 처음 도착했을 때처럼 정결해지고 전혀 새로운 존재가 된 것과 같은 것이지요. 그리고 테리 라커웨이에게 일어난 일을 들으시면 다들 놀라실 겁니다"

"재혼했나요?"

"네, 여러 해가 흐른 후 그녀는 다시 결혼을 했답니다. 하지만 제가 말씀드리고자 하는 것은 이 잠수함 사건이 있은 후 수 개월 후에 테리는 놀라운 부르심을 받게 되었다는 것입니다. 그 사건이 점점 유명세를 더해가고 있을 때 그녀는 개인적으로 경험한 일들을 전 세계에 다니면서 나누어 달라는 요청을 받게 되었답니다. 시간이 흐를수록 그녀에게 일어난 일들을 증거하는 중요한 인물이 되었습니다. 존경과 신임을 받는 사람으로서 앨런이 비싼 대가를 치르고 배운 것이 무엇인지에 대한 진실의 씨앗을 뿌리고 다니는 사역에서 확고한 위치를 차지하고 섬기게 되었습니다. 또한 그녀에게는 더할 수 없는 축복으로 그녀의 아들과 함께 이 사역을 펼치게 되었고, 두 사람은 주님을 함께 섬기면서 많은 날을 동역자로 지냈습니다. 후에 테리가 천국에 도착하여 심판의 보좌에 가까이 다가왔을 때 예수님께서는 친히 보좌에서 내려 오셔서 그녀를 맞아 주셨습니다. 상급으로 그녀를 러메인 쾨드런(Quadrant of Lermain)의 보좌관으로 임명해 주셨습니다."

"그럼 테리가 '가브리엘' 이라는 말씀인가요?"

"네, 그것이 테리의 새로운 이름입니다."

"요트 회사와 해안 경비대의 함장에게는 어떤 일이 있었나요?"

스토리텔러는 미소를 지었다.

"정말 당신의 호기심에는 끝이 없군요. 좋아요. 말씀드리겠습니다. 수면에 떠오른 잠수함을 떠난 후에 제프는 지체 없이 그가 소유한 영상을 전 세계로 흘려보내기 시작했습니다. 그리고 그가 가장 강조한 점의 하나는 아쿠아 리베라호는 강제로 침몰당해야 할 아무런 이유도 없었다는 사실이었습니다. 결국 조사 청문회가 신설되었고 소아레스 대령과 요트 회사와의 밀거래가 백일하에 드러나게 되었습니다. 원래 모든 죄라는 것이 그렇듯이요. 회사 중역들과 대령은 결국 체포되었고, 법정에서 중형을 선고받게 되었습니다."

"그럼 교회의 성도들에게는 어떤 일이 있었나요? 그들에게 일어난 일을 말해 주세요."

"네, 그것이야말로 제 이야기의 클라이막스라고 할 수 있답니다."

제프가 함박웃음을 지으며 말했다.

그날 Chapter 40

새 예루살렘 – 이전 열방교회

"사실 그날 서밋교회의 아홉시 반 예배에 참석했던 모든 사람들에게 발생한 사건은 어떤 중대한 일에 불을 붙이는 역할을 했습니다. 그 일은 전 교회에 불이 번지듯이 퍼져 나갔습니다. 얼마 지나지 않아 예배자의 수는 급속도로 늘어났습니다. 자신의 목사가 전하는 필사적인 고백이 불이 되어 그들 위에 임했고 성도들의 심령에 불을 붙이는 동안 예배당에는 많은 사람들이 바닥에 드러누워 있었습니다. 그들은 그날 은혜라는 말에 대해 전혀 새로운 이해와 해석을 하게 되었습니다. 그들의 삶이 살아계신 하나님의 진정한 내주로 인하여 새로워지고 변화된다는 것이 무엇을 의미하는 것인지 알게 되었던 것입니다."

"많은 사람들이 며칠 동안 예배당 안에서 꼼짝도 하지 않았습니다. 그들이 듣고 경험한 것들에 의해 너무도 심대한 충격을 받았기 때문이었습니다. 그들은 영적 눈이 열리면서 수반되는 변화의 속성이 그들 안에서 완전히 납득되고 소화되기까지 성도된 형제 자매들과 함께 지내면서 성전 문 바깥으로 나가려고 하지 않았습니다. 왜냐하면 처음에는 그들이 어떻게 삶에 반응하고 행동해야 할지 조차 머리에 떠 올릴 수 없었기 때문입니다. 그래서 그들이 받은 영감이 자신들의 내면에서 풀어지고 어느 정도 선명해지기까지 교회에 남아있기를 원했던 것입니다. 한편 다른 성도들은 음식을 날 랐습니다. 본당 맨 뒤에 작은 부페 테이블이 차려졌습니다. 비록 많은 이들이 금식하고 있었지만요. 매트리스와 담요가 맨 끝 복도에 조심스럽게 놓여 졌습니다. 하지만 일단 실상을 파악하고 믿음이 새로워진 성도들에게는 그들의 이야기가 전 세계에 얼마나 강력하고 폭발적으로 전해질지 상상조차할 수 없었습니다. 이 일의 가장 가까운 증거가 성전 문 바로 바깥 교회 로비로부터 채 다섯 발자국도 떨어지지 않은 곳에 포진하고 있었습니다. 그들의 개인적인 경험이 너무나도 총체적이었기에 예배자들은 바깥 세상에서 앨런과 제프 그리고 교회에 관해 전개되는 이야기를 시청하고 있다는 사실을 까마득히 잊고 있었던 것입니다. 그 일이 발생하고 며칠 후부터 방송에서는 그들의 보도를 전 세계 미디어 매체를 통해 긴급 특보로 알리는 일을 기획하게 되었습니다. 그래서 여러 날이 지난 후에도 뉴스보도 차량과 리포터들이 교회에 더 남아 있기를 원했던 마지막 성도들까지 인터뷰하고자 했던 것입니다. 언론인들과 그들의 보도를 접한 세상은 한 남자가 그에게 남은 마지막 한 방울의 산소까지도 소진시키면서 자신을 도울 힘이 없는 성도들에게 전달해 주려고 했던 영적인 메시지를 이해할 수 없었습니다. 그들은 복음을 알지도 이해하지도 못했기 때문에 앨런이 전하는 공의와 은혜 사이의 명확한 차이를 받아 들이기가 너무 어려웠습니다. 그래서 세상을 향한 앨런의 마지막 고별사는 대담 프로그램을 통해 거듭해서 재방송되고 토론의 대상이 되어야 했습니다. 앨런의 말은 어느 누가 예측했던 것보다 훨씬 강력한 힘을 가지고 전달되었습니다. 그의 말이 품고 있는 의미뿐만 아니라 앨런이 전할 때 배어나왔던 생생한 고뇌와 아픔도 함께 전해졌습니다. 앨런의 희생으로 인해 불타오르게 된 은혜와 사랑은 얄팍한 교리에 사로잡혀 있던 그리스도인들에게만 반향을 불러 일으킨 게 아니었습니다. 아이러니하게도 무신론 불신자들에게도 그 여파가 미쳤습니다. 하지만 대부분의 세상 사람들은 앨런의 고백을 무시하려고 했습니다. 그의 경험은 사고의 충격으로 인한 정신적인 착란 상태에서 비롯된 것에 불과하다고 생각했던 것입니다. 그럼에도 불구하고 앨런 라커웨이 목사와 그의 아들 제프의 이야기는 사람들의 삶을 변화시키는 깊고도 강한 진실을 담고 있었기에 반복해서 세계의 구석 구석까지 전달되었습니다. 제프는 훗날 신학교에 들어갔고, 졸업 후에는 아버지가 목회하던 교회의 담임 목사가 되어 교회를 새로운 승리의 길로 이끄는 역할을 하게 되었습니다. 수많은 그리스도인들을 포함하여 당대의 모든 세대에 이르기까지 앨런의 고통스러운 마지막 이야기가 들려졌습니다. 사람들의 귀에는 듣기 좋지만 균형을 상실한 교리에서 떠나 하나님과의 진실한 동행으로 이어지는 일이 세계 곳곳에서 일어났습니다. 하나님이 다스리시는 공의와 의로우심이 있기에 그분을 두려워해야 한다는 한 가지 사실과 그분의 사랑과 은혜라는 또 다른 사실 사이에서 타당한 이해의 균형을 이루는 자리로 옮겨지게 된 것입니다. 그 결과, 헤아릴 수 없이 많은 사람들이 예수 그리스도의 심판의 보좌 앞에서 '나를 떠나라' 는 두려운 판결로부터 건짐을 받을 수 있었습니다. 그들은 이것을 '거룩한 회심' 이라고 부르게 되었습니다. 왜냐하면 그것이 하나님을 바라보고 경험하는 진실되고 균형있는 관점으로의 회귀라고 보여졌기 때문입니다. 결과적으로 수많은 이들이 무한히 사랑스럽고 은혜로우시며 그와 동시에 거룩하시고 정의로우신 재판장으로서 모든 인간에게 행위에 따라 판결을 내리시는 하늘의 아버지를 개인적으로 알게 되었습니다."

"제프에 대해서 좀 더 알려 주시겠습니까? 그의 인생은 어떻게 변화 되었나요?"

스토리텔러는 미소를 지었다.

"그의 인생은 정말 놀랍게 변화 되었답니다. 말씀드린 것처럼 신학교를 졸업한 후 그는 서밋교회의 목사가 되었습니다. 샤론과 결혼하여 세 아이의 아버지가 되었을 뿐만 아니라 '거룩한 회심' 이라고 일컬어지는 부흥 운동을 선도적으로 이끄는 중심 인물이 되었습니다. 그는 자신의 이야기를 책으로 출판했고, 그 책을 읽은 수백만 독자들의 인생이 변화 되었습니다. 제프의 유일한 고민이라면 사건이 발생했을 때 그가 했던 역할이 가져온 피할 수 없는 결과였습니다. 그는 죽는 날까지도 그날 비참한 지경에 처했던 성도들을 위해 그가 좀 더 할 수 있는 일이 있지 않았을까 하는 생각으로 인해 고통 받았습니다. 조금 더 빨리 하나님이 주시는 감동에 순종하고 아버지가 전달하려고 하는 것에 더 큰 믿음을 보였어야 하지 않았을까 하는 생각들 말입니다. 제프의 마음 속에서 오랜 세월 동안 사라지지 않았던 큰 의문은 아버지가 가졌던 그 마지막 순간에 자신의 구원을 위한 진정한 회개 기도를 자신의 음성으로 드렸을까? 단순히 다른 이들을 구원으로 이끄는 데 그치지는 않았을까? 하는 것이었습니다. 믿고 싶지는 않았지만 그토록 절박했던 순간에 자신의 영혼 구원을 소홀히 했다면 그의 희생은 너무나도 값비싼 것이었기 때문입니다. 왜냐하면 그가 담임했던 교회의 성도들을 잘못된 가르침으로부터 건져내기 위하여 정작 그 자신은 영원한 천상의 기쁨으로부터 비켜난 곳에 머물러야 한다는 것을 의미할 수도 있었기 때문입니다. 더 안타까운 일은 앨런이 가사 상태에서 행한 그의 고백이 정작 자신의 이름은 어린양의 생명책에 기록되지 못한 채 수 많은 다른 영혼들을 인도할 수도 있다는 선례를 남길 수 있기에 그렇습니다. 그래서 제프의 머리 속에 최소한의 가능성으로써 남아 있었던 것은 앨런이 회중을 회개의 기도 가운데로 인도하며 자신의 죄를 공개적으로 회개했음에도 불구하고 정작 앨런 자신은 하나님과의 화목을 이루는 일을 시작하기도 전에 시간이 소진되어 버린 것은 아니었을까 하는 의구심과 안타까움이었습니다. 물론 그것은 있을 법한 시나리오는 아니었지만 시간이 흐르면서 제프에게 치명적인 악영향을 끼칠 수 있는 작은 다툼거리가 되어 뿌리를 내렸습니다. 또한 사건 당일의 많은 일들이 정돈되지 않은 채 헝클어진 기억으로 제프에게 남아 있었습니다. 마침내 제프가 잠수함 해치를 열고 안의 광경을 접했을 때 아버지가 마지막 남긴 말들은 사실 확실성을 가지고 해석되기 어려운 것들이었습니다. 그는 이 일에 대한 걱정을 입에 올린 적은 거의 없었습니다. 하지만 해가 거듭될수록 제프의 의문은 마음속에 점점 더 깊은 구덩이를 파 내려갔습니다."

"그는 지금 어디에 있나요?"

뒷줄에서 어떤 젊은이가 물었다.

"네, 많은 해가 지난 어느 날 제프는 자신이 노인이 되어있는 것을 발견하게 되었습니다. 평생을 하나님과 동행했다고 하는 사람일지라도 그 당시에는 고독과 외로움 같은 감정의 고통으로부터 자유로울 수는 없었습니다. 그 시점에서 말씀드릴 것은 제프의 아버지는 이미 수 십년 전에 돌아가셨고, 어머니는 20년 전에 세상을 떠났습니다. 그의 아내 샤론은 사고 기능이 점점 희미해져서 그때는 양로 시설에서 생활하고 있었고 딸 레노라는 어른이 되어 지병으로 사망한지 5년 정도 되었습니다. 제프는 전체적으로 건강한 사고를 소유한 사람이었습니다. 그는 세상에서의 시간을 매우 현명하게 투자할 줄 알았기에 그리스도와 동행하며 그분을 섬기고 세상에 위대한 영향을 끼치는 생을 보냈습니다. 그는 많은 이들의 존경과 사랑을 한 몸에 받았습니다. 하지만 아직도 나이 많은 사람들이 그러하듯이 제프도 그의 안에 파고 들어오는 우울한 감정들과 싸워야만 했습니다. 사람들이 말하는 '사후세계' 라는 것이 그의 모든 말과 기억과 기도에 묻어 나왔습니다. 그는 개인적으로 하나님 아버지와 만날 날을 고대하고 있었을 뿐만 아니라 그의 육신의 아버지도 만나게 될 것을 기대하고 있었습니다. 그렇습니다. 제프는 모든 것이 준비되어 있었습니다. 그러던 중 이상하리만치 따뜻한 어느 봄날 아침에 제프는 브라조스 강이 내다 보이는 현관문 앞 의자에 앉아 있다가 천천히 일어났습니다. 그가 어디로 향하려는 것인지 또 그를 그토록 재촉한 것이 무엇인지 짐작할 수 있는 사람이 아무도 곁에 없었습니다. 아마도 그는 누군가 그의 이름을 부르는 것을 들었는지도 모릅니다. 그게 아니라면 어쩌면 그는 집 앞 마당 건너 편에 있는 무엇인가에 대한 알 수 없는 호기심에 사로잡혔었는지도 모릅니다. 제프는 뜰 앞을 서서히 걸어가다 갑자기 화단을 둥글게 감싸고 있는 돌길 위에 쓰러지고 말았습니다. 그리고는 넘어지면서 느낀 고통으로 얼굴을 찡그리며 한쪽 무릎을 의지하여 반쯤 일어서서는 포플러 나무가 있는 쪽을 바라 보았습니다. 그 포플러 나무로부터 브라조스강, 그러니까 스페인어로는 '하나님의 팔' 이라는 의미를 가진 강으로 길이 나있었는데 그가 평소에 좋아했던 그 강을 찾아 나서는 일은 제프에게는 무의식중에 찾아오는 위안이었습니다. 나이를 먹을수록 강은 제프의 생각과 꿈 속에서 점점 자리를 많이 차지하는 장소가 되어갔습니다. 평소와 달리 그가 오늘 넘어진 이유가 유별나게 튀어 나온 돌부리 때문이라고 생각하며 뒤를 돌아다 보았습니다. 그런데 먼발치에서 낯선 방문객의 모습이 그의 눈에 들어왔습니다. 제프는 그 사람의 발에서부터 머리에 쓰고 있는 관까지 훑어보았습니다. 그 사람은 이름도 떠오르지 않는 색깔을 가진 망토 같은 옷을 입고 있었고, 그의 얼굴은 세상이 아닌 다른 어떤 곳으로부터 빛을 받아 빛나고 있는 것 같다는 생각을 했습니다. 제프의 아버지였다면 그가 누구인지 한눈에 알아봤을 것입니다.

'안녕하세요? 상쾌한 아침이죠?' 라고 제프가 낯선 이에게 인사를 건넸습니다. '정말 그렇군요.' 낯선 이가 맞장구치며 제프가 내민 손을 쥐고 흔들었습니다. '정말 좋은 아침임에 틀림없네요.' 그리고는 그 낯선 이는 바닥을 가리켰습니다. 제프의 눈은 그 사람의 손가락이 가리키는 곳을 따라 움직였습니다. 순간 제프는 깜짝 놀라서 움찔했습니다. 그곳에는 노인이 아무런 미동도 없이 흙바닥에 쓰러져 있었습니다. 그게 누군인지 제프는 금세 알아차렸습니다. 그것은 자신의 영을 풀어놓은 제프의 오래된 육신이었던 것입니다. 그 순간, 낯선 이는 바로 천사라는 것을 제프는 확실히 알게 되었습니다. 천사는 그 자리에서 팔을 길게 벌리면서 말했습니다. '제프, 드디어 시간이 되었군요. 난 당신을 안내하는 책임을 맞고 왔습니다. 이제 나와 함께 가시지요.' 그들이 떠나려고 등을 돌렸을 때 제프는 이미 자신이 공중에 높이 들려져 있음을 느꼈습니다. 저 아래에 자신이 살던 집이 까마득하게 보였고 동네, 대륙을 내려다 보였습니다. 그가 살던 곳에 대한 약간의 향수를 느끼기는 했지만 그는 길고도 행복한 세월을 살았다는 것을 알고 있었습니다. 그는 자신을 기다리고 있는 분을 만날 준비가 되어 있었고,

기대감으로 충만했습니다. 그는 주님을 만날 날을 너무나 고대해 왔으니까요! 이윽고 그는 자신의 몸이 변형되었다는 것을 알게 되었습니다. 빛이 수평선 너머로 나타났고 그리고는 훨씬 크고 밝은 모습으로 바뀌었습니다. 그것은 그가 상상할 수 있는 어떤 것보다 더 강렬하고 생생하며 놀라운 것이었습니다. 그는 말로 표현할 수 없는 기쁨과 평안함 그리고 순수한 에너지로 차고 넘치는 활기에 압도되고 말았습니다. 그가 느끼는 감정들은 젊은 날 그가 누렸던 것들보다 훨씬 더 강하고 무한한 것들이었습니다. 이 모든 것에 더하여 자신이 본래 속해 있던 고향 집으로 돌아가고 있다는 편하고 따뜻한 느낌과 자신을 지으신 하나님이 자신을 맞아주시고 있다는 느낌이 들었습니다. 이 모든 것은 제프가 그의 노년의 때에 마음속에 품고 있었던 천국을 향한 모든 예감들과 이상한 징후들이 한데 모아져 최고조를 이루는 것 같았습니다. 또 다른 놀라운 현상은 소리, 그러니까 음악이었습니다. 그것은 제프가 이전에 결코 들어보지 못한 종류의 음악이었고 그것이 본질적으로 목소리인지 아니면 악기 소리인지 도무지 분간할 수가 없었습니다. 다만 그가 알 수 있었던 것은 그를 전율하게 하는 그 음악이 자신을 완전히 사로잡고 있다는 것이었습니다. 사실 그 소리는 그와 분리된 것으로 생각하기는 어려웠고, 그의 새로운 몸 안의 모든 세포를 통해 울려 퍼지는 어떤 힘 같은 것이었습니다. 그는 단순히 어떤 노래를 듣고 있는 것이 아니었습니다. 자신이 노래 그 자체였습니다. 그리고 이런 모든 감정은 그를 향해 흘러 들어오고 있는 광경에 비하면 한낱 배경에 불과했습니다. 제프는 빛 안으로 들어갔습니다. 그의 앞에는 한 무리의 사람들이 기다리고 있었습니다. 비록 그들의 얼굴이 빛에 반사되어 알아볼 수는 없었지만 제프는 그 사람들이 이전에 그가 매우 사랑했던 사람들이라는 것을 알 수 있었습니다.

어떤 한 존재가 앞으로 나오더니 다른 것들보다 훨씬 빠른 속도로 접근해 오기 시작했습니다. 그 남자의 인생의 황금기처럼 굵고 밝은 갈색 머리를 하고 있는 모습이 즉각 제프의 기억 속에서 되살아나고 있었습니다.

"그의 아버지예요!"

리디아 옆에 앉아 있던 남자가 얼굴에 눈물을 흘리면서 소리쳤다.

스토리텔러는 미소 짓고 있었다.

"네. 맞습니다. 그분은 바로 제 아버지였어요."

그날 *Chapter* 41

새 예루살렘 – 이전 열방교회

스토리텔러는 아무 말도 하지 않고 잠시 동안 사람들을 바라보면서 미소 지었다.

"네. 제가 바로 제프입니다"

"물론 만왕의 왕이신 주님께서 제게 '스토리텔러' 라는 새로운 이름과 임무를 주셨긴 하지만요."

"그런 줄 알았어요."

뒤에서 어떤 여자가 말했다.

"여러분 가운데 많은 분들이 이미 추측하고 계셨으리라 믿습니다만, 그게 제가 말씀드린 이야기를 방해하지 않았기를 바랍니다."

"하지만 아직 이야기가 끝난 것은 아니잖아요, 그렇죠?"

리디아가 물었다.

"제 이야기 말인가요?"

그는 리디아를 쳐다보면서 웃었다.

"물론 끝나지 않았습니다."

"그럼 아버지와 재회한 이야기를 해주세요!"

생각을 다시 정리하려는 듯이 예배당 천장의 화려한 장식을 응시하는 그의 얼굴에는 미소가 점점 크게 번져갔다.

"아버지가 저에게 가까이 다가오셨을 때 우린 서로 포옹했습니다. 그때 제가 느낀 감정을 묘사하기란 쉽지 않군요. 우선 아버지의 영원한 운명에 대해 제가 걱정하고 의심했던 것들이 우스꽝스럽게 여겨졌답니다. 그리고 감사와 안도감이 기쁨과 환희의 파도가 되어 저의 의심을 말끔히 씻어주었습니다."

" '내 아들아', 저는 아버지가 했던 말을 기억하고 있습니다. '내가 얼마나 너를 만날 날을 고대하고 있었는지 모를거다. 네가 얼마나 자랑스러운지 말해주고 싶었다.' 그가 마침내 제 눈을 보기 위하여 뒤로 조금 물러섰을 때 제 눈에 비친 아버지의 모습은 실로 경이로웠습니다. 물론 그는 제가 사랑하는 아버지임에 틀림없었지만 그의 존재와 모습은 변화되어 있었습니다. 그것은 말 그대로 만족과 안도감을 발하는 새로운 광채였습니다. 그의 두 눈은 구름 한 점 없는 하늘 아래 눈부신 바다를 비추는 반짝이는 햇살처럼 불꽃을 발하고 있었습니다. 그의 미소와 피부와 머리카락, 모든 것이 믿기지 않을 정도로 건강하고 활기에 넘쳐 보였습니다."

"'아버지, 제가 얼마나 고뇌하고 있었는지 모르실 거예요.' 저는 간신히 말했습니다. '저는 걱정하고 또 걱정했습니다.' '네가 걱정해 준 것을 다 알고 있다.' '너를 편안하게 해주기 위해 할 수만 있었다면 무엇이든 했을 거다. 기억하니? 주님께서 너를 여기에 인도해 오기 위해 나의 오랜 친구인 디미터를 보내주신 것을?' '천사말인가요?' '그래, 첫 번째 심판으로 나를 인도했던 그 친구지. 그리고 그가 두 번째로 나를 찾아왔었고, 그 잠수함 속에서 너의 팔에 안겨 있던 나를 끌어올렸던 장본인이기도 하다. 나는 너를 위로해주고 싶었단다. 내가 회개한 사실을 너에게 말해주고, 이제 내가 향하는 곳이 어디인지 확신하고 있었다는 것을 알려주고 싶었어. 이곳까지 오는 여행이 놀랍지 않았니?' '이 모든 일을 한꺼번에 받아들이려니 쉽지않군요.' '하지만 너는 아직 문 안으로 들어가 보지도 않았잖니! 그리고 성도의 심판에도 아직 이르지 않았고 말이야! 네가 그분께 속해있을 때, 그래서 너의 이름이 어린양의 생명책에 기록되어 있다는 것을 알게 되었을 때 그것은 진실로 놀라운 기쁨이 될 것이다. 너를 뒤덮는 순전한 기쁨과 환희를 결코 잊을 수가 없을거야. 그리고 그 순간의 홀 전체의 모습을 말이야. 너도 이제 곧 알게 될거다. 그 거룩한 웃음과 찬사를 말이야. 예수님은 우리를 맞아들이는 것을 너무나도 기뻐하신단다. 너는 이제 더 많은 것을 기대해도 좋아! 천국을 목도하고 새 창조를 경험하게 될거다⋯.' 저는 이쯤에서 멈추겠습니다."

스토리텔러가 말했다.

"새 창조에 대해서는 여러분 모두가 너무나 잘 알고 계시기 때문입니다. 그것은 곧 여러분의 일상생활입니다. 여러분의 이전 생활과 비교해 보신다면 그것은 상상하기에도 벅찬 일이랍니다. 사실 저주받은 많은 이들에게도 그것은 상상하기 어려운 것이지요. 그들은 그것에 대해 생각하거나 고려해 보는 것 조차 거절했기 때문입니다. 비록 하나님의 은혜가 이전에 제 아버지가 묘사했던 것처럼 쉽고 값싼 선물로 찾아오는 것은 아니지만 다른 한편, 그것은 말로 설명할 수 있는 한계를 넘어서는 강력한 것이랍니다. 제 아버지는 심판 앞에 섰고 '나를 떠나라' 는 판결을 받은 경험을 가지고 있었지만 그의 육신의 생명을 돌려받아 추가로 부여받은 짧은 시간 동안 옳은 일을 할 수 있었던 것이지요. 가끔식 그런 일들이 일어나곤 하는데 주님께서는 현대의학과 응급처치라는 도구를 통해서 그렇게 하십니다. 하나님께서는 저를 통해 아버지에게 기회를 한 번 더 주셨습니다. 저를 도우셔서 잠수함의 긴급 산소를 찾게 하시고, 그것으로 아버지를 잠시 동안 소생시킬 수 있도록 해주셨습니다. 그리고 말씀드린 대로 아버지는 그에게 주어진 마지막 기회를 놓치지 않았습니다. 그래서 저와 아버지는 천국의 문 앞에서 재회할 수 있었던 것입니다. 그 순간이 얼마나 큰 축복이었는지 설명드리는 것은 불가능하답니다. 이어서 저는 누가 팔을 가볍게 치는 느낌을 받았고, 광채를 발하는 또 다른 영혼의 팔에 넘겨졌습니다. 하지만 그분이 저의 어머니였다는 것을 금세 알 수 있었습니다. 저는 그때 많은 말을 했던 것 같지 않습니다. 다만 서로의 존재로 인해 기뻐하면서 포옹을 했습니다.

저는 어린 시절로 돌아가서 어머니의 사랑이 마치 마른 땅에 물이 흡수되듯이 저에게로 스며들어 오는 것을 느꼈습니다. 그때 아버지가 다가오셔서 그의 팔을 내밀었습니다. 제가 어린 아이였을 때 이후로 처음으로 우리 셋은 서로를 붙잡았습니다. 모든 일은 용서되었고, 아시는 대로 마음의 응어리 같은 것은 이곳에서는 존재하지 않습니다. 우리 셋은 긴 시간 동안 이야기 나누며 함께 웃었습니다. 그 모든 것이 우리의 하늘 아버지로부터 오는 따뜻한 치유의 광선으로 된 것입니다."

"당신의 아버지도 총독이신가요?"

듣고 있던 사람 중 하나가 물었다.

"아닙니다. 제 아버지는 새 땅에서 영향력을 행사하는 분은 아닙니다. 그는 보좌에 앉지도 않으며 도시나 성을 다스리지도 않습니다. 그러기에는 세상에서 아버지의 삶이 너무나도 낭비되었어요. 제 아버지는 하나님의 말씀에서 묘사되는 대로 '불을 통과한 것 같은' 구원을 받은 분이랍니다. 그러니까 아버지는 죽음에 임박해서 예수님께 돌아온 경우이지요. 그리고 이것이야말로 진정한 은혜라고 하지 않을 수 없습니다. 하지만 그는 하나님의 임재의 영광이 넘치는 이곳에서 기쁨에 넘치는 생활을 하고 있습니다. 저도 물론 그렇구요."

그는 팔짱을 끼고 생각에 잠기더니 수줍은 듯 말했다.

"제 이야기는 이것으로 끝난 것 같군요."

"잠깐만요!"

리디아 옆에 앉은 젊은 여자가 소리쳤다.

"당신은 처음에 이 이야기가 '구덩이'와 관련되어 있다고 말하지 않았나요? 우리가 목격한 비참한 광경을 이해하는 데 도움을 줄 거라고 말이에요."

고개를 끄덕이며 스토리텔러가 대답했다.

"맞습니다. 나탈리. 우리가 처음 이 이야기를 시작할 무렵 어떤 성격의 이야기인지 말했던 것을 기억하시나요?"

"경고를 주는 이야기로 이해해야 될까요?"

리디아가 대답했다.

"그렇게도 생각할 수 있겠지요. 하지만 저는 다른 시각에서 보고 싶군요. 이것은 구조 이야기입니다. 좀 더 정확히 말하자면 구원에 대한 이야기이지요. 그리고 그것은 단순히 아버지의 생명을 구하려는 저의 시도보다도 훨씬 깊은 의미에서 그렇다는 말입니다. 혹은 자신의 잘못된 가르침으로부터 교회를 구조하려고 세상에서의 마지막 순간 동안 아버지가 시도했던 일보다도 훨씬 깊은 의미가 있다는 것입니다. 궁극적으로 구조는 하나님 자신에 의해 행해지는 것입니다. 여러분 각자를 공포로 떨게 했던 그 구덩이는 우연히 존재하는 것이 아닙니다. 바로 하나님께서 그 구덩이가 그곳에 있도록 허락하신 것입니다. 매우 특별한 목적을 가지고 그분의 가장 축복받은 도성 가장자리에 있도록 하신 것입니다. 심지어 하나님께서는 구약시대 때 그분의 선지자 이사야에게 감동을 주셔서 하나님께 찬양 드리기 위해 나오는 모든 인류의 도래에 대한 글을 쓰게 하셨던 것입니다. 이 구절에는 여러분과 같은 사람들이 거룩한 도성으로부터 나와서 영원한 불 속에서 타들어가는 육신들을 바라보는 모습에 대해 말하고 있습니다."

"아시다시피 하나님에 대한 최초의 반역으로 인해 천국에 전쟁이 있었습니다. 그런데 그 반역은 어떤 도발이나 근거가 없이 이루어졌다는 점입니다. 그 도발을 부추긴 자가 없었다는 사실입니다. 루시퍼의 교만과 반역은 무에서 시작되어 자라난 것입니다. 반역에 대해 그가 모방할 만한 어떠한 선례도 없었다는 것입니다. 따라서 생각하건대 그런 일이 다시 일어날 수도 있다는 사실입니다. 그래서 주님께서는 이곳에 창을 허락하셔서 그를 반역하는 자에게 어떠한 일이 일어나는지 끊임없이 상기시키고자 하셨던 것입니다. 우리 중 그 누구도 잊어버리지 않도록 말이지요."

들고 있던 사람들은 이 사실을 받아들이기 위해 한동안 침묵 가운데 있었다.

"저는 왜 오늘까지 구덩이의 존재를 눈치채지 못했는지 이해할 수 없군요."

무리의 가운데에 있는 남자가 말했다.

"저는 이곳에 도착해서부터 찬양을 올려드리고 있었는데 지금까지 그것이 존재한다는 사실조차 모르고 있었습니다."

"오늘이 바로 당신을 위해 준비된 날입니다."

스토리텔러가 대답했다.

"그리고 각 사람마다 모두 서로 다른 이유가 있답니다. 하나님께서는 당신이 이 현실과 조우하도록 오늘이라는 시간을 설정해 놓으셨습니다."

"하지만… 그것들은 서로 안 맞는 것 같아요."

리디아가 말하기 시작했다.

"왜 우리여야 하지요? 이 이야기가 우리와 관련되어 있는 것 같지 않거든요."

그는 다시 입가에 미소를 지었다. 마치 예견하고 있었다는 듯이 혹은 누군가가 이 질문을 해주기를 기다렸다는 듯.

"당신의 말은 틀리지 않습니다. 리디아! 하지만 왜 이 이야기가 여러분들과 상관있고 맞아 들어가는지 말해주는 최종적이고도 결정적인 한 가지 이유가 있습니다. 서로를 살펴보세요. 이곳에 앉아 있는 모든 분은 위대한 회심의 영적인 후손들입니다. 여러분들은 제 아버지의 고백 이후에 촉발된 부흥의 결과로 인해 그리스도의 품으로 돌아온 누군가에 의해 구원의 길로 인도된 분들입니다. 그렇기 때문에 여러 가지 의미에서 이 이야기는 여러분 자신의 이야기인 것입니다. 저는 여러분에게 낯선 사람이 아닙니다. 제가 여러분 한 분 한 분의 이름을 알고 있는 것은 제가 바로 여러분의 영적인 조상이기 때문입니다. 여러분 중 어떤 사람에게는 하나님 안에서 제가 할아버지인 것입니다. 또 다른 분에게는 증조할아버지가 되겠지요. 하지만 우리의 관계가 어떻게 되든지 간에 한 가지 분명한 것은 제가 말씀드린 이야기 속의 일들이 발생하지 않았더라면 아마도 여러분 모두는 저 아래 게

헤나 골짜기의 밑바닥에서 벌어지고 있는 끔찍한 일을 피할 수 없었을 것이라는 사실입니다. 여러분은 영원한 불못에 던져졌을 것입니다. 그곳에서 당하는 고통이 너무도 끔찍하기에 이곳 새 예루살렘에서 우리는 그것에 대하여 말하는 것조차 피하고 있습니다."

그 말을 마치고는 스토리텔러는 작별의 인사로 손을 들어보였다.

"여러분, 사랑합니다."

"모든 이야기를 들어주신 여러분의 인내에 감사드립니다. 게헤나 골짜기에서 목격한 두려운 장면을 마음의 액자에 잘 담아 두시기 바랍니다. 그것은 우리를 사랑하시는 아버지께서 우리를 보호하시기 위한 경고인 것을 잊지 마시기 바랍니다. 자! 이제 새 창조의 놀라운 일들을 함께 누리기로 하지요. 그리고 하나님께서 우리들에게 부여해 주시는 놀라운 과업들도 누리시기를 바랍니다. 우리는 이제 한 가족이며 저는 여러분 한 분 한 분과 더 깊은 교제를 기대합니다."

스토리텔러가 자리를 떠나기 위해 몸을 돌릴 때 질문을 하려는 세 명이 팔을 들었다. 늘 그랬던 것처럼 오늘도 동일한 일이 그의 눈 앞에 펼쳐졌다. 그의 이야기를 들려 준다는 것은 늘 눌려온 호기심이 봇물 터지듯 하게 만드는 것이었다. 하지만 지금으로서는 더 이상 해줄 이야기가 남아 있지 않았다.

그는 문을 향해 걸어가면서 미소 지었다. 그리고 선의의 표시로 오른손을 높이 들었다. 때때로 천년에 또 다른 천년을 거듭하는 세상의 유수한 세월 속에서 헤아릴 수조차 없는 많은 영혼들이 한때를 살고, 소멸되어가고 또 그토록 끔찍한 고통이 있는 곳으로 보내진다는 사실이 슬픔이 되어 그의 마음을 아프게 하곤 했다. 마치 그들은 세상에 태어난 적도 없는 것처럼 잊혀져버리는 것이다. 착하고 선의를 가졌던 수많은 친구들이 배교를 했다. 그리고 그들이 있는 그곳은 고통만이 가득한 절망의 밑바닥이다.

'안돼!'

문을 열고 새 예루살렘의 눈부신 빛 가운데로 걸어나가면서 그는 생각했다. 그는 뒤를 돌아보면서 그것에 대해서는 다시 생각하지 않는 것이 좋겠다고 스스로에게 상기시켰다. 이 새로운 생명의 기쁨은 그와 같은 씁쓸하고 어두운 생각들로부터 마땅히 보호받아야 하는 것이다.

그는 건물에서 나와 황금 계단을 따라 내려갔다. 그의 뒤에서 조금 덜 밝은 빛의 반사가 길게 늘어나고 있었다. 이곳에서는 그림자라는 말은 존재하지 않는다. 그림자란 어두움을 필요로 하는 것이고, 이곳에 어두움이란 존재하지 않기 때문이다. 계단을 반쯤 내려가서 스토리텔러 그러니까 이전의 제프 라커웨이는 멈추어 섰다. 그리고는 도성의 유명한 장미 화단에 웅크리고 있는 남자를 바라보기 위해 몸을 돌렸다. 조금 전까지 그의 이야기를 듣던 사람들이 건물의 예배당에서 일제히 쏟아져 나와 계단 위에 모여 서서 스토리텔러를 내려다보았다. 사람들은 스토리텔러와 함께 있는 남자의 의복과 모습에서 그가 천국의 정원사라는 것을 알 수 있었다. 그다지 높은 지위는 아니지만 거룩한 도성에 꼭 필요한 서비스를 제공하는 사람이었다.

스토리텔러는 허리를 굽히고는 남자의 어깨에 자신의 손을 얹었다. 남자는 일어서서 온화하게 웃으며 스토리텔러를 따뜻하게 포옹했다.

두 남자는 각자의 팔을 서로의 어깨에 걸친 채 계단을 천천히 걸어내려갔다. 두 사람의 진심 어린 웃음소리가 하늘을 날아 돌아서 사람들에게 들렸다.

"남자들끼리의 시간이라고?"

정원사의 목소리가 계단을 타고 메아리쳤다.

"네. 남자들끼리 보내는 시간요. 아빠."

존비비어의 그날

초판발행   2014년 7월 10일

지 은 이   존 비비어 & 마크 앤드류 올젠
옮 긴 이   조상현

펴 낸 이   레이첼 박
편   집   양승혜
디 자 인   레이첼 박

펴 낸 곳   도서출판 세상의 빛
등록번호   제 379-2012-000032
주   소   경기도 수원시 영통구 에듀타운로 65
팩   스   031 759 0723

ISBN   979 -11-952737-0-6   03200

Printed in Korea